我们一起解决问题

金融投资入门系列

金融衍生品交易从入门到精通(第二版)

[美] 迈克尔·德宾(Michael Durbin) 著

傅婧瑛 译

人民邮电出版社

北京

图书在版编目（CIP）数据

金融衍生品交易从入门到精通：第二版 /（美）迈克尔·德宾（Michael Durbin）著；傅婧瑛译. -- 北京：人民邮电出版社，2022.5（2023.9重印）
（金融投资入门系列）
ISBN 978-7-115-58952-1

Ⅰ．①金… Ⅱ．①迈…②傅… Ⅲ．①金融衍生产品－金融交易－基本知识 Ⅳ．①F830.9

中国版本图书馆CIP数据核字(2022)第054424号

内 容 提 要

随着金融市场的完善，金融衍生品的交易量也在不断上升，金融衍生品正在成为一个重要的风险管理工具。但其复杂的设计结构和定价模式，常常让很多人难以掌握，甚至产生误解，这反而扩大了风险。

本书用生动的比喻和通俗易懂的语言，从金融衍生品的基本概念和术语讲起，介绍了金融衍生品的四种基本类型，即远期合约、期货合约、互换合约和期权合约，以及其定价规则和简要的收益计算原理。在此基础上，本书又进一步介绍了信用衍生品及如何利用衍生品来对冲风险等。阅读本书，读者可以真正从零开始了解金融衍生品的本质，从而为进一步学习和交易金融衍生品打下基础。

本书可以作为个人投资者及金融机构初级从业人员了解金融衍生品的入门手册。

◆ 著　[美] 迈克尔·德宾（Michael Durbin）
　　译　傅婧瑛
　　责任编辑　王飞龙
　　责任印制　彭志环

◆ 人民邮电出版社出版发行　北京市丰台区成寿寺路11号
邮编 100164　电子邮件 315@ptpress.com.cn
网址 https://www.ptpress.com.cn
北京七彩京通数码快印有限公司印刷

◆ 开本：700×1000　1/16
印张：18　　　　　　　　2022年5月第1版
字数：200千字　　　　　　2023年9月北京第3次印刷
著作权合同登记号　图字：01-2020-6819号

定　价：79.80元
读者服务热线：(010) 81055656　印装质量热线：(010) 81055316
反盗版热线：(010) 81055315
广告经营许可证：京东市监广登字20170147号

献词

致我光彩耀人的妈妈和我记忆中的爸爸

"金融投资入门系列"总序

在金融类书籍琳琅满目的今天,人民邮电出版社适时引进了"金融投资入门系列"图书,目的是要给广大的金融投资者提供专业的投资工具及投资知识,解决金融投资者对金融投资专业知识的困惑,让大家手持一本"可以说话"的投资宝典,让大家在从"外行"跨入金融投资行业的这一过程中,少走弯路,最终成长为专业的金融投资人才。

稍有一些金融知识背景的人都知道,随着国内金融行业改革的不断深化,目前国内可投资的金融产品越来越丰富,而人们也不再满足于仅仅把钱投资到股市或购买银行理财产品上。但由于国内的投资者对于金融衍生品(如期货、期权等)缺乏相应的知识和专业指导,所以能从中获益的人可以说是寥寥无几。

是什么原因导致了这样的结果?根本原因在于目前我国的金融投资行业与国外发达国家的金融投资行业相比,还处在改革创新的初级阶段,相关的投资品知识尚未得到普及,金融衍生品的投资市场尚未被广大投资者所熟知。大多数投资者缺乏了解相关知识的渠道和途径。翻开国内大部分的金融类教材或相关专业书籍,我们不难发现,这些书籍大多照搬西方教科书的理论,以介绍概念和理论知识为主(从概念到原理再到公式),但却很少涉及这些知识的实战应用(即使有也是"照葫芦画瓢"的模仿,无法给予国内投资者有效的指导)。

当前，广大的金融投资者迫切希望能够系统地学习和掌握金融投资（尤其是衍生品投资）的相关专业知识和实战指导，因为金融市场不仅瞬息万变，而且金融投资还常常涉及大量的分析（不但包括国内、国外、宏观、微观及政治、经济政策的影响，还涉及具体事件对投资风险的影响等），这就要求投资者不仅需要了解相关原理，还要懂得相关因素对投资品种的影响程度，金融投资因此已成为一门真正意义上的实战课程。

在此背景下，人民邮电出版社根据目前国内比较热的投资门类，引进并组织翻译了这套"金融投资入门系列"图书，以满足广大投资者的需求。这套丛书的引入让大家眼前一亮，给刚刚入行的投资者提供了一整套完备、全面的投资宝典，也有利于专业的投资者借鉴国外各种投资模式的宝贵经验。本套丛书第一批共引进五本，内容分别涉及大宗商品、黄金、债券、外汇、期权，涵盖了目前国内已经上市的大部分金融衍生品。本套丛书不仅知识性强，而且覆盖面广、可操作性强。

首先，本套丛书的原作者们都具有较高的理论水平和实践经验，他们大多为长年从事金融投资理论和实战研究的资深专家；而中国农业大学期货与金融衍生品研究中心培训部作为国内金融衍生品投资研究及实战的权威机构，受人民邮电出版社委托，承担了本套丛书的翻译工作。这些年来，中国农业大学期货与金融衍生品研究中心培训部一直致力于金融衍生品投资的研究和实战教育工作，参与本套丛书翻译工作的译者大都是实战专家，对于金融问题，他们不仅具有战略层面的远见，还具有操作层面的丰富经验。在翻译过程中，他们结合中国当前的投资环境和现有的金融产品情况，从广大投资者的需求出发，努力将这套浅显易懂、具有实战指导作用的丛书完整地呈现给广大的金融投资者。

其次，本套丛书框架结构清晰，逻辑性强，便于实践。本套丛书中的每一本都对相关金融产品的知识进行了梳理和结构化，并以简单明了的形式呈现给读者，便于读者实践和操作。每一本书的内容都是基于该类投资品的基础知识，就投资市场主体构成、投资风险、技术分析及投资周期分析、投资者风险规避等众多方面，提供了统一的分析框架，便于读者全面了解该类投资品的相关知识。

最后，本套丛书中的每一本都根据当时的市场状况配有分析图表，图文并茂地说明了各种影响因素给投资市场带来的变化，以便读者直观地了解产品的市场特性。

另外，经济的发展和社会的进步离不开人才的培养；反过来，优秀的人才也能促进经济的发展和社会的进步。纵观经济大国的崛起过程，尤其是第二次世界大战后的经济发达国家，无一不是金融市场与经济发展互相适应、金融行业高度发达。在这一发达的背后，层出不穷的金融投资大师是最有力的支撑。在经济发展全球化的今天，只有投资大师辈出，我们才能在国际化的金融潮流中立于不败之地；只有投资大师辈出，我们才不至于在定价市场被边缘化，丧失定价话语权；只有投资大师辈出，民族金融业才能真正发展起来，拥有核心竞争力；只有投资大师辈出，我国期货市场才能被建成世界性的定价中心。美国的经济奇迹造就了罗杰斯、巴菲特等一大批大师，而中国的经济奇迹也一定会造就与他们相媲美的杰出人物。而要造就一大批在国际上有影响力的投资大师，基础、有效的教育条件是最根本的保证（例如，科学完整的教学体系、正确的投资理念、全面翔实的教辅材料及系统的实战训练都是培养投资人才的最基本条件）。

我们可以预见，腾飞中的中国经济将有一个相当长的黄金成长期，这个时期将是中国人在世界金融市场上大师辈出的时代。不过，成为大师的道路是坎坷的，成为大师不仅需要机遇，还需要个人的智慧和努力，需要个人交易经验的积累，更需要先行者不断地将自己的心得体会与大家一起分享，以承上启下、继往开来。在未来发展的道路上，这样的"铺路石"多了，路自然就平坦了，大师们也就应运而生了。

"金融投资入门系列"图书将为那些有志于进入金融投资领域、成为金融投资大师的读者提供权威的理论指导和有效的实战经验。相信广大投资者也一定会从中受益的。

中国农业大学期货与金融衍生品研究中心培训部

第二版前言

自本书第一版出版以来，公众对金融衍生品的态度明显发生了变化。越来越多的人开始变得好奇，并且找专家咨询相关问题，想比过去更深入地了解这些看起来稀奇古怪的金融工具。

即便说不清具体情况，但似乎每个人都知道，金融衍生品在2008年全球金融危机中起到了一定的推波助澜作用。可很多人不知道的是，让我们陷入麻烦的是信用衍生品，这是一种相对较新的金融衍生品，几乎与被广泛使用了几十年的传统股票、利率及货币衍生品没有任何相似之处。而且信用衍生品在场外市场（OTC）交易，而传统金融衍生品挂牌交易的市场所具有的交易准则与特征，当时的信用衍生品市场均不具有。传统金融衍生品的作用是提供价格保障，用来保护（或对抗）未来的价格变动。信用衍生品并不会对某个价格做出任何担保，而是对借款人（如抵押贷款持有人）偿还贷款的能力做出担保。这与过去完全不一样。

可惜的是，这些金融工具都被看作"金融衍生品"，我们对此也无能为力。但我们可以努力了解其中的差别。我们专门用全新的一章，即第十二章解释信用违约互换（CDS）在那段惨痛的金融危机中扮演了什么角色。第十二章也会对债务担保证券（CDO）做出解释，实际上它不是一种金融衍生品，而是利用信用违约互换（CDS）生成的一种金融工具。

此外，我们对第一版中的每一部分都进行了仔细审查，确保其内容仍然能准确地描述如今金融衍生品市场的情况，同时修正了作者在第一版中没能发现的一些错误（有些错误很愚蠢）。

致谢

我在大学时遇到过一位教授，每当他看到学生用"显而易见的废话"浪费读者时间的时候，都会在论文上写上大大的"废话！"。他如果批注本书的这一页，那么肯定会给出同样的评语，因为我对读者的感激之情，也是那么显而易见。有如此多读者在读完第一版后，专门抽出时间，写邮件告诉我他们的感想，提出建议并指出错误，也有很多读者在如亚马孙（Amazon）这样的图书平台上留下了很多评论。在这些宝贵的反馈意见之中，我尤其需要感谢史蒂夫·阿尔弗、卡尔文·陈、大卫·张、库克女士、苏施拉特·戴姆勒、M·亨利·德·弗劳迪、罗伯特·格洛夫斯基、菲·艾克、查尔斯·坎盖伊、迈克·库兹米亚克、杰雷米·麦科迪、埃里克·帕拉迪斯、B·帕特尔、迈克·彭辛格、麦胡尔·朗瓦拉、桑托·里希亚迪、沙希德·舒亚、因科·孙、S·斯维尼、约翰·威廉森、大卫·威卢茨和周涛（音译）。

为了让第二版尽快上市，我要感谢永远足智多谋、善于创新且坚持不懈的摩根·厄尔特尔，他是麦格劳·希尔集团的编辑。强烈感谢麦格劳·希尔集团中将我的 Word 文档转变为一本真正的书的那些人，特别是茱莉亚·安德森·鲍尔、玛丽莎·鲁尔和苏珊·摩尔。

第一版前言

如果你是金融衍生品世界的新人,你可能觉得这是一片广大而野蛮的空间,到处都是极其复杂的灾难,而且这个世界极为疯狂。我要提醒你,再多翻一页,你就会发现,现实确实如此残酷。但不要被吓跑,因为我还会告诉你:在这个世界最核心的地方,还是存在稳固且容易理解的核心理念的。请放心,金融世界中还是存在一些由事实和公式构成的相对不容易被打破的基础,其他一切均在此基础之上建立,而且这些知识完全可以出现在平价的纸质书上,如这本书。

这本薄薄的"巨著",想要讲清楚金融衍生品这种极端复杂的金融工具。我们想把这本书变成一本第一次了解这种新事物的人都愿意看的书——内容全面、可靠,而且都是基础知识。所以尽管书中没有解析那些花哨的产品,但确实对基本的合约——如远期、期货、互换及期权进行了解释说明,而这些正是其他金融衍生品诞生的基础。这本书当然不能对所有人使用金融衍生品的每一种方法都做出说明,但它确实用简单易懂的语言,通过大量案例对日常生活中世界各地的人们和机构使用金融衍生品的方法做出了解释。同样,这本书不会在"技术分析"策略(反正也没用)及其他"神奇"的赚钱策略上浪费笔墨,但会对类似"看跌期权"或"看涨期权"这些概念做出解释。同时,本书会对大量类似价格波动、套利、远期利率和对冲值(Delta 值)这样的术语做出解释，还会说明如何给金融衍生品定价，以及这些产品在哪里交易、由谁交易。这些就是本书的主要内容。

这本书适合你吗？

你想在不需要被数学折磨太久的前提下迅速学习一些关于金融衍生品的基础知识吗？如果答案是肯定的，那么这本书就适合你。本书中当然会出现一些数学推导，但我们已经尽最大努力减少相关内容，以使不喜欢数学的读者免受干扰。相关专业的学生自然想了解包括数学在内的全部知识，但我们这本书更适合那些平时与金融衍生品没有交集、只是偶尔需要理解这些知识的人，如会计、律师、非金融经理人、人力资源工作人员、软件开发者、政府工作人员、公交车司机（谁知道会不会用得上呢）等。如果你的工作与金融衍生品相关，但在工作中遇到了不了解的小问题，又不想因为询问他人而暴露自己的无知，那么翻开这本书好了——没人知道。

这本书适合个人投资者吗？当然适合。但不要以在书中读到的内容为基础做出任何投资决定，永远不要。想了解金融衍生品在更广大的投资世界中扮演了什么角色吗？去读书，去学习。想知道自己的钱应该投资什么吗？亲爱的读者，去别的地方找答案吧，只要不在这本书里寻找就行。尽管这本书里提到的原则适用于理论世界，却不一定总能应用到实践中。归根结底，这本书里没有投资建议，所以请各位读者理解，不要在这里寻求投资建议。

回到数学问题：学习金融衍生品时需要掌握大量数学知识吗？答案是：除非有兴趣深入了解各种数值的计算过程，否则不需要；只需要高中数学知识，你就能学到超出自己想象的金融衍生品知识。在本书的前半部分，我们几乎没有提到数学问题。在后半部分中，我们也会在讨论数学问题前先解释清楚，或者引导读者参考附录。只需要保持好奇，再加上那么一点点耐心，你就能掌握这本书的所有内容。

了解金融衍生品，难度真没有你想的那么大。了解了相关知识后，你也能做好充分准备，进入这个广大而野蛮的空间——或者选择离开。

目录

第一章　金融衍生品概述 / 1

四种基础金融衍生品 / 2
为什么被称为"衍生品" / 3
如何使用金融衍生品 / 5
金融衍生品市场 / 7
金融衍生品的定价 / 8
金融衍生品的数学计算问题 / 10
普通标的 / 11
指数与现金结算 / 13

第二章　远期合约 / 15

提前达成的销售协议 / 16
常见的远期合约 / 17
远期合约与义务 / 18
收益 / 18

第三章　期货合约 / 25

交易所交易远期合约 / 26
常见的期货 / 28
每日结算 / 29
流动性风险 / 30

第四章　互换合约 / 31

现金流的交换 / 32
实践中的互换 / 36
其他利率衍生品 / 37

第五章　期权合约 / 41

一个附条件的销售协议 / 42
价格路线与价值情况 / 44
期权标的的类型 / 48
期权收益 / 50
权利金对期权收益的影响 / 57
期权交易策略 / 58

第六章　信用衍生品 / 63

履约保证 / 64
信用违约互换 / 66
总收益互换 / 69
信用联结票据 / 70
其他信用合约 / 71
信用衍生品定价 / 72

第七章　利用衍生品管理风险 / 75

一切皆与头寸有关 / 77
用远期合约对冲 / 79
用期货合约对冲 / 80
用互换合约对冲 / 82
互换合约的替代做法 / 83
用期权合约对冲 / 85
用信用衍生品对冲 / 87

第八章　远期与期货合约的定价 / 89

贴现、现值与终值 / 91
持有成本 / 96
远期合约定价背后的理念 / 97
无风险利率 / 99
远期价格计算公式 / 100
为现存远期或期货头寸定价 / 107
远期合约价值 / 108
期货合约价值 / 110
无套利定价 / 112
期货升水与正常的现货升水 / 114

第九章　互换合约定价 / 115

由众多现金流组成的互换合约 / 116
现存互换合约 / 117
新互换合约 / 124
作为远期利率协议投资组合的互换合约 / 128

第十章　期权合约定价 / 133

期权合约定价概述 / 134
基础的二叉树期权定价法 / 137
布莱克—斯科尔斯期权定价模型 / 151
应用布莱克—斯科尔斯公式 / 166
该用哪种方法 / 176
期货的期权定价 / 177

第十一章　对冲金融衍生品头寸 / 181

对冲互换合约与期权合约 / 182
期权的希腊字母 / 190
更多与风险管理有关的内容 / 199

第十二章　金融衍生品与2008年金融危机 / 201

债券 / 204
债券评级 / 205
抵押贷款支持债券 / 206
关联问题 / 208
信用违约互换 / 210
债务担保证券 / 213
火上浇油 / 216

后记　金融衍生品到底有什么优点 / 219

赋予人力量的金融衍生品 / 220
让人泄气的金融衍生品 / 221

附录 A　与利息有关的一切 / 225

　　利率 / 226
　　浮动利率、利率指数和 LIBOR / 228
　　期限结构与收益率曲线 / 230

附录 B　互换合约惯例 / 243

　　复利 / 244
　　平均利率 / 244
　　分期偿还 / 245
　　直线型分期偿还 / 246
　　倍数型分期偿还 / 246
　　抵押贷款型分期偿还 / 246
　　日历 / 247
　　实际天数 /365/ 250
　　实际天数 /360/ 251
　　30/360/ 251
　　互换合约条款总结 / 252

附录 C　更多与期权二叉树定价模型有关的内容 / 257

　　多步二叉树 / 258
　　一般二叉树公式 / 262
　　风险中性问题 / 266

ALL ABOUT DERIVATIVES

01

第一章

金融衍生品概述

当小时候第一次了解与树木有关的知识时，我们大多会指着一棵树大喊"树"，绝不会说"挪威枫"，更不会说"槭属悬铃木"。后来我们会知道，树也分为很多种，不同的树之间既有相似之处也有不同之处。这种学习方法使用了抽象概念，我们的大脑也有类似的思维模式。所以我们可以用同样的方法了解金融衍生品。

抽象的金融衍生品的概念是什么？

金融衍生品是一种价格保证。

市面上几乎每一种金融衍生品，都是未来买家和未来卖家之间或交易对手方之间签订的合约。每一个金融衍生品都明确指定了某个物品未来可以或者必须以什么价格出售。这个被称为标的（underlier）的物品，既可以是实物商品，如玉米或天然气；也可以是证券，如股票或政府债券；或者是更抽象的东西，如价格指数（后面很快就会解释这个名词）。每个金融衍生品也都会明确一个未来日期，规定在那一天或之前必须完成交易。买家与卖家、标的、未来价格和未来日期，这些就是所有金融衍生品的共同点。

就像灌木很像乔木但又不是乔木一样，有些金融衍生品担保的不是价格，而是其他东西。这些金融衍生品中最主要的就是信用衍生品，它担保的是标的的未来表现，而非价格（我们会在第六章中详细介绍）。天气衍生品为另一种变体，它担保的是天气情况，比如气温变化或降雨。尽管如此，金融衍生品中的绝大多数仍属于价格保证合约，目前我们仍可以认为这种状态会持续下去。

四种基础金融衍生品

和树一样，金融衍生品同样形状、大小各异（但是种类没有树那么多）。有些金融衍生品由于过于简单，被称为"香草款"（vanilla），如今操作它们的难度和水管工使用扳手差不多。其他金融衍生品被称为"复杂款"（exotic），因为过于复杂，甚至连交易对手方都未必真正理解（这可能带来不小的麻烦）。

不管有多复杂，所有金融衍生品均是以下四种基础类型的变体和组合体。

1. 远期（forward）合约，指的是约定在未来某个具体日期，买家同意以特定价格从卖家处购买标的的合约。

2. 期货（future）合约，指的是在交易所被执行的标准化远期合约，交易所将买家与卖家集中在一起，保证双方都会履行合约义务。

3. 互换（swap）合约，是交换未来现金流的协议。一般来说，一方现金流以浮动价格为基础，另一方则以固定价格为基础。

4. 期权（option）合约，赋予持有者权利而非义务，使其可以在某个特定日期或该日期之前，以某个特定价格购买或出售标的。大多数期权合约在交易所被执行。

接下来的章节将会分别研究上述四种相关合约的基本特点与区别。例如，我们会看到，远期合约就像一个高度定制化的期货合约，互换合约则是一系列相互关联的打包了的远期合约。远期合约、期货合约和互换合约让交易各方承诺在未来进行交易，而期权合约没有对买方规定义务，但期权合约却是四种基础金融衍生品中唯一一个自设立时就存在固有价值的合约。由于在交易所交易，和远期及互换合约相比，期货及期权合约的流动性更强（大部分在确定日期交易），替代性也更强（互相之间不存在优劣之分）。

尽管存在以上区别，但远期、期货、互换和期权合约都演变自价格保证。而这四种合约，就是其他各种千奇百怪的金融衍生品的基本组成部分。

为什么被称为"衍生品"

金融衍生品通常指的是价值源自其他地方的金融工具。虽说这是一个合理的定义，但过于单薄。让我们拆解并延伸一下这个定义，看看这里的"源自"

究竟是什么意思。如果上过微积分课，那么你还记得学过的导数（derivative）吗？衍生品和它在英语中是同一个单词，但不是一回事。

金融工具就是一种标准协议或合约，将特定的经济权利或义务授予参与各方。例如，抵押贷款就是通过按月还款（你的义务）的方式保留房屋所有权（你的权利）的一种金融工具；股票是一种常见的工具，赋予持有者某家公司一定比例的股权；货币（日本为日元，美国为美元，以此类推）赋予持有者购买的权利。定期人寿保险则是另一种常见的金融工具，会在持有者发生意外时支付一定现金。其他金融工具不再一一列举。

重要的是，金融工具具有价值。微软（Microsoft）的一股股票在纽约证券交易所的出售或交易价格可能为30.82美元，而IBM的一股股票的交易价格可能达到130.68美元。笼统地说，这就是它们的价值，或者笼统地称之为价格。1英镑也许能换到1.55美元，一份十年期的美国国债的交易价格可能是979.69美元。

可上述这些例子都不是金融衍生品，因为它们的价值并不直接取决于其他证券或商品。股票价格由盈利预期、供求关系和其他谁也搞不清楚的因素决定；货币价格由利率及对发行国经济健康的信心程度决定。其他金融工具也可以以此类推。

金融衍生品同样具有价值。但与非衍生金融工具的价值不同，金融衍生品的价值与标的的市场现价密切相关。假设一个墨西哥薄饼生产商在6个月前与一名农民签订了今天以25美元1蒲式耳的价格购买1 000蒲式耳玉米的合约（这就是远期合约）；假设今天1蒲式耳玉米的市场价格为28美元，这个价格就是现货价格（spot price），也就是现在立刻就能交接的货物的价格。那么墨西哥薄饼生产商的合约，在今天的价值是多少？每交易1蒲式耳玉米，生产商得到的价格比现货价格低3美元，所以这份合约的价值就是1 000乘以3美元，即3 000美元。如果现货价格不是28美元，而是30美元，那么按照同样的计算方法，这份远期合约的价值就是5 000美元。读者可以看到，这份合约的价值在很大程度上取决于玉米的现货价格。其他因素也会对远期合约的估值产生影响，但这个案例及其他金融衍生品的价值主要还是衍生自（所以得到"衍生品"这个名字）标的的现货价格。

我们本能地认为"价值"这个说法意味着它应该是一个正数。可对金融衍生品（及很多非衍生金融工具）来说，它们的价值很有可能是负数。这一切都取决于从哪个角度出发做出评价。在前面的案例中，我们是从薄饼生产商的角度评价远期合约的价值的。如果从农民的角度看，同一份合约的价值又如何呢？现货价格为28美元，合约价格为25美元，这个农民只能以1蒲式耳比市场价低3美元的价格，把玉米卖给薄饼生产商。所以对这个农民来说，这份合约的价值就是1 000乘以-3美元，即-3 000美元。金融衍生品的价值究竟是正还是负，主要取决于你站在合约双方的哪一边。从这个角度看，很多金融衍生品就是零和游戏，因为一方赢家获得收益，另一方就必定出现相应的损失。

如何使用金融衍生品

为什么要使用金融衍生品？你大概能想出无数理由。但事实证明，金融衍生品主要有两个基本用途：对冲（hedge）或投机（speculation）。对冲交易者利用金融衍生品控制不确定性，而投机者利用金融衍生品进行赌博。

对冲交易者利用金融衍生品降低金融风险，或者对抗"可能对自己不利"的价格变动。还是以薄饼生产商为例，6个月前他知道自己在今天需要购买玉米。同时，公司面临着玉米价格大幅上涨的可能性，于是他们利用远期合约减少相关风险。他们也可以利用期货合约，甚至使用期权合约。关键点在于，金融风险存在自然发生的可能，而金融衍生品可以用来减少或者说对冲这种风险。第七章讲的就是对冲策略。

投机者使用金融衍生品，不是为了降低金融风险，而是为了获得收益。这种做法被委婉地称为对未来价格"持一种观点"，因为"持一种观点"比"赌博"听起来更正当合理。可投机者实际上就是在赌一个不确定的结果。如果一个人认为6个月后IBM的股价会比今天高，他就可以购买期权，6个月后以今天的价格购买IBM的股票。[1] 如果预测正确，买家就能获得相当丰厚的利润。如果预测错误，他就会损失购买期权的全部支出，也就是100%的投资。这就叫投机。

值得注意的是，对冲交易者和投机者不用金融衍生品也可以完成对冲或投机。只靠交易标的，我们就能进行对冲或预测价格。那为什么还要使用金融衍生品呢？因为金融衍生品用到了一种非常强大的金融力量，即杠杆。严格地说，杠杆指的是用借来的钱投资。就像坚果钳利用物理世界中的杠杆作用，将机械能集中，让小孩子也能打开坚硬的坚果外壳一样，金融衍生品集中了"金融能量"，让对冲交易者和投机者用少于正常情况下所需的资金数量完成了更大的投资。

把自己想象成投机IBM的人，你没有购买期权，而是直接买入股票，持有6个月时间，如果预测正确，你能获得一定的基本收益。如果使用期权合约，投机者的基本操作不变，只是前期投入的资金少得多，因为股票期权的费用比购买股票要低得多。但杠杆不是免费的，对投机者而言，代价是增加了下行风险。当IBM股票的投机者购买了期权合约却预判错误时，他会损失100%的投资金额。如果投机者购买的是股票，他只会损失一部分投资，而且他也会继续持有股票，股票未来也有升值的可能。

另外两个用得上金融衍生品的群体分别是做市商和套利者。做市商是金融衍生品的交易者，他们就像鱼贩之于鱼，用某个价格购买金融衍生品证券后用更高的价格出售，差额就是他们的利润。他们有时也会自行持有（通常是被迫持有），但大多数时候，他们是有意购买者的卖家，是有意出售者的买家，而且他们会尽可能少地承担风险。我们会在第十一章中做详细分析。

套利者也会规避风险。他们四处搜寻被错误定价的证券，试图从中获得收益——如果判断正确，他们不会承担任何风险。如果套利者发现同一个期权在一个市场里的售价为5.00美元，在另一个市场里的售价为5.10美元，而且可

---

[1] 这种投机者"看涨"IBM股票，而"看跌"则是预计IBM股价下跌。

第一章 金融衍生品概述
All About Derivatives

以同时以 5.00 美元购入再以 5.10 美元卖出,他们就会在几乎不承担任何风险的前提下赚取收益。尽管随着市场变得越来越高效,套利的难度越来越大,可套利行为依旧存在,这本身就是对金融衍生品价值的一种强大助推,我们会在后面了解具体原因。其他人也会关心金融衍生品,包括监管机构、会计、系统开发人员等,但对冲交易者、投机者、做市商和套利者才是金融衍生品市场最主要的参与群体。

在金融衍生品的世界中,投资者又处于什么位置呢?大多数投资者(很明显,是大多数小投资者)不会参与金融衍生品交易,这些金融工具无法帮助他们实现投资目标。不过有些投资者也会出于对冲或投机的目的使用金融衍生品。后面我们会了解,投资者可对持仓使用保护性看跌期权,以减少市场下行时的风险。我们在本章中已经看到,IBM 的投资者利用期权对 IBM 的未来股价进行了投机交易。

金融衍生品市场

金融衍生品"生活"在哪里?它们生活在可以被交易的市场中。"交易金融衍生品"指的是买家与卖家聚在一起,对某个价格保证做出承诺,"交易"便是其中一个买卖行为。这些参与交易的主体被称为"交易方"。就像存在买卖股票(如纽约证券交易所)和抵押贷款(如你的银行)这种非衍生金融产品的市场一样,目前也存在完备的用于交易金融衍生品的市场。和非衍生金融产品市场一样,金融衍生品市场也分为两种基本类型:场外市场和交易所市场。

场外(Over-the-counter,OTC)市场是买卖双方能够互相找到、彼此直接操作的市场,在策划、执行并强制进行交易的过程中没有其他人参与。假设我是一家石油开采公司,你是一家炼油厂,我们可以签订一份远期合约,约定在距今天的 z 天后以 y 价格出售 x 桶原油。我们可以自行确定 x、y、z 的数值,因为这完全是一个私人业务。能够按照交易方的需求制定合约,这是 OTC 金融衍生品主要的优点之一。远期合约本质上就属于场外交易工具,大部分互换合约也通过场外交易方式进行。

在交易所市场（有时也被称为挂牌交易市场）中，潜在买家和卖家一定可以达成交易，无须费力寻找彼此。交易所提供做市商，后者面对潜在买家扮演卖家的角色，又在面对潜在卖家时扮演买家的角色。通过确定可在交易所交易的金融衍生品的定义并严格强制执行，交易所为买卖双方提供了"流动性"。买家或卖家在这里放弃了定制合约的权利，作为回报，他们不需要操心寻找对家的问题。期货合约从定义上看就是交易所交易工具，同时绝大多数期权也在交易所被交易。

场外市场与交易所市场的另一个重要区别与履约担保有关。在场外交易中，双方各自都不存在一定的履约基本保证。到需要执行交易时，卖方可能最终决定不出售，买方也有可能决定不购买。在交易所交易中，交易所本身（其实是一家与交易所有关的结算公司）会担保交易方履行各自的义务。他们会用保证金账户和逐日盯市两种机制，我们在后文会做出解释。

除了交易所和场外市场，还有其他金融衍生品"市场"，但这些市场中的"交易者"甚至不知道自己交易的是金融衍生品。例如一般的抵押贷款，允许借款人在不支付罚金的前提下可提前偿还贷款。借款人实际上执行了一个内含在抵押贷款合约中的期权，这让他们拥有权利而非义务，去终止抵押贷款合约。很多公司发行的可转换债券也是这方面的例子，债券持有者拥有期权，可以将持仓债券转换为公司股票（当这些固有期权的隐含价格与期权的实际价格不同时，就是套利者大展身手的时候）。我们在这本书里不会讨论这些"隐藏"的市场，不过读者大可放心，就像在传统交易所和场外交易市场里一样，金融衍生品的基本原理同样适用。

金融衍生品的定价

讨论金融衍生品时，人们把很多精力用在了计算它们的价格或价值上。在这里不必过于纠结价格与价值的区别。总体而言，回答类似"这玩意儿到底值多少钱"这类问题时,价格和价值两种说法可以互换使用。严格来说,"价格"指的是某方在一笔交易中支付或接受或者愿意支付或接受的金钱数额,价格通常包含对一方来说的利润或"优势"。"价值"则是一个任何交易方都不会获得利润的价格。因此,"价值"更为正式的说法是"公平市场价值",有时也被叫作"理论价值"。尽管存在一定区别,但提到"定价"时,人们通常指的是价值的计算。因此在此约定,这本书中提到定价时一般都指价值。

另外值得注意的是,金融衍生品的价格通常以"报价"的形式出现。报价只是一个某人愿意购买或出售的价格。有人愿意购买的价格为"买价",有人愿意出售的价格为"要价"或"卖价"。我们经常在合约中看到买卖价差,这就是买价与卖价之间的差额(报价盘不仅含有买价或卖价,也包含报价人愿意用那个价格买入或卖出的合约数量)。所以在一个交易日的任何时候,当市场表现正常时,一份合约都可能带有三个基本金额:买价,高于买价的价值,以及高于价值的卖价。图1-1对此进行了详细解释。

买价总是低于价值吗?卖价总是高于价值吗?理论上说,应当如此,但现实有时却不一定。由于金融衍生品市场变化太快,而且又大又复杂,所以确实存在有人提出高于价值的买价,或者提出低于价值的卖价。但这种个别情况不会持续很久。市场从来不缺少做好"捡漏"准备、随时都会出手的套利者。

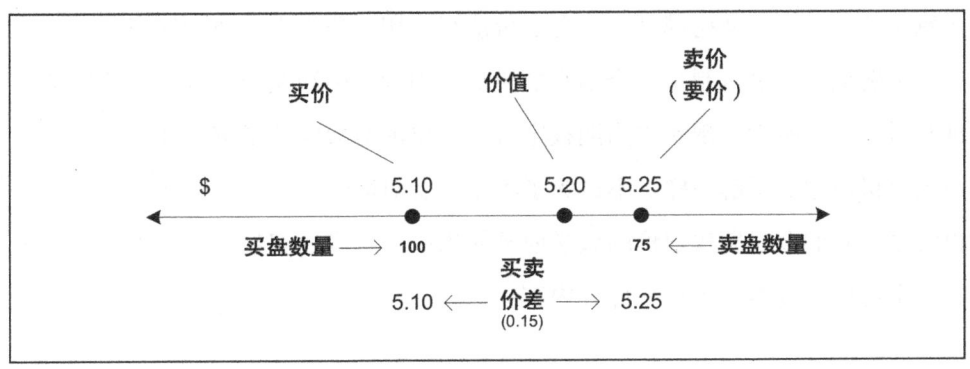

图1-1 典型的报价盘

金融衍生品的数学计算问题

你可能有这么一种印象,觉得给金融衍生品定价是获得诺贝尔奖的人做的事,或者至少是获得了数学专业的硕士或博士学位的人才行。华尔街也确实聘请了很多拥有高学位的人做量化分析师(quant)[1]。但不要害怕,很多金融衍生品只要略复杂的算数就能确定价格。

为远期、期货和互换合约定价,从数学上看比较简单。最主要的挑战是价值随时间的调整(也就是签订合约与销售行为发生之间的那段时间),这需要计算现值和终值。估算现值和终值的计算公式其实和我们想象得差不多,我们会在具体使用前做出解释。想要理解互换合约定价背后的数学原理,我们有必要了解即期利率和远期利率之间的区别,也要了解收益率曲线是什么。我们会在附录A中进行解释。远期、期货和互换合约定价的难点不在于数学计算,而是更为现实的挑战,如使用哪个利率,或者为标的确定什么价格。

理解期权估值背后的原理,其实比想象的要简单。其基本原理就是构建一个由非期权金融工具组成的假想投资组合(这些金融工具的价格相对容易获得),这个投资组合的收益能够模仿或复制期权的情况。按照同一价格定律,假想投资组合的价格就能帮助你确定期权的价格;同一价格定律指的是,两个收益相同的产品,其成本也必须相同,这样才能避免套利交易。读者可以在第十章中找到一步二叉树模型,这种定价法只会用到非常少的数学知识。

理解期权定价机制是一个不小的挑战,因为其中涉及颇有难度的统计学原理和微积分。所幸,现实中为期权定价时需要的对数学的了解,和开车需要的对内燃机原理的了解一样。不过为了满足读者对数学的好奇心,或者让数学不再荒废,我们会对期权定价的数学原理做出一定程度的解释。不喜欢数学的读者完全可以跳过本书的这一部分内容。

---

[1] 有意思的是,在金融衍生品领域,我们通常更多地会看到物理学家,而不是数学家。事实证明,物理学家经常用到偏微分方程,而这正是在给期权定价时使用的方程。

第一章 金融衍生品概述
All About Derivatives

为金融衍生品定价时还要面对一个挑战,那就是计算的速度必须非常快。有些标的的现货价格处在时刻变动中,这就意味着刚刚计算出来的衍生品价格很有可能过时作废。例如,当一个标的的价格出现变化时,做市商通常只有几微秒的时间重新计算期权价格,并做出应对[1]。如果反应不迅速,他们就会被套利者抓住机会,损失大量金钱。因此,金融衍生品行业中的做市商和套利者投入大笔资金去开发定价和交易速度越来越快的计算机系统,也就不足为奇了。

数学不仅在金融衍生品定价时起到了作用,也在金融风险管理方面扮演着重要角色。对冲金融衍生品头寸时尤其如此,你需要知道一个金融衍生品头寸的价值面对估值因素——如标的价格、到期时间、利率等——发生改变时会出现怎样的变化。如果还没忘光过去学的微积分知识,你就会知道,微积分尤其适合对价值变化进行量化,所以金融衍生品领域的这一部分包含大量微积分知识也就在意料之中了。

普通标的

前文讲过,金融衍生品的标的指的是可以或者必须在某个未来日期或之前以提前确定的价格出售的物品。同一种物品在现货市场中不断发生的不可预测的变化的买卖价格,是决定金融衍生品价值的主要因素。一个简单标的(后面我们也会谈到指数和衍生品标的)可以是实物商品,如玉米,也可以是金融证券,如股票。如今在公开市场上有成千上万被买卖的物品,从橡皮筋到摩天大楼,应有尽有。其中哪些适合做金融衍生品的标的呢?

从理论上看,任何交易物都可以成为金融衍生品的标的。但适合做金融衍生品标的的,一般同时具有可替代性和变现能力强两个特点。可替代性指的是某物和其他物品可用于等价交换,就像石油和美元,而变现能力强指的是任何

---

[1] 1微秒是1秒的100万分之一。在金融衍生品的世界中,1秒的感觉就像是一辈子。

时候都存在大量的活跃买家和卖家。事实证明，地球上大约有几百种满足上述标准的物品。其中大部分又可以被归入以下四大类：大宗商品、货币、资金和股票。

大宗商品是实物商品，需要人们进行种植、生产、加工及运输。大宗商品包括玉米、小麦这样的谷物，五花肉这样的肉类，以及类似咖啡和糖之类的其他食品。大宗商品也包括金、银这样的金属，以及原油和天然气这种能源商品。大宗商品一般为面向制造商和服务提供商的批发型商品，而不是直接面对你我这样的普通消费者。大多数大宗商品金融衍生品需要在类似芝加哥期货交易所（Chicago Board of Trade）和纽约商品交易所（New York Mercantile Exchange）这样的交易所中进行交易。

货币满足好标的的标准。货币市场也被称为外汇（FX）市场，是世界最大的现货市场。在任何一天，都有超过一万亿单位的货币被买卖，且每一种货币的价格总是在不断变化。不论是场外交易还是交易所交易的产品，货币颇受各类金融衍生品喜爱。

以贷款或债券的形式被借贷时，资金就得到了买卖（也可以说成"租借"）。当一个政府或企业发行债券时，他们就是在借钱。对发行人来说，资金的"价格"就是利息，其按照债券的约定支付给债券持有者（出借人）。这个市场有一个过时的称呼，即固定收益市场，这个说法源自所有债券需要向持有者发放固定利率利息的年代。利率衍生工具的市场极大，其中最常见的是场外市场的利率互换产品，以及交易所市场的各种期货产品。

有一种极受欢迎的金融衍生品标的，那就是企业股份，即股票。一股股票相当于公司对外发行的一份所有权，而股市则是一个极其庞大的市场。场外和交易所内——如美国国际证券交易所（International Securities Exchange）和芝加哥期权交易所（Chicago Board Options Exchange）等——都有大量的股票期权交易操作，世界各地的证券交易所大多可以进行股票和期货交易。

指数与现金结算

很多金融衍生品的标的不是诸如股票或石油这样的简单物品,而是大量相关物品的价格指数或平均价格。世界上最有名的一个指数,就是美国的道琼斯工业平均指数(Dow Jones Industrial Average)。其中的"道琼斯指数",是30只工业股票价格的加权平均数。这数值看起来可能不像平均股票价格,毕竟大部分股票价格不到100美元,而这个指数则是数万点。这个数字很大,因为它需要调整以计入类似拆股这样的公司行为(所谓拆股就是把1股拆分为2股或更多份额)。尽管数学计算很复杂,但道琼斯指数确实是平均股票价格。

总的来说,我们无法在现货市场买入或卖出表现为股票指数的"平均"股票,这只是一个数字抽象概念。你只能买卖真正的股票,其价格不太可能是平均价格[1]。如果一个金融衍生品只是对未来某个交易的价格保证,就会引出一个有趣的问题:你究竟怎样才能拥有一份标的是自己在现货市场不能买卖的期货合约?你是怎样承诺在明天购买一个今天不能买的东西?我们依靠现金结算解决这个难题。也就是说,在标的要被出售时(甚至在出售时间前),交易方并不真正买卖标的。相反,他们会算出金融衍生品头寸的现金价值,并交换现金。例如按照远期合约规定,我有义务在今天从你那里以3美元的价格购买今天在现货市场只值2美元的东西。如果我真的从你那里购买这个东西,你就多了1美元(因为你以2美元的价格买入,以3美元的价格卖出)。我可以直接给你1美元,相当于履行了这个义务。此外,任何一种金融衍生品都可以采用现金结算,且指数衍生品必须使用现金结算。

关于金融衍生品的概述,以上内容足矣。

---

[1] 在有些市场里,你可以买卖交易所交易基金(ETF),如 SPDR 及 QQQQ。这些"伪股票"看起来像股票,但其价值却源自指数。你也可以交易 ETF 的期权。

ALL ABOUT DERIVATIVES

02

第二章

远期合约

远期合约是约定了在未来某个时间以特定价格购买某物的协议。如果你买过车，而且同意在实际交付日期前付钱购买，这就是"做多一个远期合约"。

以下是一个涉及未来购买外汇的例子：美国的"小发明公司"同意在一年内从韩国的生产商处购买10万个电路板，每个电路板均价为24韩元。当时，韩元与美元的汇率为1 200韩元/美元，也就是1美元可以买到1 200韩元。这份合约的总交付价格为240万韩元，按照现汇率就是2 000美元。如果接下来一年里韩元对美元升值，那么购买电路板所需的美元价格就会上涨。

为了解决以美元计算的电路板未来价格波动的问题，小发明公司和一家银行签订了一份远期合约，约定前者在一年以后可以用240万韩元购买2 000美元。经过一年时间，韩元/美元汇率跌至1 000韩元/美元。因此，在现货市场上购买240万韩元需要2 400美元。但是小玩意公司签订了远期合约，所以只用了2 000美元就换到了240万韩元，公司可以用这笔钱支付电路板的货款。

提前达成的销售协议

远期合约是最简单的金融衍生品。场外交易金融衍生品要求在未来固定的时间里，一方以确定的价格购买标的商品或证券，另一方必须出售。有购买义务的一方是"多头方"，因为这一方持有多头；有出售义务的一方是"空头方"，因其持有空头。保证价格就是交付价格或合约价格，发生销售行为的日期就是交付日期。

远期合约最大的优点就是减少不确定性，买家和卖家都能锁定一个不会改变的价格。但几乎在每一个案例中，这个优点都意味着交付时会有一方受到损失。除非现货价格与合约价格相等，否则要么多头方支付了比现货价格更高的价格，要么空头方接受的价格低于现货价格。让我们再以提前购买汽车为例。假设在你签订了购车合约后的第二天,有一个明星在电视节目上说起了这款车,使得这款车的人气大增,抬高了消费者的出价。可你支付的仍然是合约价格。这时,你不仅"交易了一个金融衍生品",而且做出了非常有效的对冲(汽车销售商当然很失望,他们只能按照合约价格出售)。后面我们会讲到更多与对冲有关的话题。

之所以第一个讨论远期合约,是因为远期合约可以作为学习金融衍生品的一个良好起点。其他金融衍生品与远期合约大体相同,只是存在一些变化。期货合约不过是在交易所进行的远期合约,互换合约则是远期合约组成的投资组合。连期权在"深度实值"(deep in the money)时,有时也非常像远期合约,我们会在后面解释深度实值的含义。由于远期合约可以为大量金融衍生品提供良好的基准线,所以在这一章里,我们会多花一点时间讨论将在后面反复提及的一些概念。

常见的远期合约

最常见的远期合约,就是货币远期合约。外汇远期合约简写为 FX 远期合约,它能够减少与汇率有关的不确定性。我们在小发明公司的案例中看到,外汇汇率让一个单位的某种货币(如美元)拥有了相对于另一种货币(如韩元)的价格。所以,汇率其实就是价格。很多企业经常承诺用不同于本国货币的其他货币进行预售或预购,而货币远期合约可以让他们用本国货币确定购买价格。

远期合约在能源商品市场也很常见,钻探公司、炼油厂、工业消费者及其他参与方通常会在类似石油或天然气这样的大宗商品交易前的几个月甚至几年就承诺进行买卖交易。这些大宗商品的现货价格在这段时间里会出现巨幅波动,所以大宗商品远期合约可以让买卖双方以确定的价格对业务做出计划。

另一种常见的标的就是资金。借钱也需要花钱,而利率也在时刻变化。如果一家公司知道自己未来一定需要借钱,它可以用一份远期利率协议

（Forward rate agreement，FRA）锁定一个利率。这里的标的就是固定数量的资金（如100万美元），交付价格为利率（如3.5%），交付日期是未来的某个时间（如6个月后的那一天）。使用远期利率协议，不管到时候的现行利率是多少，这家公司都能在6个月后以3.5%的利率借到100万美元。我们会在互换合约部分再次谈到远期利率协议。我们已经在前面提过，互换合约就是由远期利率协议组成的投资组合。

远期合约与义务

远期合约的一个突出特点，就是确定了交易方的责任和义务。无论现货价格在交付日期时是多少，多头方必须买，空头方必须卖——即便出现损失也要执行交易。如果合约价格是30美元，但交付日期的市场价是25美元，你也必须以30美元购买。由于必须以比市场价值高5美元的价格购买，你损失了5美元。反过来，如果交付日期的市场价是35美元，那么输家就成了空头卖方。

远期合约的输家也可以违约。假如现货市场朝着对多头方不利的方向发展，他完全有可能拒绝购买。同理，空头方也可以拒绝出售。这种违约的可能是一种信用风险，它是远期合约作为场外交易工具的另一个显著特点。在实践中，远期合约的交易方可以用现金或可交易证券的形式提交担保，当输家不履行合约时，受益方可以将担保收归己有。[如果想规避远期合约固有的违约风险，你可以使用期货合约，但你必须放弃一定的灵活性，从标准格式的合约中做出选择。你也可以使用期权合约，但无论日后是否执行，你都要提前交付权利金（premium）。后面会有更多相关内容。]

收益

有一个简单的方法可以帮助我们理解任何金融衍生品，那就是看收益表。收益是什么？实际上就是合约在交付日期时的价值。我们已经知道，收益（价值）既可能为正也可能为负，而这取决于你是多头方还是空头方。回忆一下我

第二章 远期合约 | All About Derivatives

们在第一章是如何通过交付价格和现货价格之间的差额来评价玉米饼生产商在交付日期的远期合约的，实际上那就是收益表可以显示的内容，只不过收益表一次性可以展示出大量现货价格。

收益表就是用视觉上更直观的形式，展示直观性较差的收益函数。在数学中，函数就是一个公式，输入一些数字后能得到一个结果。任何一个金融衍生品都存在两个收益函数，一个面向多头方，一个面向空头方。还记得为什么吗？因为一方的收益就是另一方的损失。下面就是一个远期合约的收益函数：

$$P_{\text{远期, 多头}} = S - K \qquad \text{公式 2-1}$$

$$P_{\text{远期, 空头}} = K - S \qquad \text{公式 2-2}$$

公式 2-1 和公式 2-2 表明，多头方的收益（$P_{\text{远期, 多头}}$）等于现货价格（S）减去交付价格（K），而空头方的收益（$P_{\text{远期, 空头}}$）等于交付价格（K）减去现货价格（S）。

想理解这些关系，我们可以想象黄金的一个远期合约，交付价格为每盎司 400 美元。再假设交付日期可能出现的 5 个现货价格：600 美元、500 美元、400 美元、300 美元和 200 美元。如果把这些数字代入收益函数（多头方），我们就会得到如表 2-1 所示的结果。

收益表清楚地表明，为什么有些收益为正、有些收益为负。当然，多头方有义务以交付价格购买。如果现货价格在交付日期高于交付价格，多头方就能以低于市场价格的价格买入某物，从而赚取收入，也就是获得正收益。如果现货价格低于交付价格，多头方需要以高于市场价格的价格买入某物，因此出现损失，即获得负收益。所以在任何案例中，多头方的收益都是现货价格减去交付价格。

表 2-1 远期合约多头方收益情况

S	K	$P_{\text{远期, 多头}} = S - K$
600	400	200
500	400	100

（续表）

S	K	$P_{远期,多头}=S-K$
400	400	0
300	400	−100
200	400	−200

注意，不管 S 的数值是多少，P 都只可能存在一个值。这就让画收益图变得非常简单。图 2-1 展示的就是收益图。

纵轴代表的是可能的收益（以上面的黄金为例，两个轴各乘以 100 美元）。注意，收益可以无限向上、向下延伸，正收益（所得）位于 0 的上方，负收益（损失）位于 0 的下方。

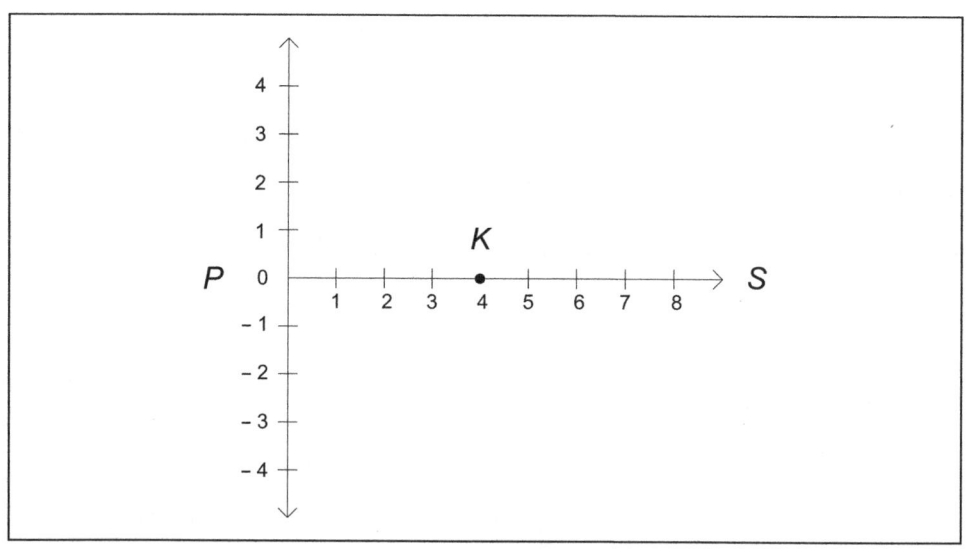

图 2-1　收益图

横轴代表的是交付日期上可能出现的全部现货价格，横轴只可以无限向正方向延伸，因为标的价格不可能低于 0。记住，我们在这里说的是现货价格不可能低于 0，而不是金融衍生品的收益或价值，后者既有可能为正，也有可能为负。

为了展示上述黄金远期合约中多头方的收益，我们只需要将收益表里显示的各个结果标注在收益图中 S 和 P 的各个交叉点上（记住，K 只是横轴上的固定点，也就是一个可能的现货价格）。为 S 选择任意数值，用收益表或收益函数确定相应的 P 值。如果 P 为正，就在 S 点的位置向上 P 个单位标注一个点。如果 P 为负，就在 S 点的位置向下 P 个单位标注一个点。多设置几个 S 值，做出一个类似图 2-2 的图。再将各点连在一起，就形成了图 2-3 的坐标轴图表。

注意，收益是一条直线，所以只需要两个点就能画出一条收益线。此外，这条收益线与横轴成 45 度角。实际上所有以收益图展示的远期合约收益均是这样，也就是说，你只需要一个点，和通过这个点的与横轴成 45 度角的直线，就能画出收益线[1]。而这个点可以是 K，所以实际上你不需要计算任何收益，只需要画一条在 K 点与横轴交叉且成 45 度角的直线即可。

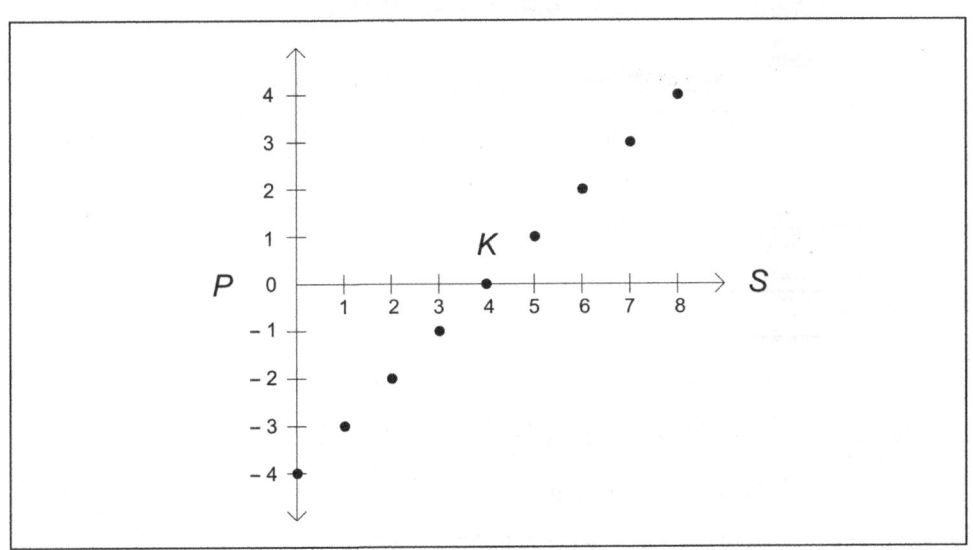

图 2-2　收益点样图

空头方是什么情况呢？我们已经知道，这个人的收益与多头方正好相反。表 2-2 展示的就是双方的收益。

---

[1] 这只是简单应用了公式 $y=mx+b$ 的特性，这是一个代数知识。

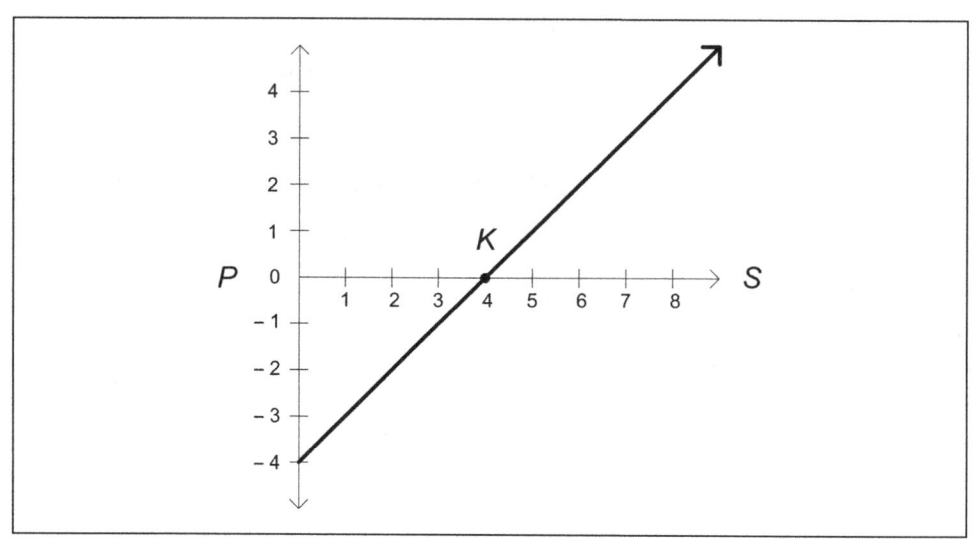

图 2-3　远期合约多头方收益图

表 2-2　远期合约多头方与空头方的收益情况

S	K	$P_{远期,多头}=S-K$	$P_{远期,空头}=K-S$
600	400	200	-200
500	400	100	-100
400	400	0	0
300	400	-100	100
200	400	-200	200

想画出空头方的收益图，首先你还是要确定 S 的数值，画出各点后再连线。知道空头方的收益与多头方正好相反，你就可以再画一条在 K 点与横轴交叉的直线，只不过朝与刚刚相反方向的 45 度角延伸。不管用什么方法，你都能得到空头方的收益图，具体如图 2-4 所示。

所以说，收益图上的收益总是一条直线，总是在 K 点与横轴交叉并成 45 度角，而且多头方的收益总是与空头方相反。如果将这些收益相加，确定一份远期合约的净收益是多少时，会出现什么情况？在一张同时展示多头和空头收益的图上，情况并不复杂。选择几个 S 的数值，在 S 点上找到空头和多头的垂直中心点。在上面画几个点，如图 2-5 一样将这些点连在一起。结果当然是 0，因为这就是一个零和游戏：一方的收益会完全被另一方数额相等的损失抵销。

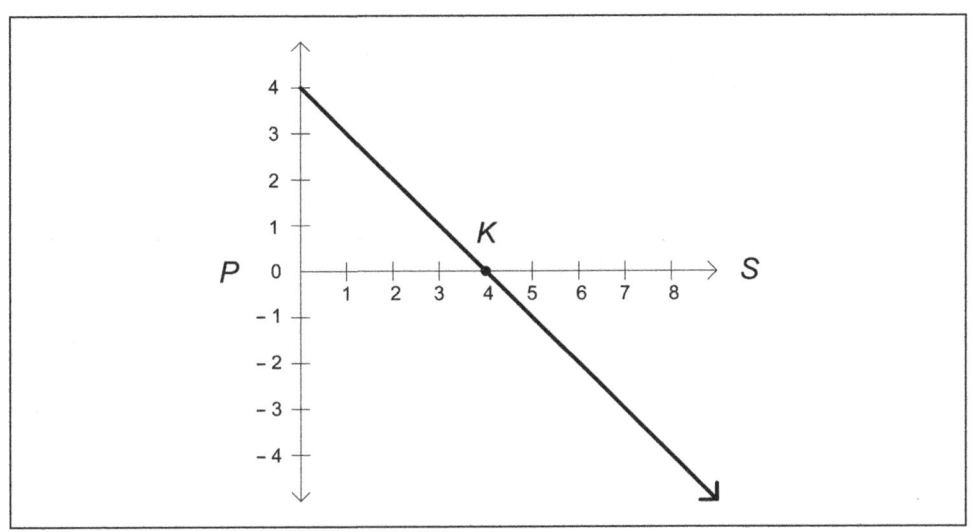

图 2-4　远期合约空头方收益图

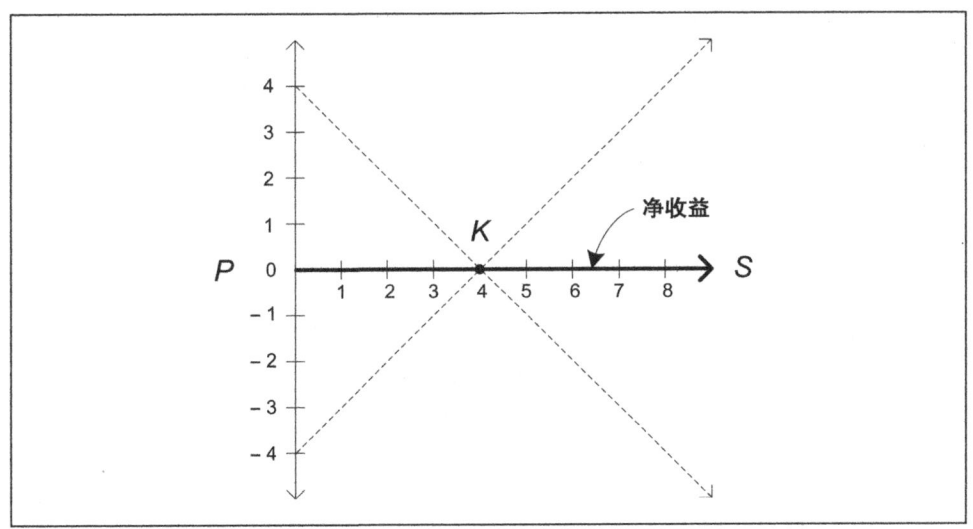

图 2-5　远期合约的净收益图

我们会在后面的章节里看到很多收益图。尽管这些收益图第一眼看上去都不那么容易理解，但一旦摸清门路，你就会发现这是非常好用的工具。

ALL ABOUT DERIVATIVES

03

第三章

期货合约

期货合约是一种在交易所签订的高度标准化的远期合约。以下是一个简单的例子。

皇家磨坊（The Royal Mill）公司购买小麦以生产面粉，他们需要购买大量小麦。皇家磨坊希望在 6 个月后购买 50 000 蒲式耳的小麦，并且现在就锁定一个价格。他们在明尼阿波利斯谷物交易所（Minneapolis Grain Exchange）签订了 10 份小麦期货合约，交付价格为 3 美元。每份期货合约均保证，6 个月后供应商以每蒲式耳 3 美元的价格交付 5 000 蒲式耳的小麦。皇家磨坊为这些小麦总共需要支付 15 万美元的净价。6 个月后，小麦的现货价格上涨 50 美分，达到 3.5 美元。皇家磨坊 50 000 蒲式耳、最初交付价格为 3 美元的期货头寸，如今已经上涨了 2.5 万美元。皇家磨坊以 3.5 美元的价格从常规供应商处购买了 50 000 蒲式耳小麦，总价为 17.5 万美元。皇家磨坊的小麦收购净价为 17.5 万美元减去 2.5 万美元的期货收益，即 15 万美元。

交易所交易远期合约

期货合约在英文中通常被简称为"future"，其实和远期合约很像：一方同意，在未来的某个日期以确定的价格买入或出售合约规定的商品或证券。和远期合约一样，同意购买就是建立多头头寸，而同意卖出就是建立空头头寸。期货合约中约定的价格，就是交付价格。我们在后面的章节中会看到，期货合约价格的计算方法几乎与远期合约价格一模一样。但与场外交易的远期合约不同，期货合约需要在交易所这个买家与卖家聚集在一起的地方进行交易。因此，期货合约与远期合约主要存在三个区别。

1. 匿名交易方：和远期合约的交易方不同，期货合约中的买卖双方通常互不相识。交易所通常负责配对买卖双方，协助提供一个重要的市场功能，即流动性。流动性好的市场指的是可以持续发生交易的市场，交易能像液体一样"流动"。相比场外远期合约中潜在买卖双方必须真实地找到彼此而言，这是一个巨大优势。

2. 标准合约：交易所也通过严格规定每一份合约中的条款，为市场提供了流动性。这些条款包括标的的类型、品质和等级，交付价格及交付日期，甚至还会详细规定交付地点。潜在买卖双方必须在预先确定的合约中选择。与此形成对比的是，远期合约的双方可以按照双方的合意自由地决定合约条款。

3. 每日结算：这一点非常重要。远期合约的交易双方在交付日获得收益（如果双方同意撤销或撤回合约，也可以更早获得收益），而期货合约的双方在每个交易日都能获得收益。这个规定大大减少了交易方不履行义务的风险——这正是远期合约这样的场外交易合约固有的一种风险。当其他方面和远期合约几乎一样时，这个规定也会影响期货合约的价值（我们会在后面详细分析这个内容）。

总而言之，期货合约的流动性通常强于远期合约，而且违约风险较低。但要提醒读者的是，并不是所有的期货合约都具有流动性，因为交易所时不时地会提供一些基本无人问津的期货。人气较高的期货在一个交易日里就能达成成百上千份合约（交易合约数量好听一点的说法是"交易量"）。尽管交易所会对合约双方的履约行为做出保证（严格来说，通常由清算公司提供保证），但极度罕见的市场情况有可能导致期货合约大量违约。也就是说，期货合约也存在违约的可能性，但概率远低于远期合约。

关于期货，还有一个有趣的事实：99%的期货合约在真正完成交付前都会被撤销！为什么？我们在本章开始时的案例中可以看到，皇家磨坊在交易所签订小麦购买合约的真正原因，并不是为了确保自己能获得小麦，而是为了针对小麦价格上涨的风险获得保护，这就是保证一个价格。尽管绝大多数在交易所买卖的大宗商品实际上从不交付，但它们能够被交付的事实（如果多头方要求，就必须被交付），就是期货价格能够保持公平的原因之一。

常见的期货

世界各地的交易所每天交易的期货种类可达上百种。和远期合约一样，期货合约的标的也分为两大类：实物商品组成的大宗商品标的，可以被实际（但不一定必须）交付；类似政府债券、外汇或指数这些在第一章里讨论过的证券组成的金融标的。100 多年前发明期货时（你能想象金融衍生品已经存在了这么长时间吗），所有标的都是大宗商品。金融期货直到 20 世纪 70 年代才开始逐渐成为主流，如今，大约有 80% 的期货合约标的都是金融产品。

期货合约可在全球的十几个交易所中被交易，这些交易所与生产商和消费者集中在一起做生意的产品市场并没有太大区别。有些合约只在一个交易所被交易，其他合约可以在多个交易所被交易。以下是一些例子。

- 芝加哥商品交易所（Chicago Mercantile Exchange，CME）

  合约：E-迷你标普 500 指数期货

  标的：组成标准普尔 500 指数的 500 只股票的加权平均股价

- 纽约商品期货交易所（New York Mercantile Exchange，NYMEX）

  合约：轻质原油、低硫原油期货

  标的：在俄克拉荷马州卡辛交割的 1 000 桶（42 000 美国加仑）原油

- 芝加哥期货交易所（Chicago Board of Trade，CBOT）

  合约：30 年期美国国债期货

  标的：到期日面值为 10 万美元的一份 30 年期美国国债

- 明尼阿波利斯谷物交易所（Minneapolis Grain Exchange，MGEX）

  合约：硬红春小麦期货

  标的：5 000 蒲式耳 2 号或更好的北方春小麦，蛋白质含量至少为 13.5%

- 香港交易所（Hong Kong Exchange，HKEx）

  合约：恒生指数期货

  标的：在香港证交所交易的 33 只股票的加权平均股价

和很多证券交易所一样，你不是直接给交易所打去电话就能下单。相反，交易所由清算会员实际执行交易。清算会员可以从代理商处接受订单，代理商则从和你我一样的商业和零售人员处接受订单。

每日结算

在每个交易日结束时，所有未支付的期货头寸均由交易所按照市值进行估值或计价。"按市值计价"（mark to market，MTM）或者说逐日盯市，只不过是换了一种说法，最终还是按照期货新价格、头寸中的合约数量及是多还是空来"计算期货现值"。这些 MTM 决定了交易各方的收益。获得正收益的交易方在那一天收获了一些资金，而获得负收益（损失）的交易方则会收到账单。损失方并不一定非要支付账单，而是根据信用度等因素，可能只需要向保证金账号支付一部分比例的应付款项。如果支付义务超过一定界限，损失方就会收到追加保证金通知（保证金制度并非期货特有，期权和其他在交易所交易的证券也存在这个制度）。交易所交易合约中的保证金存款，类似于场外交易双方对彼此的担保要求。

从某种程度上说，期货合约在每个交易日结束时就终止了，并且由一模一样的新合约自动替代。这就意味着，在每个交易日开始时，每一个期货头寸的价值为零！当然，由于现货价格总在变动，加上其他因素，期货的价格在一个交易日内也在不断改变。一天结束时，上述价值变化将体现在新的 MTM 中，合约持有者将获得收益或出现损失，第二天整套流程再次启动。我们在后面会看到，这个制度实际上简化了期货合约的估值流程。

每日结算也是减少信用风险的重要方法。因为每个人每天都会得到结算，也就是在离场回家前都会获得收益或出现损失，任何一方的义务无节制增加的时间都不会超过一个交易日。在远期合约中，一方的风险敞口可能在整个合约期间不断增加，有可能让损失方承受巨额债务。期货合约却非如此，相反它几乎完全避免了远期合约固有的极端信用风险。

与几乎一模一样的远期合约价格相比，每日结算制度也对期货价格存在一些微妙的影响，并且会对相对估值产生巨大影响。前面提过，多头方必须买入、空头方必须卖出的期货价格，在签订合约时以直观看来是与合约价格一样的。收益、仓储、利息等其他会反映在远期合约价格中的因素，也会反映在期货价格上。可由于期货每天都会结算，所以在计算期货价格时，你需要考虑每日的现金需求量和结算时的现值。

我们不会继续深入讨论这个问题，每日结算导致远期和期货价格出现的差别相对较小。但是经过交易后，期货头寸的价值就会与其他方面一模一样的远期合约价值存在巨大差异。这是为什么？因为每日结算本质上就是兑现收益或损失。所以在任一交易日开始时，期货合约的价值均为零。开盘后，这个合约在交易日中任意时间的价值，都属于价值改变。与此相对，远期合约的价值是自签订合约时起的价值改变。在第八章中，我们会用案例做出具体解释。

流动性风险

通过为潜在卖家提供买家，同时为潜在买家提供卖家的方式，尽管交易所能够为市场提供流动性，但有些合约会具有更强的流动性。且一份合约的流动性也会随时间发生改变。这就带来了流动性风险，也就是当你想要卖出头寸时，你有可能在心仪的价格下找不到交易机会。例如，当市场对多头合约的需求相对较高时，交易活动数量一般会增加，由于买家出价更高，所以价格也会上涨。而当供求双方的情绪相对低落时，交易活动数量就会减少，买价（也就是你能卖出的价格）一般较低，而卖价（你能买到的价格，也被称为要价）相对较高。这种某个时间点出现的买价与卖价的差别，就是买卖价差。

我想说明的是，想出手头寸，你可能需要以高于自己意愿的价格买入，或者以低于自己意愿的价格卖出，而且找到满足数量要求的买价或卖价也有可能是件难事。这就是流动性风险。

ALL ABOUT DERIVATIVES

04

第四章

互换合约

互换合约是一份交换未来现金流的协议。互换合约可以用来交换以各种东西为基础产生的现金流，包括股票收益、电价等，但我们一般说的交换对象都是因利息而产生的现金流。在绝大多数利率互换中，一笔现金流为浮动利率，另一笔现金流则是固定利率。以下是一个简单的案例。

刚铎公司（Gondor Corporation）从一家商业银行借了1 000万美元。按照贷款合约规定，接下来的两年里，刚铎公司每3个月需要按照伦敦银行间同业拆借利率（London Inter-Bank Offered Rate，LIBOR）指数的浮动利率（详见附录A中对LIBOR的解释）支付一次利息。因此，刚铎公司现在并不知道自己会为这笔贷款支付多少利息。为了减少利率变化带来的风险，刚铎公司和马洛证券（Marlow Securities）达成了一份固定/浮动利率互换协议。按照这份互换合约，每3个月，刚铎公司需要按照3.75%的固定利率，向马洛证券支付1 000万美元产生的利息。作为回报，刚铎公司将会收到马洛证券按照当时的伦敦银行间同业拆借利率支付的1 000万美元产生的利息，用来偿还给银行。利用这份互换合约，刚铎公司实际上把浮动利率义务转变为固定利率义务，降低了把自身暴露于不可预测的利率变动风险中的概率。

现金流的交换

我们在这一章里关注的重点，即所有互换合约的"祖宗"，就是固定/浮动利率互换合约。由于应用极其广泛，这种场外交易工具通常也被称为"香草款互换合约"。只要理解了这种互换合约，你就基本能理解其他所有互换合约。香草款互换合约是最常见的一种金融工具，也被称为利率衍生品或固定收益衍生品（这个称呼源自大部分债券按照固定利率支付利息的时代）。利率衍生品指的是标的为资金的金融衍生品。借钱的代价自然是归还更多的资金，也就是

第四章 互换合约
All About Derivatives

利息，这种衍生品因此得名。

我们把互换合约定义为现金流的交换。什么是"现金流"？现金流和买卖又有什么关系？这怎么成为价格保证？回忆一下自己借钱时的情形，我们一般会在贷款周期内的固定时间间隔支付利息——房屋抵押贷款是每月偿还，商业贷款可能是一季度偿还一次，其他以此类推。每次支付的利息都是现金流。而这些现金流，自然是从借款人流向出借人[1]。所以现金流就是款项，而款项就会涉及价格。当这个价格（利率）提前得到确定和保证时，这笔贷款就是固定利率贷款，也称债务或义务。当价格没有提前明确，而是按照我们后面将会提到的原因发生改变时，这样的贷款就是浮动利率贷款。固定/浮动利率互换就是在因固定利率产生的现金流与因浮动利率产生的现金流之间交换的协议。人们使用香草款互换合约，主要是为了将固定利率贷款转换为浮动利率贷款，或者反过来将浮动利率贷款转换为固定利率贷款。

在本章章首提到的刚铎公司/马洛证券互换案例中，其中一方（马洛证券）是互换交易商，或者说构成了互换市场的金融机构，他们会将互换合约提供给有需求的人们，大多数互换合约就是这种情况，互换交易商支付和收到的利息数量是一样的。在本节的案例中，作为以3.75%的固定利率"出售资金的卖方"，马洛证券持有的是空头；以这个利率购买资金的刚铎公司，就是多头。但在互换合约中，想要分辨谁是多头、谁是空头，并不一定总是那么容易。我们需要从固定利率的角度去思考：固定利息的支付方是多头，固定利息的接收方是空头。

从传统上理解互换合约时，双方都不是互换交易商。双方都提前存在义务，一方为固定利率贷款，另一方则为浮动利率贷款，而双方都想得到对方的义务。背着固定利率的一方想要浮动利率，而背着浮动利率的一方想要固定

---

[1] "现金流"这个说法具有误导性，让人产生一种资金像液体一样持续流动的感觉，但实际上它只是在一段时间里间断出现、数量确定的款项。"现金喷射"这个说法可能更准确，但谁听到这个说法不会觉得过于不严肃了呢？

利率。

为了方便说明，让我们假设创业者鲍里斯（Boris）和克洛伊（Chole）分别贷款100万美元，他们每年需要分别向各自的债主阿伦（Aaron）和蒂姆斯戴尔（Dimsdale）偿还利息，共须偿还10年。假设鲍里斯背负的是浮动利率贷款，他需要按照伦敦银行间同业拆借利率偿还利息。再假设克洛伊背负的是固定利率贷款，如图4-1所示，她需要按照6%的利率定期偿还利息。

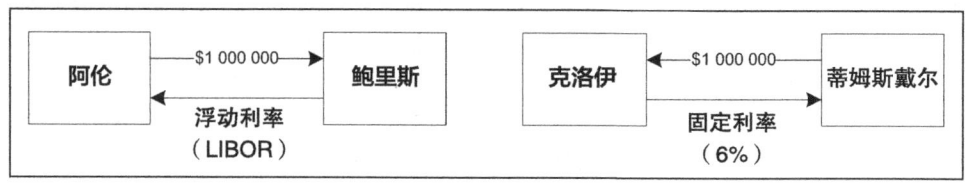

图4-1 浮动利率与固定利率借款人

假设鲍里斯更想要固定利率贷款，而克洛伊更想要浮动利率贷款。鲍里斯向克洛伊承诺："未来10年里，每过12个月，我会给你100万美元的6%。"这笔现金流，即未来10年每年6万美元，就是互换合约中的固定利率部分，被称为"固定端"（fixed leg）。克洛伊对鲍里斯承诺："未来10年里，每过12个月，我会按照当时的伦敦银行间同业拆借利率向你支付100万美元对应的利息。"这就是浮动利率部分，也被称为"浮动端"（floating leg）。鲍里斯和克洛伊达成了互换合约，他们将用合约收益分别偿还贷款。他们将各自的贷款在固定利率和浮动利率之间做出了转换。如图4-2所示，这就如同鲍里斯同意偿还克洛伊的贷款，而克洛伊同意偿还鲍里斯的贷款。

作为鲍里斯和克洛伊互换合约基础的100万美元，被称为互换合约的"名义金额"（notional amount）。在绝大多数互换合约里，这笔钱从未真实存在过——也就是说，交易方账户里不会有100万美元，也不会有一方向另一方转账100万美元的行为（我们在这里讨论的不是原始的贷款，而是互换合约）。名义金额只是一个数字，只在计算支付数额时使用。我们需要理解这个区别，因为当我们听到"100万美元互换"时，这个合约和100万美元贷款不是一回事。互换合约中的名义金额唯一可变现的情况，就是交叉货币利率互换（cross-currency swap，CCS），这种合约的两端分别是两个国家的货币。在这种情况下，我们确实会交换名义金额，以消除外汇汇率变化对互换合约的影响。

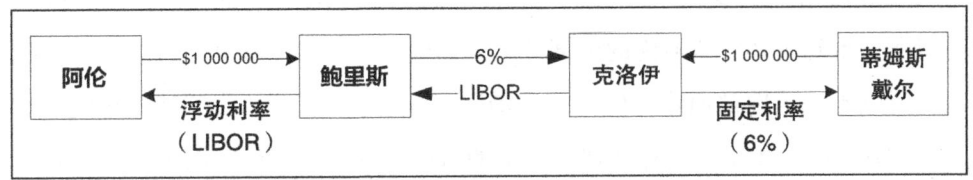

图 4-2 带互换合约的浮动利率与固定利率借款人

鲍里斯或克洛伊需要为这个互换合约付出代价吗？一方需要向另一方支付费用吗？答案是否定的。从理论上说，基础互换合约的双方从合约一开始就不需要向对方支付任何费用。重点在于设置一个固定利率，使得互换合约的固定利率实际上拥有和浮动利率一样的净现值。第九章中讨论估值问题时，我们能了解到更多信息。交易方只需要在互换合约约定的支付日期交付款项即可——在这个案例中，就是在 10 年时间里每过 12 个月交付一次。

还需要注意的是，双方都同意每过 12 个月向对方支付一些资金。实际上没有必要这么做。假如我欠你 12 美元，而你欠我 10 美元，我只需要给你 2 美元，你可以保留自己的 10 美元。互换合约支付款项时也是如此。如果在某个支付日鲍里斯欠克洛伊 6 万美元，而克洛伊欠鲍里斯 4.8 万美元，那么鲍里斯只需要向克洛伊支付 1.2 万美元，其他时候的差额也可以这样支付。这是一种净额结算方式，在金融行业中随处可见。

在我们这个案例中，双方每年支付一次款项。这个时间被称为"期限"或"派息频率"。在实践中，这样的期限通常短于一年；常见的期限为 3 个月。所以双方不是每一年交换一次现金流，而是每年交换四次现金流，即每季度一次。其他常见的期限分别是 6 个月和 1 个月。互换合约的两端不需要拥有相同的期限，例如半季度互换就是一种常见结构，其中固定利率为每 6 个月交付一次，浮动利率为每3个月交付一次。

与克洛伊达成互换协议后，鲍里斯可以依靠定期获得的资金向阿伦偿还债务。而且他明确地知道自己需要向克洛伊付出多少：100万美元的6%，即6万美元。鲍里斯不再需要受伦敦银行间同业拆借利率的支配。无论每年伦敦银行间同业拆借利率是多少，或者被"设置"为多少，鲍里斯知道自己可以从克洛伊那里得到用来偿还阿伦的全部钱款。而他以6%的利率支付的义务是固定的，所以不确定性被消除。但他并非消除了所有风险，例如，当克洛伊违约、不支付款项时，鲍里斯也存在遇到风险的可能。这就是一种信用风险（我们会在第六章中对此进行详细解释）。但鲍里斯不再需要面对市场风险，而这正是没有互换合约时他会遇到的问题。

实践中的互换

实践中的互换比鲍里斯和克洛伊这个理论案例要复杂得多。首先，实践中的交易一方总是大银行或金融衍生品交易商这样的机构，而不是实际背负还债义务的债务人。此外，合约存续期间本金或分期偿还数额经常发生变化，利息数额可能按复合利率或者按平均利率计算，而且不同合约对节假日的处理方法也不相同。我们会在附录B中讨论这些内容。

制定互换合约时，确定各种变量看起来是一件极其无聊的工作。幸运的是，具体确定交易前，互换合约的双方大多已经达成了"主协议"。主协议就是一份可以适用于双方后续任何协议的合约。此外，主协议本身大多也会提及一系列国际掉期与衍生品协会（International Swaps and Derivatives Association，ISDA）的定义，以此确保双方都能明确达成了怎样的协议。这些定义由国际掉期与衍生品协会确定，协会中那些善良的人承担了互换行业中这部分烦琐而无趣的工作。ISDA的定义非常详细，更多地使用了数量级，而不是像我们一样更多地使用文字，去描述类似"修正的下一营业日"（modified following）和"实际天数/360"这样的专业名词。我敢保证，如果没有ISDA，互换就是一个让人头疼的行业。ISDA定义就像拼字游戏选手在比赛开始前一致同意查看的词典，使用它去确定类似"qat"或"hmph"这些到底是不是能在比赛中使用的词[1]。

但是抛开互换现金流这些花哨的定义，其实现金流有时也被称作券息，这是另一个来自过去固定收益时期的旧概念。事实证明，在每个券息期间，互换合约就是一个经过伪装的远期合约。这是一个标的为资金的远期合约，利率就是交付价格，其现货利率由一个指数决定。我们也可以把一个互换合约看作两个债券，其中一个为固定券息，另一个为浮动券息，两个债券的现金流被互换。而这实际上也是更简单的理解互换合约的方式，后面讲到互换合约定价时，我们也会用到这个方法。

其他利率衍生品

就像冰淇淋一样，不是所有的利率衍生品都是香草款。市场上存在一些变体，尽管不像固定—浮动利率互换那么常见，但也值得我们去了解。

基本利率互换（Basis Swap）

第一种就是基本利率互换，这有点像香草款互换合约，只不过两端都是浮动利率，没有固定利率。所以交易方不是用固定利率款项交换浮动利率款项，而是在两个由利率指数确定的款项间交换。假设我们从花旗银行（Citibank）以最优惠利率借了一笔钱，但又想以伦敦银行间同业拆借利率偿还利息。我们可以签订一份名义金额相同且与还贷日期安排相同的利率互换合约，支付伦敦银行间同业拆借利率，接受最优惠利率。每一个还款期，我们在互换合约中实际支付的是伦敦银行间同业拆借利率，利用互换合约的收益偿还贷款。

"基本"这个说法来自"基本风险"。这里的基本风险指的是两个价格（两

---

[1] 如果去查词典，这两个显然不是真正的词。

个利率指数，如最优惠利率和伦敦银行间同业拆借利率）发展的方向未必一致。基本利率互换可以减少这种不确定性。

货币互换

到目前为止，我们只考虑了两端为同一种货币的互换合约。交叉货币利率互换，或者说货币互换，指的是两端分别为不同货币的互换。例如，我们以浮动利率借出澳元，却想以固定利率的美元偿还，我们需要的就是澳元/美元固定—浮动利率互换。与此相似，基本利率互换的两端也可以是不同货币。

货币互换与非货币互换在实践中最重要的区别，就是名义金额。前面提过，在单一货币互换中，名义金额，或者说本金，不需要转手。那只是一个和计算有关的抽象概念，因为双方交换一模一样的东西没有任何意义。但在货币互换中，我们需要考虑外汇汇率问题。假设一个货币互换的一端是澳元，另一端是美元。如果在互换合约存续期间澳元/美元汇率发生波动，交易的其中一方就会付出代价，因为以一种货币计算，另一方款项的价值会出现变化。通过交换名义金额，我们就能减少这种风险。

我们不会更多地谈论细节，但可以想象我给你 100 万澳元，你给我 100 万美元，五年后，你还给我 100 万澳元，我也还给你 100 万美元。不论在这期间汇率出现怎样的变化，我们在最终总能拿回和开始时一样多的本国货币。因此，我们交换名义金额，就是为了消除汇率上的不确定性，这也是货币互换的目标。为了应对汇率的不确定性，我们也可以采用各种外汇衍生品，如远期合约、期货合约和期权合约，但在这一部分内容中，我们只讨论利率衍生品。这有着很细微但又非常重要的区别。

利率期权

基本利率衍生品中还包括最高限额（cap）、底价（floor）、贬值（collar）和交换（swaption）。最高限额指的是保证利率不会上涨超过某个水平；底价是一个相似的保证，但保证的是下限；贬值确定了一个范围，利率在这个范围内的下跌能得到保证；交换赋予交易方权利而非义务，让交易方可以在未来加入互换合约。我们会在第七章中看到使用最高限额的案例。市面上还有很多其他变体，而且所有期权的标的都是资金。我们会在下一章讨论期权这个话题。

ALL ABOUT DERIVATIVES

05

第五章

期权合约

期权赋予其持有者权利而非义务，持有者可以在特定日期或之前以特定价格购买或出售某物。以下是一个简单例子。

格莱塔（Greta）是一个喜欢在空闲时间买卖股票和期权的小投资者。她看好目前股价为 60 美元的 ZED 公司，她认为这只股票的价值被低估了，还认为其股价在未来几个月会上涨。但格莱塔没有直接购买并持有股票，而是购买了 ZED 公司股票的 6 个月期权，行权价格为 60 美元。期权让她拥有了在接下来 6 个月里的任何时间以 60 美元的价格购买 ZED 股票的权利，但这并非义务。6 个月后，ZED 的股价涨至 62 美元。格莱塔行使了期权，以 60 美元买下了 ZED 股票，收获了每股 2 美元的利润。

一个附条件的销售协议

期权合约是一种价格保证，交易方未来不一定真的会发生销售行为。期权合约的交易方分别是卖方（空头方，即期权出售者）和买方（多头方，也被称为持有者）。签订合约时，出售者按照期权的价值从持有者处获得一笔权利金。作为权利金的回报，期权持有者获得了权利（而不是义务）。如果是看涨期权，持有者可以在约定日期或之前从出售者处购买标的；如果是看跌期权，持有者可以在约定日期或之前向期权出售者卖出标的。注意，以价值为基础产生了权利金，这就是期权与远期、期货和互换合约的显著区别，因为其他金融衍生品在签订合约时不存在理论上的价值。

我们很容易把买卖期权与买卖标的混淆在一起。想理解两者之间的区别，不妨看一看图 5-1，它展示了转手的对象和时间。购买看涨期权时，你买下的是购买标的的权利（或者说是从出售者处"认购"的权利）。购买看跌期权时，你买下的是出售标的的权利（或者说是"还给"出售者的权利）。在这两种情况下，你购买的都是期权，但根据购买的期权类型，日后你有可能会买入或卖出标的。

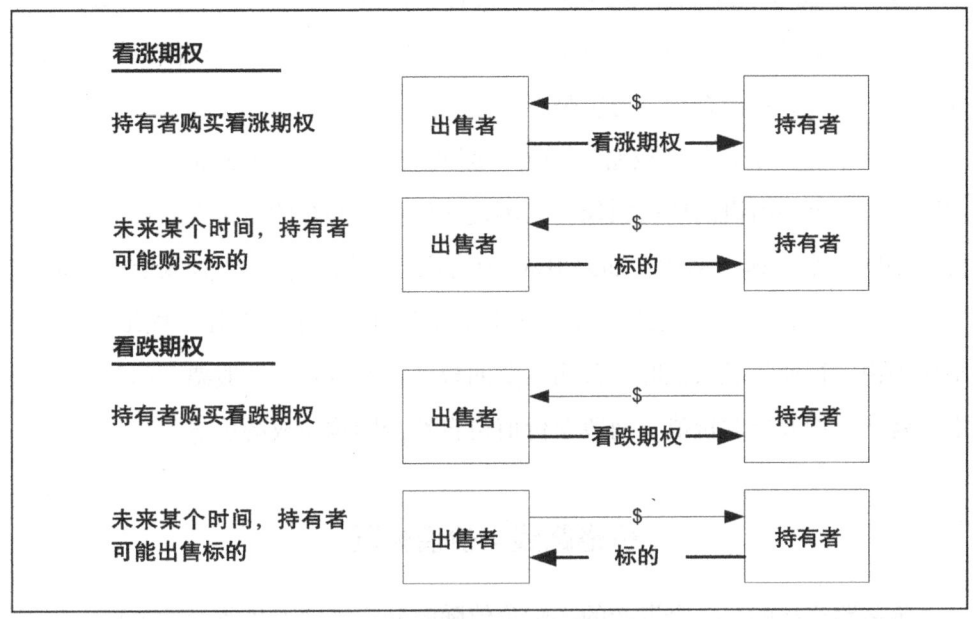

图 5-1　期权买卖 vs 标的买卖

看涨期权持有者可以购买或者看跌期权持有者可以出售的价格，就是行权价格。选择购买或出售标的的行为，就是行使期权。在交易所交易的期权中，行使期权的行为给出售者带来的影响被称为期权指派（assignment）[1]。所有期权合约都需要明确约定一个到期日。美式期权（american option）的持有者可以在到期日或之前行使期权，欧式期权（european option）的持有者只能在到期日行使期权。我们会在本章后面的部分更详细地介绍美式期权和欧式期权。

让我们再考虑一个例子。假设你买了某家公司股票的美式看涨期权，有效期为 6 个月，行权价格为 20 美元。6 个月后，股票价格涨到 25 美元，你可以用 20 美元买到其他人用 25 美元才能买到的东西。于是你行使了期权，以 20 美

---

[1] 大多数期权在交易所被交易，所以交易双方实际上不会彼此进行一对一配对。但在持有者行使期权时，交易所必须选择一个出售者，负责出售（或购买）标的。选择出售者的行为就是"指派"。

元的价格买下股票。现在我们让时光倒流，想象同一种情形，只不过你已经拥有了股票，而且购买的是看跌期权，而不是看涨期权。到期日那天，你可以行使期权，以20美元的价格卖掉股票，或者选择按照25美元的现价卖掉股票。对你来说，显然按照现价出售比行使期权更好，所以你让期权合约自然过期，变成了不值一分钱的合约。厉害吧？

有一个金融工具与期权密切相关，那就是认股权证（warrant）。认股权证实际上与本书中所讲的期权很像，只不过认股权证的合约出售者与标的股票发行方是同一个主体。例如，如果IBM为自家股票增发了一个看涨期权，他们实际上就是发行了认股权证。认股权证和看涨期权的定价存在一些细微区别。举例来说，行使认股权证时，公司需要向权证持有者发行新股票，而这个行为本身就会影响股票的价值，而股票价值也自然会影响期权的价值。

价格路线与价值情况

价格路线指的是一个资产的实际价值随时间推移而发生改变的过程。让我们想象一个如图5-2所示的价格路线，它展示了我们设想出的ZED公司在7个月时间里的每日收盘价，即每天最后的交易成交价。我们在后面很快就会为标的设置期权，但现在只需要注意时间为0的这个点，ZED的股价为60美元，随后开始随机上涨或下跌。3个月后的股价约为61美元，接着爬升至63美元。5个月时，股价跌回到62美元，随后继续变化。价格的趋势不存在可预测的模式。用金融业的行话说，这样的价格路线就是"随机游动"。实际上，这也是金融衍生品世界中的一个基本原则。

想象我们就在0这个时间点上，我们不知道ZED未来的价格路线是什么，因为无法预测。现在假设ZED有三个不同的欧式期权，有效期均为6个月，行权价格分别为60美元、62美元和64美元。我们把这些期权分别命名为cZED60、cZED62和cZED64。小写的c代表欧式看涨期权，我们在后面会用大写字母代表美式期权。图5-3在价格路线上标注了行权价格。

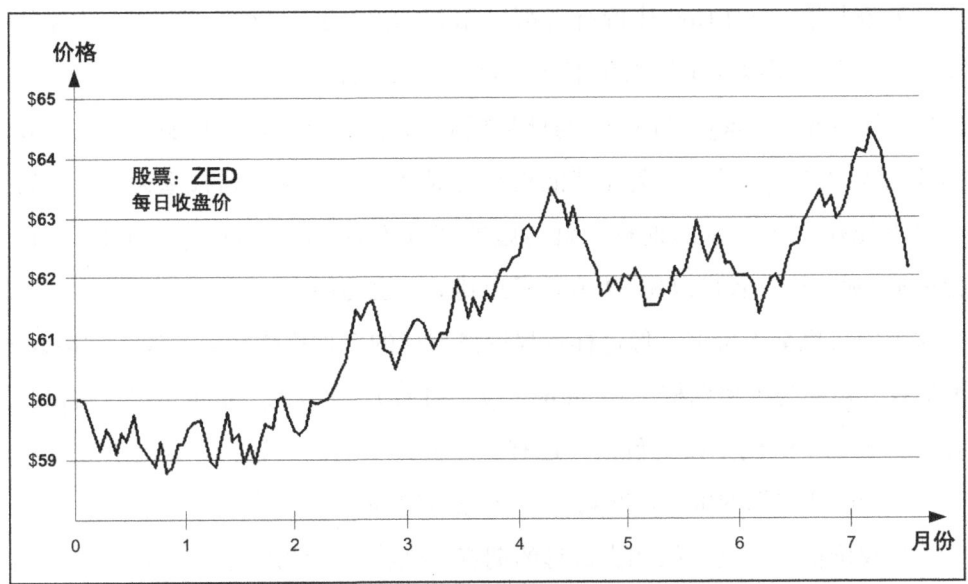

图 5-2　股票价格路线样本

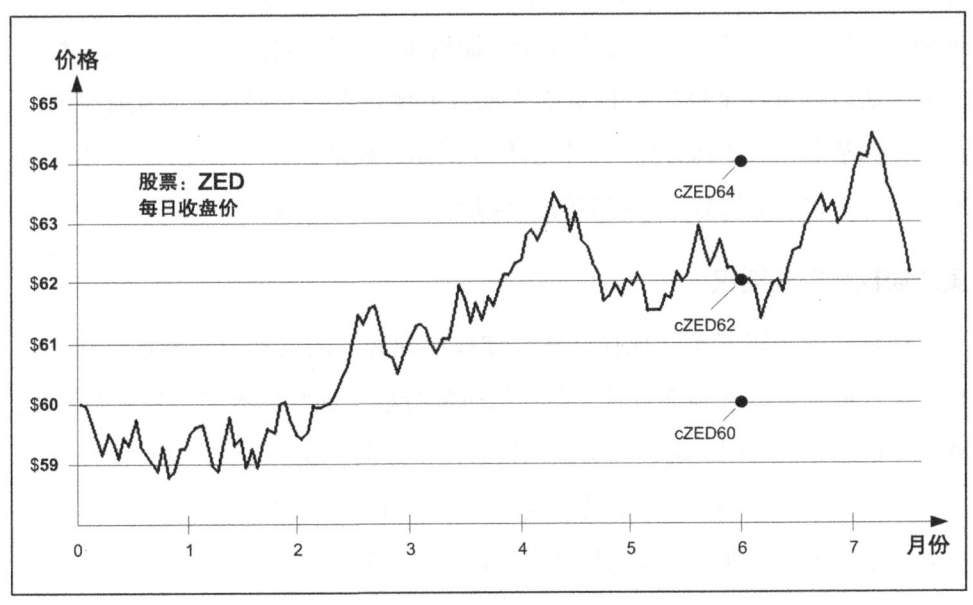

图 5-3　欧式看涨期权行权点

注意，ZED 到期时的交易价格为 62 美元。看一看期权，考虑一下它们的收益，或者说到期时的价值。记住，这些都是可以用行权价格购买 ZED 股票的看涨期权。cZED60让持有者可以用60美元买下其他人用62美元才能买到的股票，所以这个期权价值2美元；行权时能获得这种收益的期权为实值期权（in the money，ITM）。与此形成对比的是，cZED64只能让持有者以64美元购买其他人用62美元就能买到的股票，所以这个期权毫无价值。行权时不能获得正收益的期权，就是虚值期权（out of the money，OTM）。而cZED62呢？持有者可以用62美元买到其他人也能用62美元买到的股票，所以这个期权也毫无价值。像这样行权价格与标的现货价格相等（或非常接近）的期权，被称为平值期权（at the money，ATM）。期权的"价值情况"可以让我们直观地了解到期权的价值。还有一些值得一提的问题：如果是看跌期权呢？这会改变它们的价值情况吗？[1]答案在脚注中。

行权价格与现货价格相去甚远的期权，被称为"深度实值期权"（如行权价格为60美元，股票价格只有15美元的看跌期权）或"深度虚值期权"（如行权价格为60美元，股票价格为15美元的看涨期权）。深度期权头寸几乎与远期合约的头寸一模一样。重点在于，期权越"深"，它变成实值的可能性就越大。所以持有一个极深的ITM看涨期权就像持有一只股票的长期远期头寸一样：你基本相当于拥有标的，特别是在到期日越来越近时。持有极深的ITM看跌期权，相当于持有一份短期的远期头寸：标的相当于已经被出售。

美式期权和欧式期权

让我们回头再看美式期权和欧式期权的问题。欧式期权只能在到期日行权，美式期权可以在到期日及之前任何时候行权。这些标签其实和地理无关；欧式期权总是在美国交易，而美式期权总是在欧洲交易。

让我们把之前的cZED62转为美式期权，重新命名为CZED62。大写的C代表这是一个美式期权。我们用图5-4展示了这个期权可能的价格路线，图中

---

[1] 从看涨期权变为看跌期权，会改变行权价格分别为60美元和64美元的期权价值情况。标的价格为62美元时，行权价格为60美元的看跌期权就是虚值期权，因为可以卖62美元时，卖60美元显然不合适。而64美元的看跌期权就是实值期权。不管是认购还是认沽，62美元都是平值期权。

显示了截至到期日每天结束时的行权价格和股价。和欧式期权不同，美式期权可以在到期日及之前的任何时候行权。尽管有可能在到期时变成没有价值的平值期权，但在签订合约和到期日之间，这个期权可能多次变为实值期权或虚值期权。期权持有者理论上可以在期权变为实值的任何时候行权，从而赚取利润。

这个案例说明了为什么美式期权的价值总是高于其他方面一模一样的欧式期权。对于欧式期权，你只能在到期日行权，所以到期日前期权是否变为实值并不重要。巧合的是，用小写字母表示欧式期权、用大写字母表示美式期权的惯例，也强化了美式期权比欧式期权更有价值的观念。小写字母意味着价值较低，大写字母意味着价值较高。

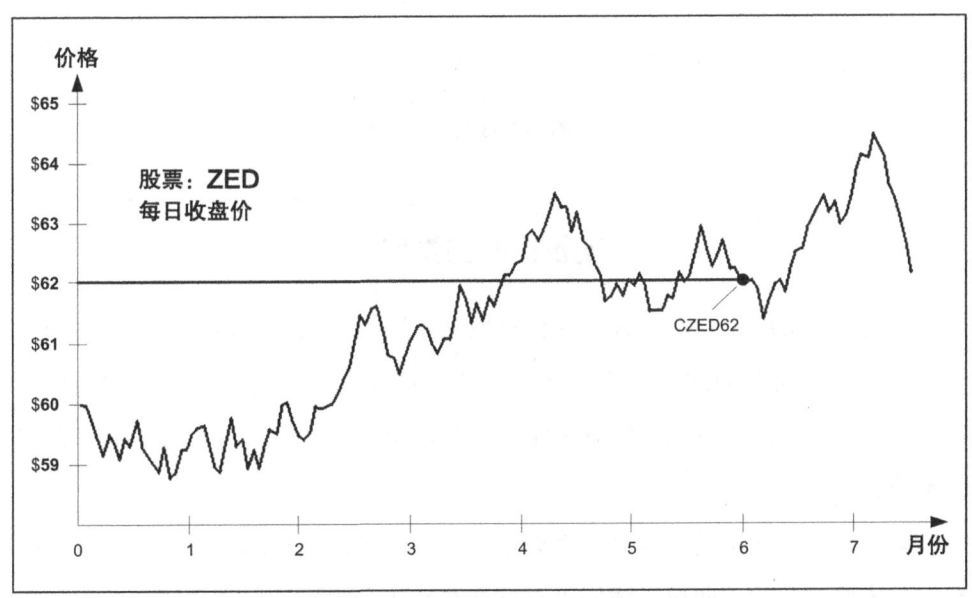

图 5-4　美式看涨期权行权价格路线

我们很容易就能在加上了行权价格的价格路线图上确定期权的价值情况。当股价高于行权价格时，看涨期权就是实值期权；当股价低于行权价格时，看涨期权就是虚值期权；股价与行权价格线交叉的地方，就是平值期权。（看跌期权正好相反：股价低于行权价格时其为实值期权，股价高于行权价格时它则是虚值期权。）图 5-5 显示的是 CZED62 的价值情况与价格路线的对比。

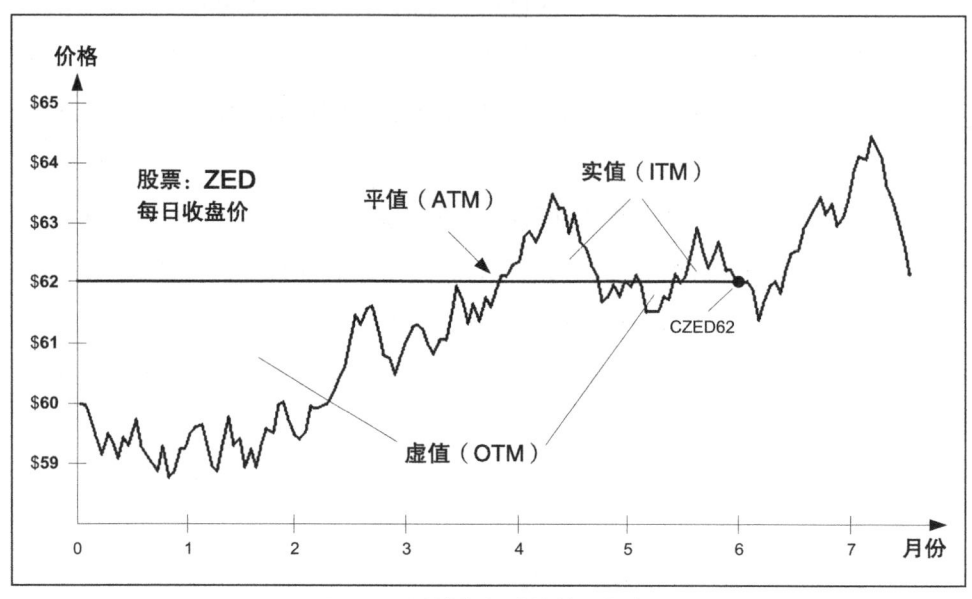

图 5-5　看涨期权价值情况样本

期权标的的类型

和大多数金融衍生品一样，我们可以从不同角度回答"市面上有多少种期权"这个看似简单的问题。难点在于，我们可以用不同的方式拆分"期权宇宙"——即用不同的方式组织其全宇宙。我们至少能找到三种合理的划分期权种类的方法。

第一种是从结构进行划分，例如这一章中已经提到过的看涨期权和看跌期权、美式期权和欧式期权。我们可以把这些看作合约条款，其规定了交易各方的权利和义务。

第二种是从市场角度进行划分，也就是从期权产生的地点进行划分。市场有两种基本类型：交易所市场和场外交易市场。期权可以在这两个市场中被交易。

第五章　All About
期权合约　Derivatives

第三种是用标的划分期权类别。如果从这个维度出发，期权宇宙可以说是无穷无尽的。各种各样的东西都可以成为期权标的。但在讨论期权标的时，我们还是可以做出结构性的区分。幸运的是，几乎所有期权标的都可以被归入"简单""指数"和"衍生品"三大类之一。

简单标的

如果刚刚开始了解期权，那么你遇到的大部分都是简单标的的期权。简单标的是单一大宗商品或金融证券。简单标的的期权赋予其持有者购买或出售这个"东西"的权利。假如这个东西是大宗商品，那么可能是按照蒲式耳计算的玉米、按桶计算的原油、按兆瓦计算的电力或者其他实物商品。假如是证券，标的可能是股票、货币、政府债券或其他证券。这样的期权既可以用实物也可以用现金结算。

在国际证券交易所（International Securties Exchange，ISE）和其他地方交易的微软（Microsoft）股票期权合约，就是一种简单标的期权。一份合约可以让持有者在到期月的第三个周六当天或之前，以多个行权价格中的一个购买或出售 100 股微软股票。

指数标的

指数标的即价格指数。针对这种标的的期权设置，赋予了其持有者权利（而非义务），去购买或出售某个指数。回忆一下，指数就是一个平均数，如道琼斯工业平均指数。在金融行业，指数通常被看作"一篮子"各种各样的物品——如苹果种植者提供的样品篮，里面有一个麦金托什苹果、一个金冠苹果、一个澳洲青苹，可能还有其他种类的苹果。指数期权基本都用现金结算。直接买卖指数并不是一件容易的事，但我们可以利用指数衍生品去赚钱或亏钱。

SPX 期权合约就是一个例子。SPX 期权的标的是标准普尔 500 指数的 500 只股票价格指数乘以 100 美元，而这个指数是 500 只样本股票的平均价格。我们在第七章会用到一个 SPX 指数的案例。

衍生品标的

衍生品期权的标的，本身就是金融衍生品。这听起来非常古怪，但在想起我们一直说的"买卖"远期、期货、互换等合约后，这种说法也就不那么奇怪了。我在前面提过，如果一个物品能够被买卖，且具备可替代性和流动性，那么这个物品就可以成为金融衍生品的标的。期权中最常见的衍生品标的是期货即单一标的物期货，或指数期货。例如，在芝加哥商品交易所中，我们可以交易标准普尔500期货期权合约，这个期权合约的标的就是一份标准普尔500指数期货合约（它的标的是标准普尔500股票价格指数乘以250美元）。

这看起来可能复杂得让人摸不着头脑……下面的图可能就更让人晕头转向了！图5-6中只使用了"物品"一个词，代表现货市场上交易的任何大宗商品或证券。这个物品既可以是股票，也可以是原油、货币等任何东西。

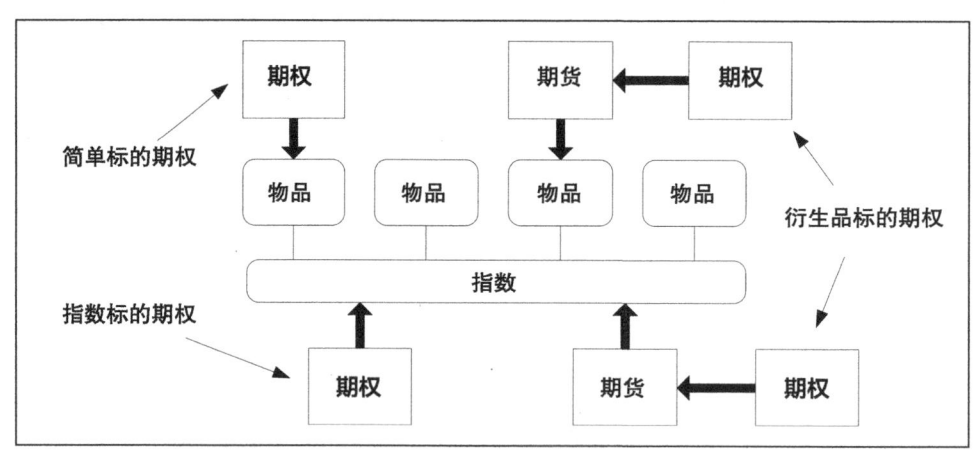

图 5-6 期权标的类型

期权收益

收益图是一个可以用来理解期权的简单好用的工具。大家可以回忆一下，我们可以在远期合约的收益图上一眼看出交付时合约可能的价值。收益图不表明交付价格，而是直观呈现了收益函数。图5-7展示是第二章中提到的买入远期合约的收益。

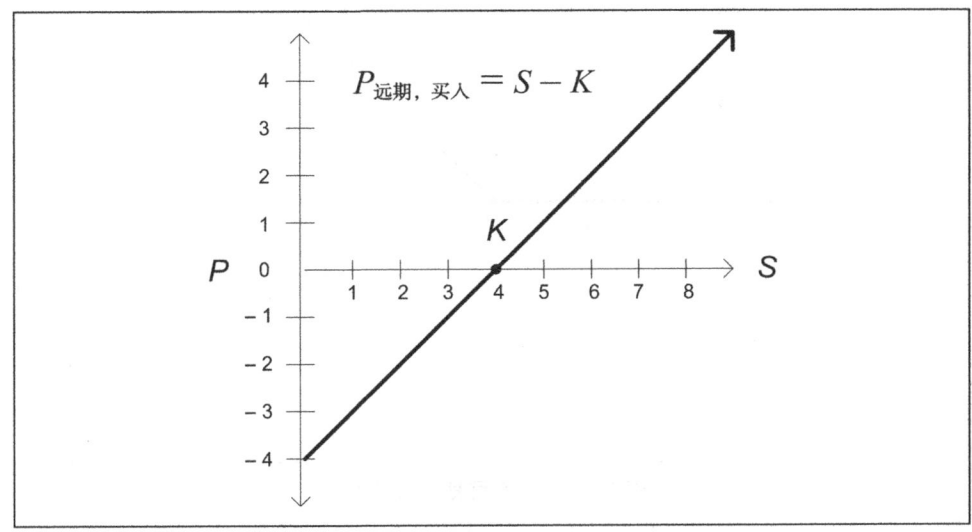

图 5-7 买入远期合约的收益函数及收益图

期货合约的收益图也是一样的原理，只不过略有不同：我们可以在不显示行权价格时，从图中迅速了解行权时的合约价值。公式 5-1 展示了一个买入看涨期权的收益函数，而图 5-8 则是对应的收益图。

$$P_{认购,买入} = \max(0, S - K) \qquad 公式\ 5\text{-}1$$

（提醒一下各位聪明的读者：在这里我们暂时忽视权利金的影响。）

我们一眼就能看出远期和期权收益的巨大区别。买入远期合约的收益可能为负，但买入看涨期权合约的收益不可能为负。这能说得通，对不对？看涨期权的持有者有购买权利（而非义务），如果出现了更好的现货价格，他们完全可以不执行行权价格（如果你有一张优惠券，可以以 2 美元一加仑的价格买牛奶，但市场上牛奶的现价是一加仑 1.8 美元，你会使用优惠券吗？）。我们在收益函数中用 max（……）对此进行表示，这个函数取最大的结果——在 0 和 $S - K$ 之间。如果用文字表述，买入看涨期权的收益取 0 和行权价格及现货价格差之间的更大者。注意与此密切相关的函数 min（……），我会在后面用到这个取最小值的函数。

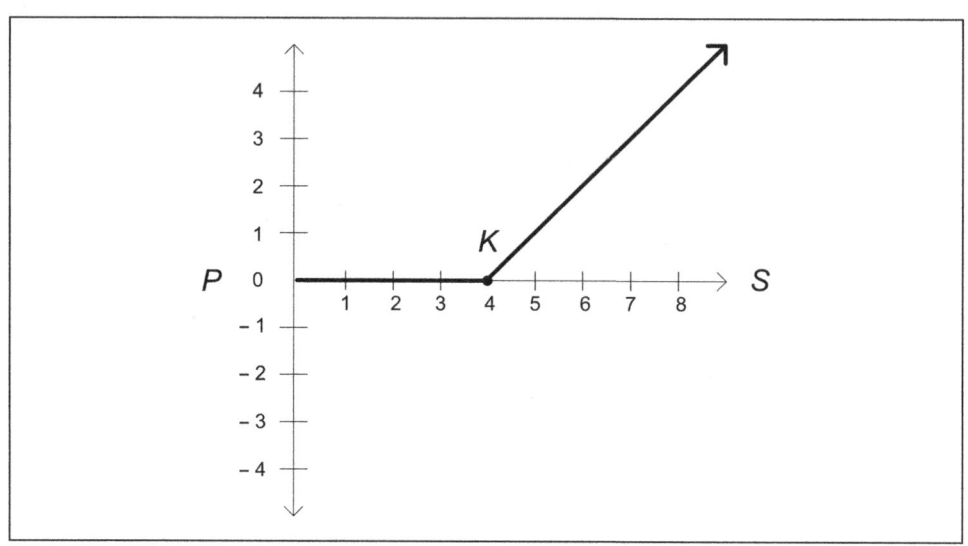

图 5-8 买入看涨期权收益图

假设我们拥有一份行权价格为 40 美元的看涨期权,考虑行权时可能出现的三个现货价格:30 美元、50 美元和 60 美元。表 5-1 列出了这三种情况下的收益,图 5-9 用收益图分别展示了这三种情况。注意到每个价格都只是收益线上的一点了吗?

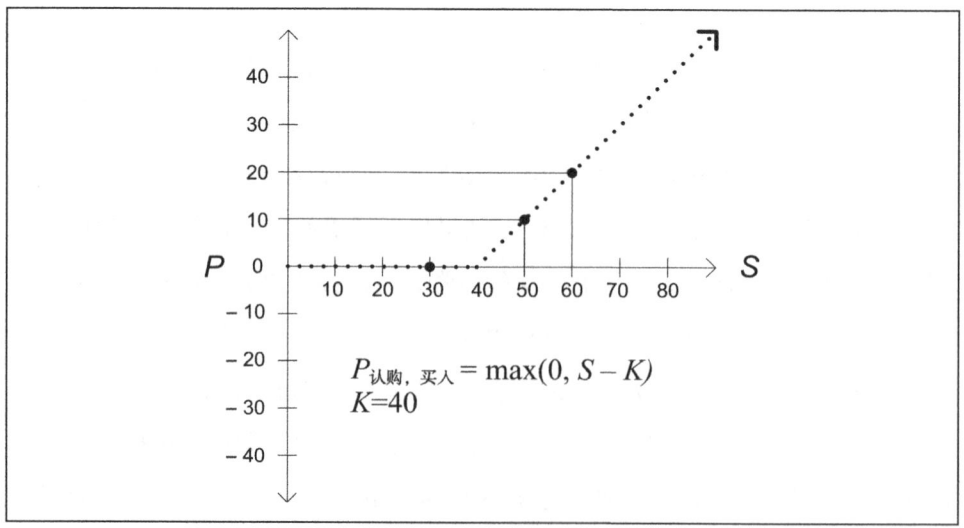

图 5-9 买入看涨期权附收益点的收益图

表 5-1　买入看涨期权收益表

S	K	$P_{认购,买入}$ = max (0, S–K)
30 美元	40 美元	0 美元
50 美元	40 美元	10 美元
60 美元	40 美元	20 美元

至于看涨期权中作为空头方的出售者又会怎样呢？这一方的收益如何？他们的收益与多头方正好相反。公式 5-2 给出了空头方的收益函数：

$$P_{认购,卖出} = \min(0, K - S) \quad \text{公式 5-2}$$

当多头收益 10 美元时，空头就会损失 10 美元。空头的收益分别展示在表 5-2 和图 5-10 中。

表 5-2　卖出看涨期权收益表

S	K	$P_{认购,卖出}$ = min (0, K–S)
30 美元	40 美元	0 美元
50 美元	40 美元	-10 美元
60 美元	40 美元	-20 美元

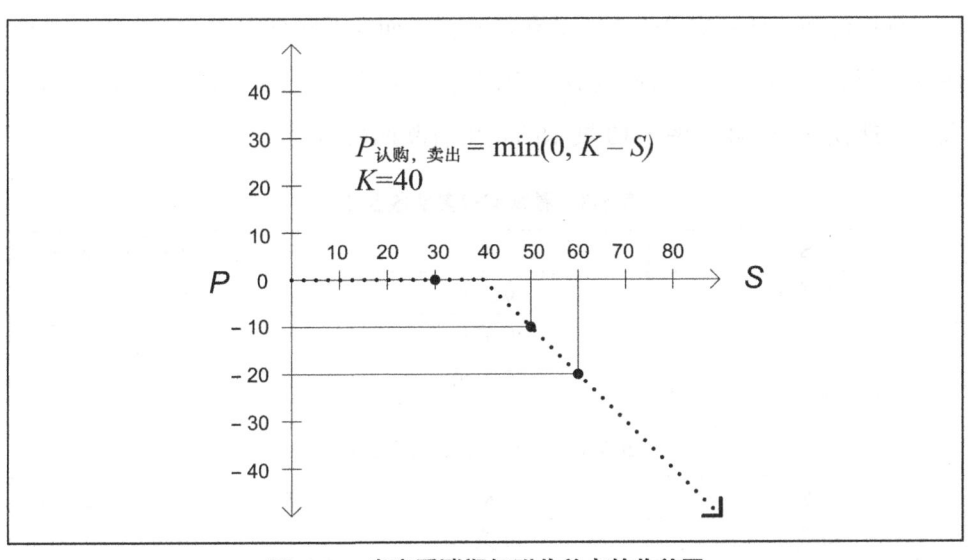

图 5-10　卖出看涨期权附收益点的收益图

由于空头收益正好与多头收益相反，所以两者的收益之和总是等于零。不考虑权利金，这就是一个零和游戏。我们可以把收益图整合在一起了解这个概念，具体如图 5-11 所示。

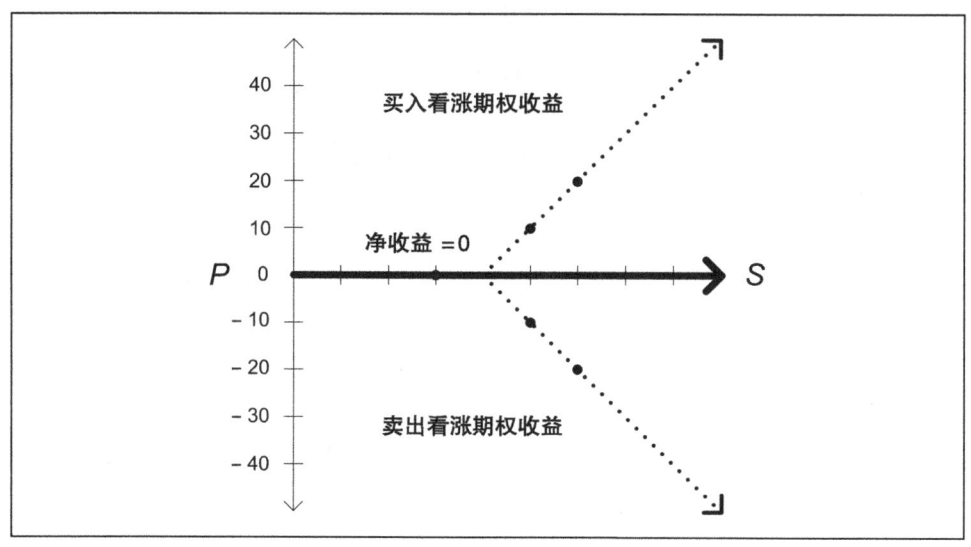

图 5-11　看涨期权净收益图

看跌期权的收益情况和看涨期权正好相反。在看涨期权中，如果现货价格低于行权价格，任何交易方都不会获得收益。而在看跌期权中，只有当现货价格低于行权价格时才会出现收益。我们可以分别以表 5-3 及图 5-12 展示的买入看跌期权和表 5-4 及图 5-13 展示的卖出看跌期权为例。

表 5-3　看跌期权多头收益表

S	K	$P_{认沽, 买入}$ = max (0, K-S)
30 美元	40 美元	10 美元
50 美元	40 美元	0 美元
60 美元	40 美元	0 美元

表 5-4　卖出看跌期权收益表

S	K	$P_{认沽, 卖出}$ = min (0, S-K)
30 美元	40 美元	-10 美元
50 美元	40 美元	0 美元
60 美元	40 美元	0 美元

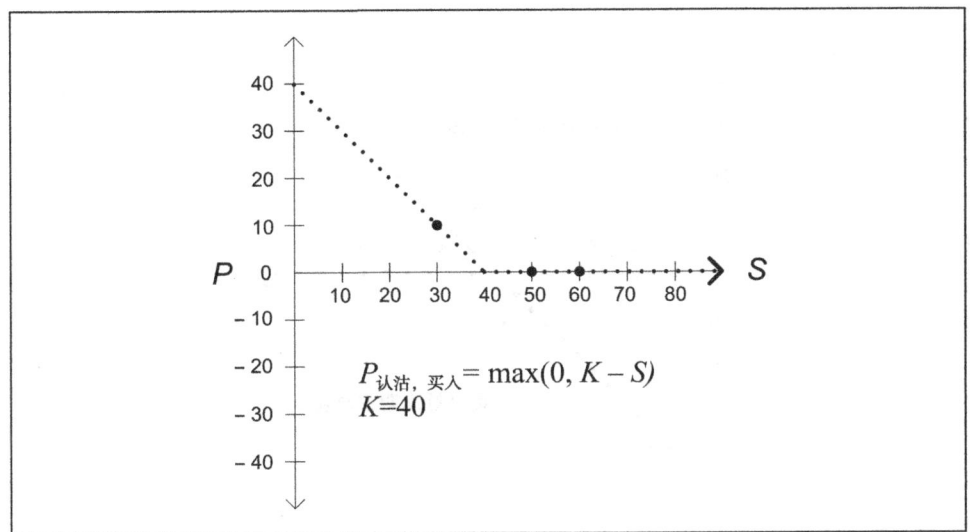

图 5-12 买入看跌期权附收益点的收益图

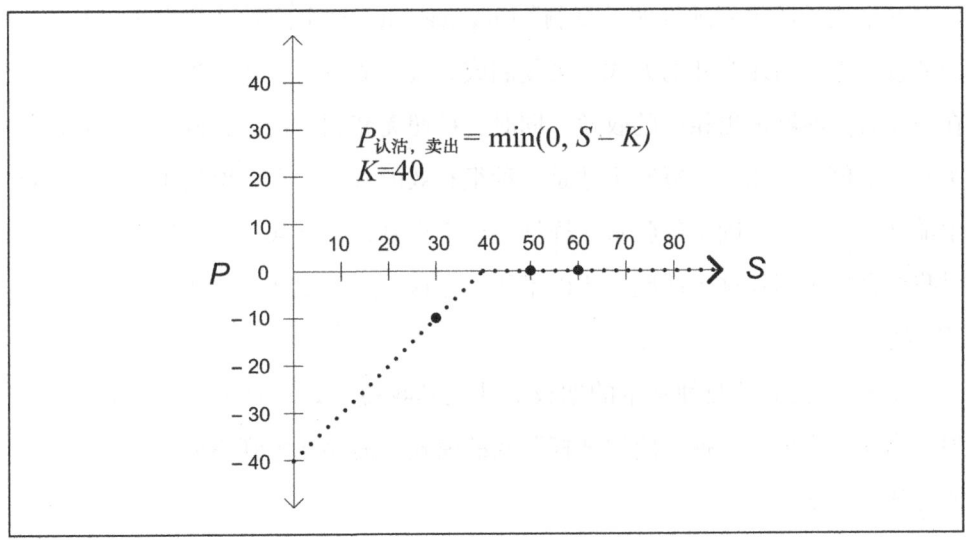

图 5-13 卖出看跌期权附收益点的收益图

说到这里,让我们稍稍岔开一下话题。如果把看涨期权的多头收益和看跌期权的空头收益放在一张图上怎么样?我们在图 5-14 里展示了净收益。对角线是不是很眼熟?没错!这就是买入远期合约的收益。这张图表明了买入远期合约的收益,实际上等于买入看涨期权与卖出看跌期权的收益之和。

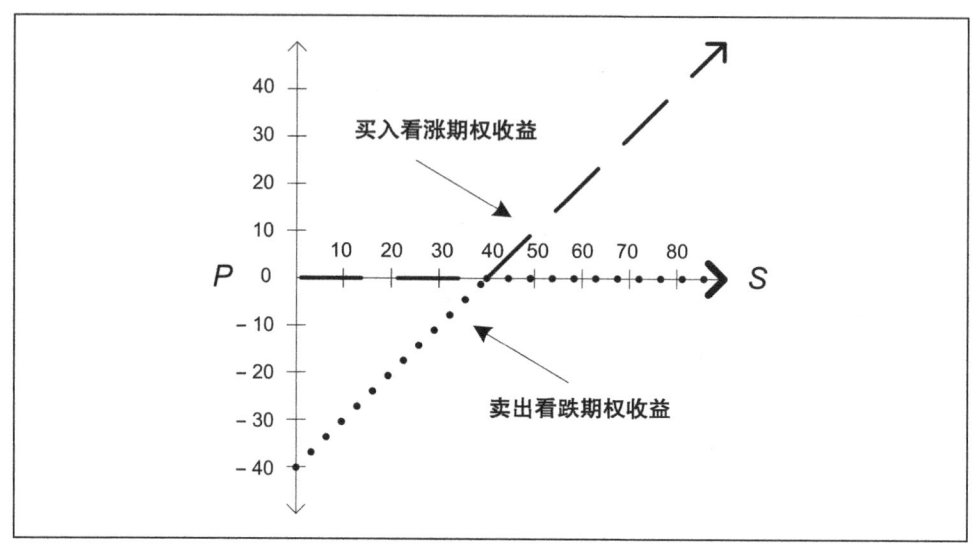

图 5-14 远期合约收益与期权合约收益合成图

这个例子能很好地说明"复制"（replication）这个问题。我们可以利用不同的金融工具构建头寸的方式，去复制或者说合成一个头寸，当两个头寸结合在一起时，能够得出相同的收益。同时，按照无套利分析法，两个收益相同的头寸，价值一定相等。复制头寸是一种很有效的方法，在金融衍生品定价机制中随处可见，它也确实像胶水一样把一切牢牢黏合在一起。后面讲到期权定价时我们会再次聊到这个话题，所以不要忘记这一点。现在，让我们再回到本章的主题内容上。

图 5-15 展示了四种基本的期权头寸及其收益。如果有深入研究期权的计划，你就需要牢记这种"曲棍球杆"式的模式，需要熟悉到不需要过多思考就能想到的程度。

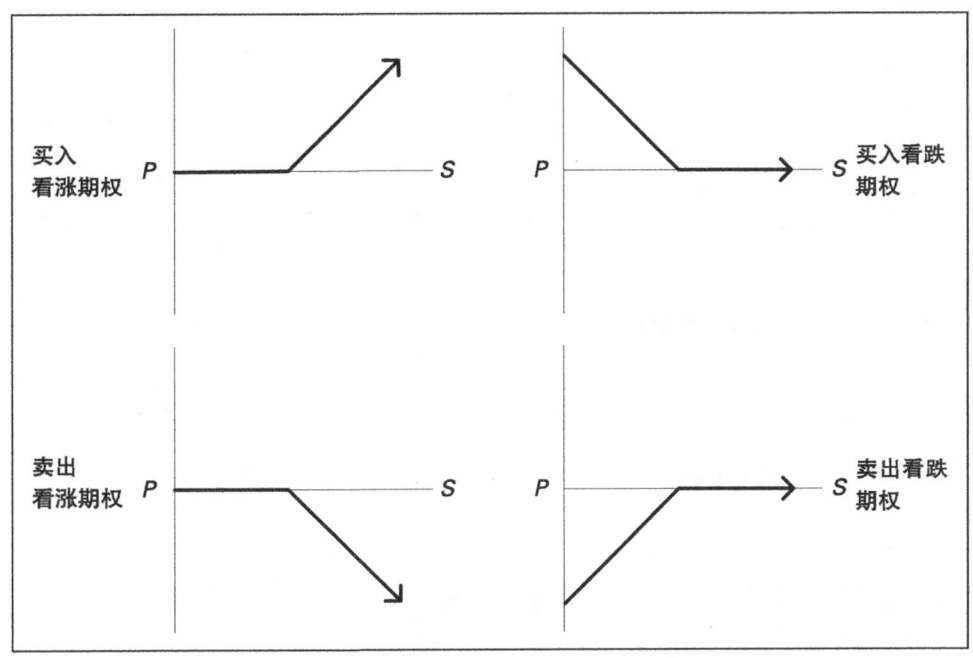

图 5-15　期权收益模式

权利金对期权收益的影响

到目前为止，我们忽略了期权的权利金对其收益的影响。权利金指的是多头方提前向空头方支付的资金，所以权利金自然会对双方的收益均产生影响。权利金会减少多头方的收益，同时增加空头方的收益。在收益图上，这会表现为多头的收益向下移动权利金对应的高度，同时空头的收益向上移动权利金对应的高度。让我们再以本章中行权价格为 40 美元的期权为例，假设这个期权的权利金为 5 美元。图 5-16 展示的就是扣除权利金后的真实收益。

多头方确实有可能出现数额等同于权利金的负收益。换句话说，不管是否执行期权，多头方都需要支出权利金。如果多头方选择执行期权，计算实际收益时就需要扣除权利金。对空头方来说，无论如何，他们都可以留下权利金。当然，即便有权利金存在，只要现货价格显著高于行权价格，空头方仍会受到损失。但权利金可以抵消空头方的部分损失。

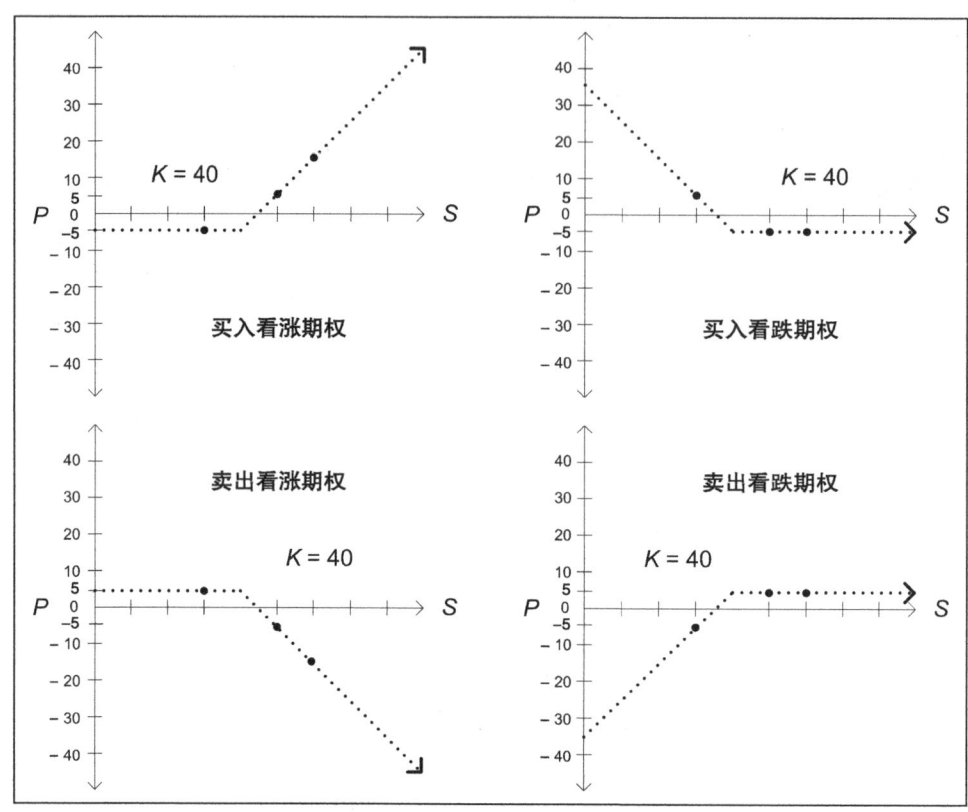

图 5-16 扣除权利金后的期权收益

期权交易策略

收起"曲棍球杆"前,让我们用它去说明设计多种工具的常见期权头寸,通常我们称之为期权交易策略或价差策略。期权交易中使用的金融工具,可能是两个或更多的同属看涨或看跌的期权,只是行权价格和到期日不同,也有可能是期权配股票或债券,或者是将认购及看跌期权组合在一起。

为了理解这个问题,首先让我们想象一位投机者,他坚信一只股票的价格一定会上涨。这位投机者可以买一个简单的看涨期权,然后坐下来等待(取决于买了多少,他可能会紧张地等待)。图 5-17 展示的就是行权价格为 K 的一个看涨期权的收益,我们用 $c(K)$ 代表这个期权。

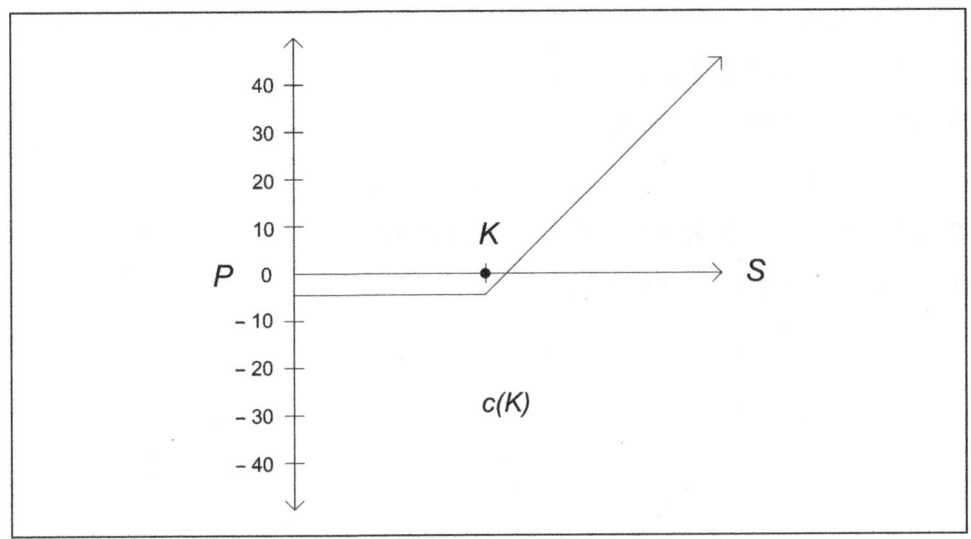

图 5-17 买入看涨期权扣除权利金后的收益图

现在,再想象一个预测股价会朝一个方向发展但不确定是涨还是跌的投机者。他可以买一份看涨期权和一份看跌期权,两份期权的行权价格和到期日相同,但权利金不同,从而获得类似图 5-18 的净收益。

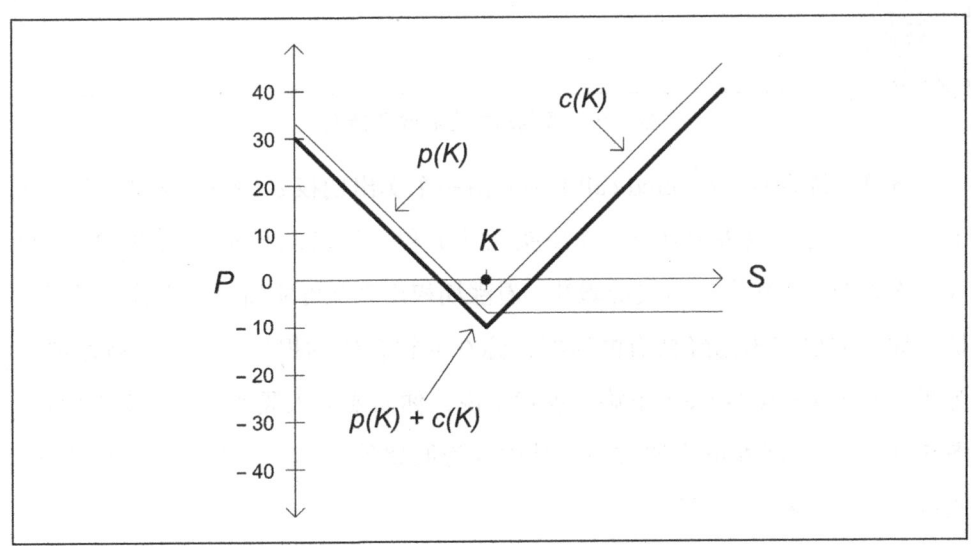

图 5-18 买入跨式套利的收益情况

这种简单的策略,就是跨式套利(straddle)。不管标的价格是涨是跌,只要涨跌幅度超过两笔权利金，这里的多头方就总能获利。如果涨跌幅度不够，那么多头方就会损失部分或全部权利金。另一方面，跨式套利空头方的收益正好相反，看起来像一个反向的 V。

跨式套利的一个变体，是宽跨式套利（strangle）。宽跨式套利由一个看跌期权多头和一个看涨期权多头组成，但行权价格不同，分别为 K_1 和 K_2。这种策略的收益大致呈现为图 5-19 的形态。

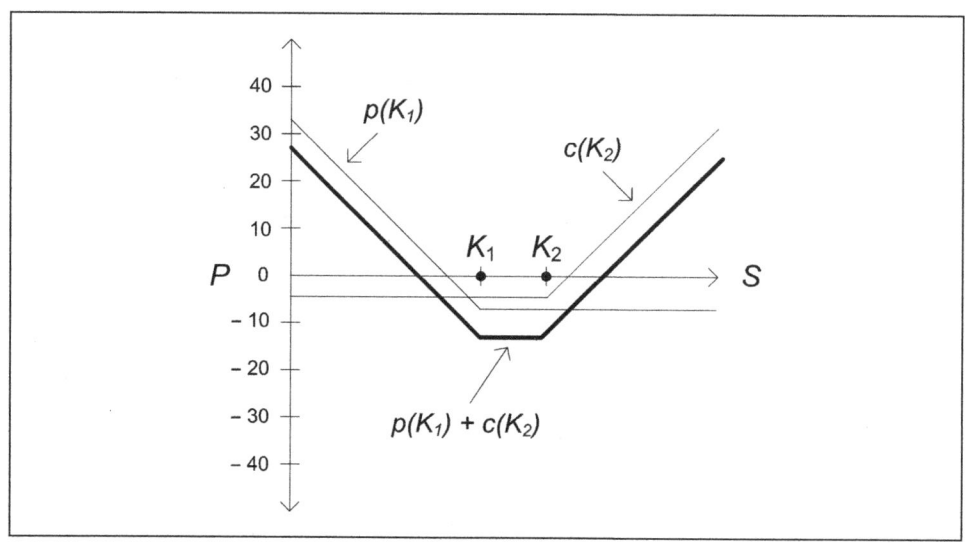

图 5-19 买入跨式套利收益情况

备兑看涨期权（covered call）头寸由一个卖出期权 $c(K)$（我们在图中加上了一个负号，以表示其是一个空头头寸）和一只以 S_0 价格买入的股票 S 组成。作为期权出售者，当股价飙升、看涨期权出现深度实值时，你就能得到保护。你只需要交出已经持有的股票，弥补期权合约的损失。这个策略也被称为买入卖出（Buy Write）策略，也就是说，你需要买入股票，同时卖出期权。图 5-20 展示了这种策略的收益，其中 S 为股票价格，S_0 是股票的最初价格，收益为 $S-c(K)$。

备兑看跌期权（covered put）与备兑看涨期权的理念一样，但做法正好相反。出售一份看跌期权时，如果期权为深度实值（也就是股价明显低于行权价格），你就会面临重大损失。所以你可以用股票的空头头寸进行弥补，这个头寸随着股价下跌价值将会上涨，从而弥补你在看跌期权上的损失。无备兑被卖出的期权，被称为"裸期权"。卖出裸期权几乎从不是一个好主意。

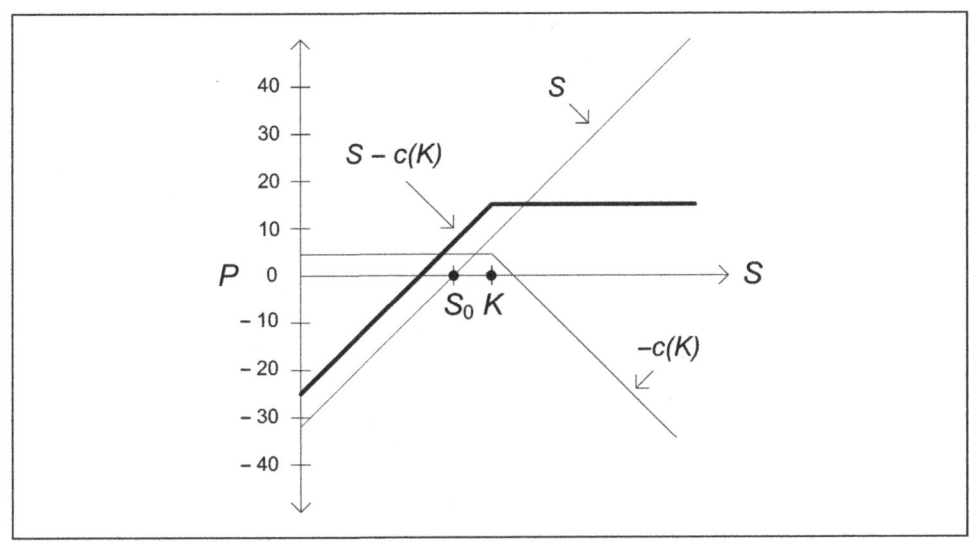

图 5-20　备兑看涨期权收益

这些策略只是几个简单案例，可以帮助读者了解期权交易的基本理念。你在现实中究竟能想出多少期权交易策略，完全取决于你的想象力和对风险的承受力。其他常见策略还包括熊市价差法（bear spreads）、马鞭式（buggy whips）、牛市组合（bull combos）和蝶式建仓（butterfly）。好吧我承认，其中一个是我编出来的，猜猜是哪一个[1]？每种策略都是将两种或更多的金融工具组合在一起，创造出符合某个人需求的特定收益组合。

你们大概觉得，不管市场价格如何变化，任何人都可以想出一些全新的策略来像机器一样不停地赚钱，但所有策略都要遵守套利法规的约束。市场上也有很多财力雄厚的交易公司，它们可以投入大量资金去研发强大的计算机系统，让它们可以用近乎光速的速度抓住被错误定价的证券带来的投资机会。

---

[1]　答案是马鞭式。

ALL ABOUT DERIVATIVES

06

第六章

信用衍生品

前面讲到的金融衍生品，面对的都是与标的证券或商品的价格有关的市场风险。信用衍生品面对的是与一方履行经济义务有关的信用风险。从 2007 年到 2008 年，场外交易信用衍生品在发源于美国抵押贷款市场的全球金融危机中扮演了重要角色。关于这方面的信息，可以详细参考第十二章的内容。

以下是一个与最常见的信用衍生品——信用违约互换——有关的简单案例：一位投资者购买了由一家大型制造商发行的价值 1 000 万美元的五年期企业债券，他实际上向这个制造商借出了 1 000 万美元，换回的是定期利息收益和五年后收回的本金。在债券存续期间，债券发行人的信誉变化会导致债券价值发生变化。例如，制造商宣布破产，导致外界怀疑其偿债能力，那么债券的价值就会下跌至远低于 1 000 万美元的程度。

为了保护自己免受上述债券价值下跌的影响，投资者和一家保险公司达成了信用违约互换协议。按照这份互换协议，投资者每年以 1 000 万美元的 150 个基点（1.5%）为标准缴纳年度权利金，即每年 15 万美元，共缴纳五年。如果制造商在这段时间里宣告破产，保险公司同意，不管彼时债券的实际价值为多少，都会以 1 000 万美元从投资者手中购买债券。投资者因此可以排除持有这些债券的信用风险。

履约保证

就像我们在前面把远期、期货、互换和期权合约看作价格保证的变体一样，我们可以把信用衍生品看作履约保证的一种变体。这种金融工具解决的是某些交易方无法履行经济义务的可能。和其他金融衍生品一样，信用衍生品也存在交易方和标的。这种衍生品的价值一部分源自标的的价值——仅限于后者受到类似破产这样的"信用事件"的影响时。

第六章 信用衍生品
All About Derivatives

在前面的案例中,如果债券的价值因为市场利率变化(这是导致债券价值变化的主要原因)而发生改变,投资者就无法从信用违约互换中得到补偿。只有当债券价值因为企业破产而改变时,信用违约互换才会补偿投资者。这正是信用衍生品最吸引人的地方:它们将整体风险拆解或"解绑",拆分为不同类型的风险,每种风险可以逐一得到应对。举例来说,一个出借人可以利用固定/浮动利率互换合约,为自己借出的固定利率贷款设置针对利率变化的对冲,如此一来,在利率直线飙升时他也不会坐卧难安。但这份互换合约不会在借贷人违约时保护出借人,所以出借人又签订了一份信用违约互换,这样他就更安心了。

所有金融工具都存在信用风险,但绝大多数信用衍生品针对的都是债务证券,例如企业或有自治权的政府发行的债券。截至目前,出借人使用了不同的机制,用于减少违约风险。他们利用财团贷款的方式在多个出借人之间分摊风险,也会采用借贷人多元化(向多个经济部门的多个借贷人出借,避免把所有鸡蛋装在一个篮子里)、第三方贷款担保、信用证等其他方式。信用衍生品的独特之处是什么呢?它们让在信用风险中建立市场变为可能的事情。

信用衍生品不仅能够满足出借人的固有需求,也能让其他原本无须面对信用违约的人也参与到信用市场中。这就使得信用衍生品的性质不再限于"违约保护"。信用衍生品不仅向需要直接面对借贷人违约风险的出借人开放,也对投机者、套利交易者和做市商开放。例如,一个投机者相信一个债券发行人不会破产,他可以只为了收取权利金而出售信用违约互换[1]。和期权市场的套利交易者与做市商一样,聪明的信用衍生品套利交易者或做市商也能从这种金融工具的市场价格与他们认为将会出现的价格间赚到价差。

上述信用风险市场化的最终价值到底是什么?很难有一个准确的答案,但

---

[1] 这当然也带来了一个问题:购买保护的人如何确定出售保护的人不会违约?这是一个好问题,直到 2008 年前这都一直是一个学术性问题,当时信用合约的大范围违约导致了全球金融危机。更多内容详解请参考第十二章。

我有一些思路。从理论上看，任何让普通人更容易获得信用保护的做法，都能通过减少信用风险的方式促进更多的出借行为。可数据能否支持这一论断，我们很难给出定论。信用保护的公平定价也理应得到推动，因为套利交易者时刻准备着，希望从"糟糕的"信用定价中获益。撇开其他不谈，信用保护市场持续的流动性，一定能让信用保护变得更容易被获得。

最常见的信用衍生品就是信用违约互换。其他信用合约还包括总收益互换和信用联结票据。其他大部分信用衍生品都是上述三种的变体，我们会在后面对其中某些类型做出解释。

信用衍生品一般在场外市场被交易，其市场结构与利率互换及外汇远期并不相同。做市商会在电子论坛或其他地方发布"指导价格"，帮助信用保护的潜在买家与卖家寻找彼此。但指导价格本质上没有任何约束力，而且交易价格只会在买卖双方找到彼此后才会被确定。具体的价格和其他条款一般会记录在主协议或确认函中，而主协议和确认函均需遵循 ISDA 发布的指导意见。

信用违约互换

信用违约互换（Credit default swap，CDS）简称信用互换，是香草款的信用衍生品。信用违约互换中有两个主要参与方：信用保护的买方和信用保护的卖方。买方向卖方支付权利金，或者说是 CDS 价差。权利金一般按年支付，以基点形式定义[1]。信用违约互换中也存在第三方，即参考实体（reference entity），他们会发行债券（也就是借钱）。参考实体的信誉决定了信用违约互换的价值和收益，但参考实体不是信用违约互换的直接参与方。在信用违约互换合约存续期间，如果参考实体遭遇一次或更多次的信用事件，信用保护的卖方就会同意将因信用事件导致的任何损失补偿给买方——例如以票面价值买下债券，之后买方无须再支付权利金。图 6-1 展示了信用违约互换的基本结构。

---

[1] 1 基点就是 0.01%，例如 150 基点就等于 1.5%。

第六章 信用衍生品
All About Derivatives

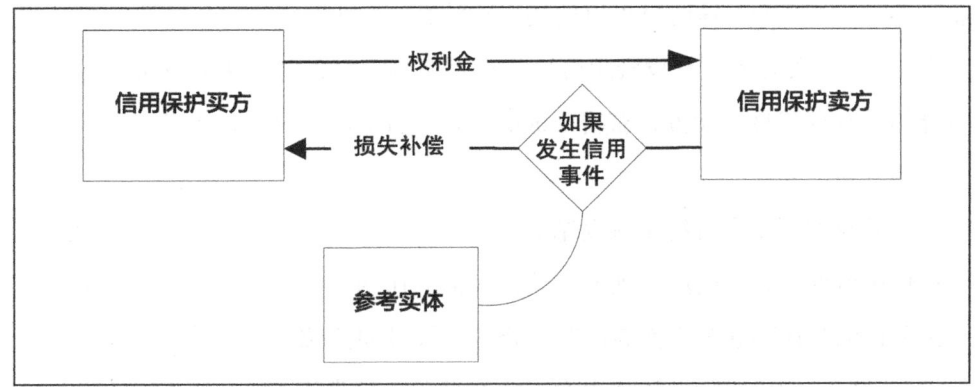

图 6-1 信用违约互换的基本结构

顺便说一下,这种信用违约互换也被称为单一资产信用违约互换,表明这是一个由单一参考实体发行的债务证券。这个实体一般是大型公司,但也可能是发行政府债券的主权国家或政府。市场上也有 CDS 投资组合,这种金融工具可以因为不止一个参考实体出现违约事件而触发收益(详见本章后文)。读者可以想象,单一资产信用违约互换的主要购买者,是商业放款人和企业债券持有人,而卖方主要是保险公司和大型金融机构。

称之为"互换",可能有点牵强了。这里的对等交换显然不像利率互换那么明显,但我们可以把权利金看作固定现金流,把可能出现的损失补偿看作一次浮动利息支付。信用违约互换更像是传统的保险:如果把"信用事件"换成"毁掉了你的房子的飓风",那么信用违约互换和房屋保险几乎没有区别。如果能够帮助你理解,你不妨将这种金融工具看作可交易的贷款保险[1]。

信用违约互换可以用现金也可以用实物结算。这实际上决定了卖方如何进行损失补偿。如果是现金结算,信用保护的卖方需要就信用事件导致的净损失对买方做出补偿。如果买方的 1 000 万美元债券投资组合贬值到 200 万美元,买方就能收到一张 800 万美元的支票。当信用违约互换的标的为公开交易的企

---

[1] 如果还要继续把这些贷款保险称为"互换",那么汽车保险可以被称为"汽车故障互换",房屋保险可以被称为"住房灾难互换"。

业证券时，如债券，这时就可以使用实物结算。如果合约规定为实物结算，当买方1 000万美元的债券投资组合因为信用事件而贬值时，买方就可以将投资组合的所有权转移给卖方，获得1 000万美元的回报。两种方法最终的效果是一样的。

交易双方可以自行约定触发结算的信用事件，但范围通常在ISDA确定的五种信用事件之间：破产、到期未偿付、债务违约、债务加速到期或重组。当一家公司因为还不起欠款而破产时，合约会涉及向法院寻求免受债权人索赔的保护；到期未偿付实际上和某次汽车贷款没有按时偿还一样；债务违约则是出借人宣称借贷人违反还款约定，要求借贷人返还本金的情况；当借款合约要求在发生某些情况时要"在约定期限前"立刻偿还部分或全部债务时，就会发生债务加速到期；重组范围更为宽泛，其中包括债务合并之类的事件。

信用违约互换权利金也被称为信用违约互换价差，尽管其本身并不存在明确的"价差"。这个说法借用自可归因于信用风险的一部分企业债券收益率，后者的名称就是信用价差。如果从企业债券收益率中扣除无风险利率，剩下的就是投资者因为承受债券发行人违约风险而获得的补偿。这有时也被称为"相对于国债的价差"，通常被当作衡量债券发行人违约概率的标准（通常认为国债不存在违约风险）。理论上，参考实体的信用违约互换价差应该等于其以票面价值交易的债券的信用价差，或者等于按时间调整的票面价值。但在实践中由于各种各样的原因，事实却不总是这样。总的来说，信用违约互换权利金之所以被称为价差，就是因为它与企业债券信用价差之间存在密切关系。

说到权利金，对购买信用违约互换的买方来说这确实是一个合适的说法，因为这本质上就是一种期权的权利金——准确说是看跌期权的权利金。为什么呢？我们可以把信用违约互换的名义价格（面值）看作一家公司债券的行权价格，把债券的市场价值看作现货价格。如果发生信用事件，等同于看跌期权的信用违约互换就会变为实值，其数值为行权价格减去现货价格，这和看跌期权完全一样。计算收益时，信用违约互换和看跌期权也很像。但在收益是否真正发生的问题上，两者就有很大区别了。手握看跌期权时，只要在到期日或之

第六章 信用衍生品 | All About Derivatives

前遇到行权价格高于现货价格时，持有者就有权获得收益。而在等同于看跌期权的信用违约互换中，持有者在现货价格远低于行权价格时，也有可能无法获得收益，例如在由于利率变动导致现货价格低于行权价格的情况时，持有者有可能无法获得收益。记住，只有发生信用事件时，信用违约互换才能转变为收益；否则，它只是一个看跌期权。现在回忆一下第一章，我是不是说过几乎所有金融衍生品都可以被看作四种基本金融衍生品的变体？信用违约互换就是第一个例子。

总收益互换

总收益互换（Total Return Swaps，TRS）也被称为总收益率互换，是一种信用衍生品，也具有更多作用。在这里，信用保护的卖方定期支付款项，例如按照伦敦银行间同业拆借利率再加30个基点的标准，向买方支付款项。第一眼看上去，这可能背道而驰，毕竟信用保护的"卖方"还需要支付款项。但是不要急，慢慢看。为了换取这些款项，信用保护的买方需要把与标的资产有关的所有收益（即券息）和资本变化（即市场价值的变化）转移给卖方，买方只是为了会计目的而继续持有资产——这就是"总收益"名称的由来。这种双向的支付行为通常被安排为同时进行，所以这就是一种"互换"，是一种承诺交换未来现金流的行为。因此，总收益互换让卖方得以享受（或承受）拥有资产的经济后果，但又不需要真正地持有该资产。如果用会计术语表达，这个资产就属于"表外"项目，因为卖方在合约期内"租借"了另一方的资产负债表[1]。图6-2展示的就是总收益互换的基本结构。

信用风险保护又在其中扮演了什么角色呢？如果资产是债务证券，而且是因发行人的信誉问题而贬值，信用保护的卖方就会补偿买方，这与信用违约互换中的卖方一样。但和信用违约互换不同的是，总收益互换合约中的买方不管

---

[1] 并不是所有人都认同"表外"这种操作。

出于什么原因遭受价值损失，这里的卖方都要做出补偿，导致贬值的原因不局限于信用事件。而且总收益互换的资产不一定是债务证券，可以是股份，可以是股票指数，也可以是出现在资产负债表上的任何其他东西。因此，总收益互换确实不只是信用衍生品这么简单。

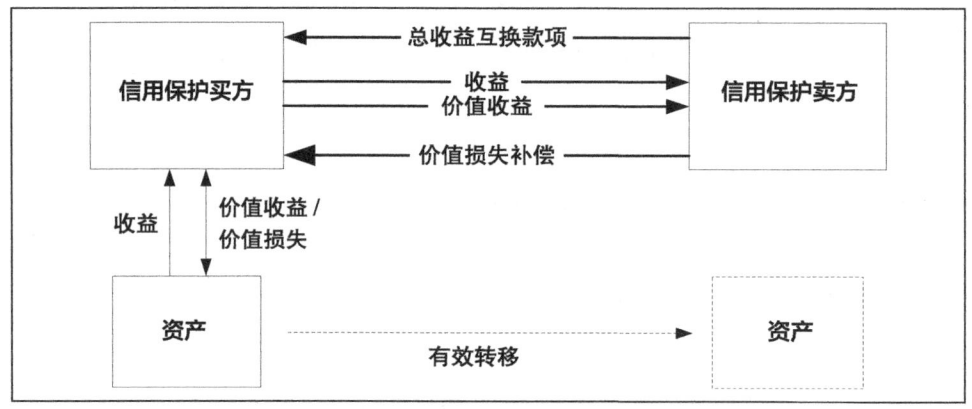

图 6-2 总收益互换的基本结构

信用联结票据

信用联结票据（Credit-Linked Note，CLN）是一种筹集资金的工具，投资的资金在这里留作备用，以备在发生信用损失时补偿给信用保护的买方。这种金融工具的整体结构实际上与信用违约互换非常相似：信用保护的买方支付权利金，换取参考实体发生信用事件时获得补偿的权利。信用保护的卖方可通过向投资者发行信用联结票据的方式筹集资金，从而达到信用保护的目的。发生信用事件时，资金会用来补偿信用保护买方；否则，资金会在票据到期时返还投资者。对于投资有可能出现部分（或全部）损失的可能，投资者得到的回报就是信用保护买方交付的权利金，以及资金的利息，但回报还要扣除补偿给卖方的价差。图 6-3 展示的就是信用联结票据的结构。

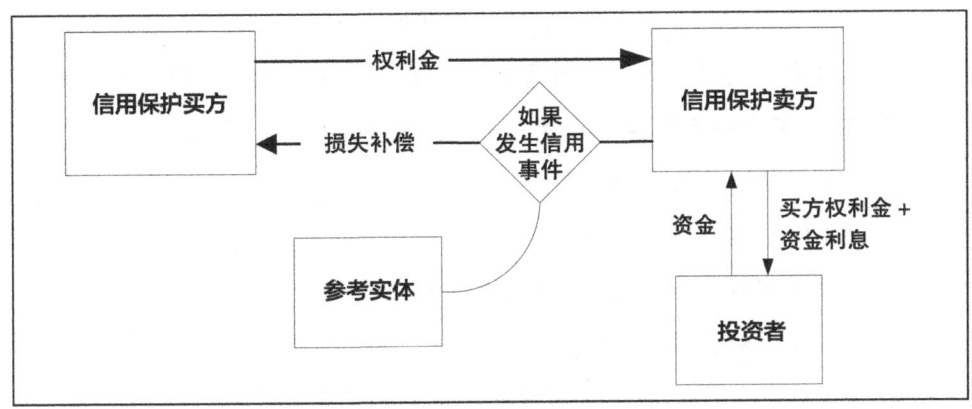

图 6-3 信用联结票据的基本结构

信用联结票据中的信用保护卖方可能是现有的金融机构，也可能是专门创设出来的实体，即特殊目的实体（Special-Purpose Vehicle，SPV）。它们或多或少都是专为类似出售信用联结票据这样的目的创设出来的独立法律实体，被设计成拥有无懈可击的信誉，也就是说，它们基本都拥有最高的信用评级。这些机构通常也与其他机构的信用危机脱钩。且不说其他因素，在这里使用特殊目的实体，有助于降低信用联结票据发行人本身的信用风险。

基础信用联结票据之上可以衍生出很多变体。例如，曾经不可一世的安然公司（Enron）在 1998 年发行了一系列信用敏感的票据，这些票据的券息率与安然的信用评级负相关。随着穆迪和标普下调安然的评级，上述承诺的券息率开始上涨。几年后，随着安然的自我毁灭，这些券息率显然飙升到了极高的程度。考虑到安然早已解体，我们很想知道那些投资者是否真的收到了券息。

其他信用合约

信用衍生品市场中的其他金融产品，大多是与前面描述的几种产品有着密切联系的变体。以下就是其中几种产品及其各自的概述。

- CDS 投资组合：这个信用违约互换拥有一个以上的参考实体。这种产品也被称为多资产信用违约互换（multi-name CDS），由于保护能力增强，其权利金也会高于单一资产信用违约互换。
- 一篮子信用违约互换：这种形式的CDS投资组合也被称为"第一违约CDS"，多个参考实体中只要有一个出现信用违约，信用保护的买方就会得到补偿；补偿后协议终止。
- 二元CDS：在这种信用违约互换中，信用保护的买方在发生信用事件时会收到固定数额的款项，而不是名义金额与市场价值的差价。这种信用违约互换也被称为数字CDS。
- 远期CDS：这是一种在未来确定日期购买或出售确定参考实体CDS的远期合约。大家可以想象，远期CDS的CDS价差使得远期合约的价值等于0。
- CDS期权：这是一个期权，一般为欧式期权，赋予权利人在未来某个时间购买或出售某个特定参考实体CDS的权利（而非义务）。CDS期权一般在行使期权前、发生信用事件后终止。

信用衍生品定价

读者可以在本书讨论定价的章节中（第八章到第十章）了解到大量与确定远期、期货、互换和期权合约公平市场价值有关的知识，也能了解到不同市场参与者在保证定价时的细微区别。而履约保证或信用衍生品却与以上四种基础类型有所不同。尽管信用合约的市场体量很大，而且每天都在增长，但与远期、期货、互换和期权市场相比，信用衍生品的市场整体仍然显得很小。这就意味着，信用衍生品市场仍然存在相对健康的定价讨论环境；毕竟，所谓的"价格发现"市场还很有限。

有一种为信用衍生品定价的方法，与我们在第八章到第十章中看到的为其他金融衍生品定价的方法一样。从本质上说，这种方法通过无风险利率计算并抵补衍生品的预期风险中性收益后，得到信用衍生品的价值。我们会在后面的章节里对风险中性和无风险利率做出解释。我们也还没有对"贴现"

（discounting）做出解释，但这仅涉及在今天确定未来某个现金流的价值。例如，信用违约互换中的未来现金流，就是当参考实体发生违约事件时信用保护的卖方向买方支付的款项，即合约收益。

假设你是信用违约互换的卖方，参考实体是一个票面价值为1 000万美元的企业债券发行人。为了简化这个案例，让我们假设按照信用违约互换的约定，如果参考实体在接下来一年里发生违约，你需要向信用违约互换的买方签发一张1 000万美元的支票。违约事件存在发生的可能，所以你也存在签发支票的可能。为了给这个合约定价，也就是确定你需要向买方收取多少权利金，你需要知道款项的预期价值是多少。金融界无时无刻不在计算预期价值，算法就是用未来现金流乘以发生现金流的概率。假设参考实体发生违约的概率为1%，你签发1 000万美元支票的概率就是1%。这笔款项的预期价值就是1 000万美元的1%，即10万美元。这时，你对权利金的设置就至少应该是10万美元。

可在现实中计算价格时，我们却要面对众多复杂因素。在我们提到的案例中，我们假设支出款项总额为1 000万美元，也就是100%被担保债券的票面价值。在现实中，当公司发生违约时，一部分债务会被"回收"，从而出现"回收率"这个概念。在这个案例中，信用违约互换合约可能规定，如果损失过大，信用保护的卖方可能只需支付1 000万美元的60%。读者应该能感觉到，回收率对信用衍生品的预期收益具有重大影响，而且极难被预测。

另一个很有难度的工作就是计算违约概率。在前面的案例中，我们大胆地把违约率定为1%。在实践中，我们可以用几种方法确定违约概率。其中一种方法，就是用参考实体债券收益率与对等国债（如美国国债）收益率的价差确定。如果国债的收益率为4%，企业债券的收益率为4.25%，多出来的0.25%就是对债券持有者面临的违约风险的补偿。以这个信用价差为基础，再经过数学计算，我们就能得到一个概率。

ALL ABOUT DERIVATIVES

07

第七章

利用衍生品管理风险

所谓风险，就是指可能发生的事比将会实际发生的事多。发生某件事导致你出现经济损失，这就是金融风险。金融风险管理，就是你在面对不确定性时做出的减少经济损失的概率或程度的努力。金融衍生品是"对冲"这种类型的风险管理中的一种绝佳工具。事实上，用来管理风险正是最初人们创造金融衍生品的目的。

总体而言，对冲需要确定并衡量现有头寸的金融风险，再买入与现有头寸具有相反风险敞口的新头寸，让不同头寸的收益与损失能互相抵消。从本质上说，你不用再担心最初的头寸是否会亏损，因为负责对冲的头寸可以赚钱补偿亏损。如果对冲头寸亏损，也不要担心，原始头寸可以赚钱补偿亏损——当然，你得有一个好的对冲才行。

想象自己如何管理一个非金融风险：天气。假设你有一天下午放弃了工作，去公园散步。用金融行话说就是，你建立了"散步"这个头寸。下雨的可能性很小，但你还是带上了伞，也就是你在这个工具上也建立了头寸，以防万一。如果没下雨，你就带着无用的雨伞溜达了一下午，因此"损失"了雨伞这笔头寸，可在公园散步这笔头寸却让你得到了很好的收获。如果下雨了，你损失了散步头寸，但在雨伞头寸上获得了很不错的收益。这当然不是完美的类比，也不是完美的对冲，因为雨伞不会替你挡住每一滴雨。但至少走回家时，不管下没下雨，你都可以确保自己的头顶是干的。

出于两个我们已经了解过的关键原因，金融衍生品天生就是管理金融风险的工具。其一，由于金融衍生品的价值主要由标的决定，对冲金融衍生品及其标的的头寸（买入衍生品并做空标的，反之亦然），一般就能抵消标的价值的改变。这就像跷跷板：一头翘起来，另一头就会落下去。而这正是你想要的效果。其二，金融衍生品可以使用杠杆。在游乐场上，如果我们移动跷跷板的中点或支点，那么离支点更远的孩子往下压板所需要的力气就比另一个孩子少得

第七章 利用衍生品管理风险
All About Derivatives

多。在金融行业里,杠杆可以让你复制对冲的收益模式,但是成本却要低于直接交易更多的金融衍生品。例如,我们在第一章里看到,我们可以购买股票期权,以复制股票投资组合的收益,但所需的资金远少于购买相应数量的股票。用期货合约对冲时也会用到杠杆,大多数时候你只需要交付保证金,或者头寸价值的一部分金额。对投机交易者来说,杠杆增加了风险,赌输的时候会带来灾难性后果,但赌赢了又能带来巨大的财富。而对对冲交易者而言,杠杆可以让你用远低于常规的代价管理风险。

在这一章里,我们会从经典金融衍生品使用者的角度了解风险管理问题:有些人用金融衍生品对冲由非金融衍生工具带来的风险。而那些不是为了对冲风险而持有金融衍生品的人,如做市商或套利交易者,同样也会面对金融风险。同一个杠杆,既能让金融衍生品变为强大的对冲工具,也能在没有合理对冲时给投资者带来毁灭性的打击。就是因为忘记对冲,很多可怜的投资者闯荡金融衍生品世界的探险旅程刚刚开始便迅速结束。第十一章全是与这种对冲有关的内容,其中涉及谨慎量化金融衍生品头寸的风险敞口,并利用衍生品和非衍生品工具进行对冲的知识。

读者在前面几章中已经看到了几个利用金融衍生品进行对冲的例子。在本章后续部分,我们会再次分析其中几个例子,思考其他可用的对冲策略。

一切皆与头寸有关

我们在这一章里会经常提到"头寸",所以有必要谈一谈几个与头寸有关的概念。头寸就是在某物的经济价值中存在的利益或风险——准确说来,就是现资产、未来资产或负债。

让我们以表 7-1 为例。在远期、期货、互换和看涨期权中,多头头寸分别对应的是购买标的的权利或义务,空头头寸对应的则是出售标的的权利或义务。例如,远期合约的多头方有义务购买标的,而空头方有义务出售标的。看涨期权的多头方有权利自行选择是否购买标的,当多头方选择购买时,空头方就要承担出售的义务。看跌期权中头寸对交易双方的影响正好与看涨期权相反：多头方可能选择出售标的，而空头方在对方选择出售时有义务购买。这样的义务有时也被称为"或有负债"。

表 7-1　金融衍生品头寸的义务与权利

	多头头寸	空头头寸
远期合约 期货合约 互换合约	有购买标的的义务	有出售标的的义务
看涨期权	有购买标的的权利	有出售标的的义务
看跌期权	有出售标的的权利	有购买标的的义务

采用对冲这种交易策略时，一般认为投资者需要选择一个与你希望对冲的某物（这里就是标的）具有相反风险的对冲头寸。所以对冲头寸究竟是多头还是空头，取决于你准备做多还是做空标的。究竟如何确定呢？一种方法是，将标的的多头头寸看作所有权，将空头头寸看作一种需求，具体如表 7-2 所示。

表 7-2　多头与空头头寸的标的

多头头寸	空头头寸
现在或未来的所有权	现在或未来的需求

假设你正持有原油，未来也会继续持有原油。你可以把自己想成做多原油。作为原油的所有者，你要面对原油现货价格下跌的风险，因为价格下跌时的出售所得不会和现在一样高。为了对冲多头头寸的市场风险，你可以用远期或期货合约设置一个空头头寸，或者在看跌期权中设置一个多头头寸，从而让自己拥有在理想价格出售原油的能力。与此相反，如果你在未来需要原油，你可以把自己看作原油的空头方。你也会面对原油现货价格向相反方向变动的风险。如果原油价格上涨，你就只能接受购买价格上涨的原油的现实。你可以用远期或期货合约中的多头头寸，也可以用看涨期权中的多头头寸对冲，从而让自己拥有以理想价格购买原油的能力。

顺便提一下，当标的是股份（股票）时，空头头寸存在一种奇特的变化。

第七章 利用衍生品管理风险 | All About Derivatives

"做空股票"意味着你需要借来股票，出售后获得现金，这也被称为"卖空"。通常情况下，如果你是卖空方，你会希望股价在未来下跌，这样当你需要返还借来的股票时，你可以用低于借价的价格买下股票，赚取其中的差额。在这里可以将做空再次类比为"需求"。未来你需要股票，才能将其返还给借出股票的人。做多股票和你想象的一样，你持有股票，就是这么简单。我们在第十一章中还会再次提到卖空。

用远期合约对冲

在第一章的那个例子中，玉米饼生产商签订了远期合约，确定了6个月后购买玉米时的价格。在第二章中，小发明公司签订了一份以美元计价的外汇远期合约，确定了未来购买标的时以韩元计算的价格。

在这两个案例中，对冲者都减少了未来价格的不确定性。做了对冲的玉米饼生产商不需要担心玉米价格上涨会导致公司利润减少，小发明公司也不需要担心韩元/美元汇率发生变化。（回忆一下，汇率就是一种货币用其他货币表达的价格。）此外，在这两个案例中，对冲者在远期合约中持有多头头寸，因为他们有意购买标的，以满足自己的未来需求。最重要的是，不管标的价格未来是涨还是跌，两个对冲者都承担了以远期价格购买的义务。

在这两个案例中，对冲者都在远期合约中持有多头头寸，但让我们想象一下，如果你现在需要的是一份空头远期合约。假设你住在芝加哥，过去用欧元在巴黎买了一些资产，当时美元远比现在强势，那时你用美元可以买到更多的欧元。换句话说，欧元的价格（以美元计算）出现上涨。因此，以美元计算，你的资产投资出现了升值。

假设你计划6个月后出售这笔资产，收到欧元后想兑换成美元。你能在今天锁定这些欧元在未来的美元价值吗？当然可以。你只需要设置一个美元的做空头寸——也就是一份6个月后以今天的汇率出售欧元的外汇远期合约（数量为你从买家那里得到的全部欧元）。你拥有（欧元）未来所有权，也需要在未来出售欧元。但要记住，如果美元价格不断下跌，即导致你所投资的美元价值在6个月内不断上涨，你也得不到多出来的增值部分。无论未来发生什么，你已经用今天的价格锁定了这些欧元未来的美元价值。有办法避免这种情况吗？当然有。你可以选择外汇看跌期权，在6个月后以今天的汇率出售欧元。这仍是未来的所有权，可以在未来出售欧元。当然，你同时需要支付权利金，可如果美元日后持续走弱，你可以让这个期权自动到期作废。如果美元走强，导致欧元以美元计算的价格下跌，你就可以行使这个期权，从而获得收益。表7-3总结出了何时应该为了对冲而买入，何时应该为了对冲而卖出。

表 7-3 标的头寸与对冲指南

多头标的 ➔ 所有权的现值或终值 ➔	为对冲而出售
空头标的 ➔ 需求的现值或终值 ➔	为对冲而购买

用远期合约对冲其实非常简单。在小发明公司的案例中，已有的头寸是未来的韩元需求。这个头寸的价值会随着韩元价格上涨而下跌。远期头寸的价值也会随着韩元价格的变化而发生改变，但方向正好相反。与其他对冲策略相比，远期合约对冲并不复杂：你只需要交付货物，支付或接收提前协商好的价格。

用期货合约对冲

在第三章中，皇家磨坊公司利用小麦期货合约，锁定了6个月后购买小麦的价格。这可能和玉米饼生产商使用远期合约的方法看起来很像，但两者存在一个重大区别：皇家磨坊公司并非真的有意用未来价格购买小麦，尽管期货合约让它们承担了购买义务。当交付日期到来时，皇家磨坊公司以高于自身意愿的价格从常规供应商处购买小麦，这实际上用了对等的空头头寸抵消了多头期货头寸。这家公司用高于自身意愿的成本购买了小麦，但用期货合约赚到的钱补偿了购买小麦的亏损。

和绝大多数利用期货合约进行对冲的投资者一样，皇家磨坊公司不需要在现实中面对交货问题。但皇家磨坊公司确实获得了经济收益（营业利润），以抵消持有期货合约期间小麦价格上涨带来的损失。如果小麦的现货价格下跌，皇家磨坊公司就会因为期货合约而出现损失。但他们在现货市场上支付的价格也会下降，也就是说，公司向小麦供应商支付的价格低于预期，这也再次抵消了小麦市场价格的改变。

大家可以回忆一下，期货合约只是一个高度标准化的远期合约，在执行每日盯市制度的交易所中被交易。因此从很大程度上说，用期货合约对冲未来需求其实和用远期合约对冲是一样的：你需要确定未来某个日期自己有意购买多少标的，进而选择数量合适的合约做多。但两者的重要区别在于，大多数期货合约不会让标的真正被交付，而是在交付日期当天或之前就被平仓。对冲者关心的只是纯粹的价值变化，而不是标的的实际交付。

由于期货合约的高度标准化，所以我们很难用它们真正完美地实现对冲。在价格不确定的问题上，小发明公司案例中提到的外汇远期对冲，实际上非常完美：小发明公司完全在自己需要的时候用自己希望的价格得到了想要的结果。但皇家磨坊公司就不一样了。例如，如果期货合约约定的小麦交付地点，与公司需求的地方相距 1 000 千米或更远，这时的运输成本会改变对冲结果。期货合约中约定的小麦品种也有可能不是皇家磨坊公司需要的，所以公司需要的小麦的现货价格变化方向有可能与期货合约中小麦的价格变化方向不同。也许皇家磨坊公司需要的小麦价格大幅上涨，而期货合约中小麦的价格只是小幅上涨，也有可能两者的价格趋势相反。在以上任何情况下，皇家磨坊公司都无法如愿地让收益和损失互相抵消。

这就是基本风险的一个例子，当你用一个价格变动趋势与对冲对象的价格变动趋势不完全一致的某物进行对冲时，就会遇到基本风险。在理想情况下，用数学术语说，你的对冲头寸的价值应当是"完美负相关"，也就是与已有头寸正好向相反方向改变。但现实中并不总能出现这种完美关系。稍微承担一些基本风险是可以接受的，但知道自己能承受多少风险，正是高效对冲者和一般对冲者之间的区别。

人们为什么选择用期货而非远期合约对冲？原因就是流动性和信用风险。你有可能找不到愿意签订满足自身需求的远期合约对家，而且就算找到了，你又如何确定在交付日期、市场走向不利于他们时，他们会遵守约定？当然，很多时候你能找到一个有信誉、愿意和你签订远期合约的对家。场外交易市场到处都是这种情况，买卖双方知道如何寻找彼此，也知道在哪里设置担保以减少信用风险（设置担保就是合约一方或第三方提供现金或可交易证券做担保，以防某方无法履行合约义务）。可在找不到对家时，有一个流动性强的期货市场自然是件好事。

并不是所有期货对冲头寸都是多头头寸。举个例子，小麦种植户也要面临小麦现货价格变动的风险，但他们的风险与磨坊主正好相反。如果小麦价格下跌，种植户在出售小麦时赚到的利润就会减少。所以他们可以用空头头寸对冲，这个头寸的价值也会随着小麦现货价格的改变而发生变化，但与多头头寸的变化趋势相反。

用互换合约对冲

在第四章中，刚铎公司与马洛证券签订了一份香草款利息互换合约，将已经存在的浮动利率贷款转变为固定利率贷款。创业者鲍里斯和克洛伊彼此签订了一份互换合约，鲍里斯可以将自己的浮动利率贷款转为固定利率贷款，而克洛伊将自己的固定利率贷款转为浮动利率贷款。在刚铎公司的案例中，有一方是互换交易商，这远比鲍里斯/克洛伊的情况要普遍得多。对冲交易者之间当然也可以进行互换，而且几乎不存在成本，因为双方在互换合约中确定的利率在签订合约时没有价值[1]。可在实践中，绝大多数互换合约的一方都是互换交易商，他们会给固定利率"加价"（也就是给固定利率增加价差或差额），使得

---

[1] 这里的理论基础是，双方都在利用自身相对于另一方的相对优势，这种观点也确实有一定道理。在国际经济中，这种观点也被用来支持自由贸易（各国允许发挥各自的相对优势，理论上各方都能变得更好），反对贸易保护主义。

互换合约对交易商的现值"非零"。

不管交易方是谁，互换合约都能减少以利率形式表现的资金未来价格的不确定性。和远期合约及期货合约一样，无论现货市场发生怎样的变化，互换合约的双方都有义务在提前约定的日期购买或出售标的。同样，由于互换合约主要在场外市场被交易，所以它们更接近远期合约，而非期货合约。作为"乔装打扮"的远期合约，互换合约的流动性本质上就会低于期货合约，信用风险也会更大。但在实践中，场外交易互换市场极其庞大，我们很轻松就能找到愿意做互换的交易商，而大部分互换交易只需要一方或第三方提供担保，从而减少违约的可能性。

读者可能对像刚铎公司这样利用互换合约把浮动利率贷款转为固定利率贷款的实体有一个疑问：它们为什么不直接借固定利率贷款，以便根本就不用去考虑互换呢？这个问题非常好。事实证明，固定利率贷款通常比浮动利率贷款更贵（也就是说利息收费的现值更高）。在这种情况下，选择浮动利率贷款并用互换合约转换为固定利率贷款，从长远看反而更省钱。读者想必能理解，出借人在决定是否及如何借出资金时，信用都是其中一个考量因素。一家渴望资金的企业可能没有足够高的信誉借到固定利率贷款，但可以借到浮动利率贷款。总而言之，由于获得的难度较低，所以市面上存在大量的浮动利率贷款。

互换合约的替代做法

我们会在第九章中详细解释为什么互换合约就是一系列远期合约的集合，而这些远期合约就是远期利率协议（forward rate agreements，FRA）。这就意味着对冲交易者在理论上可以用 FRA 投资组合代替一份远期合约，在固定利率贷款和浮动利率贷款之间进行转换。但在实践中，我们很难构建一个能完全抵消现有贷款的投资组合，因为你的贷款中可能包含分期偿还、复利或其他在 FRA 中难得一见的因素。不管你的情况有多特别，你大概都能找到不少能够构建合适对冲的互换交易商。

说到替代做法时，你完全可以像互换交易商对冲自身风险那样，使用同样的工具对冲自己的贷款，即利率期货合约、政府债券，或者两者的组合（第十一章对此有更详细的描述）。你甚至还能剩下一些付给互换交易商的费用。可你需要进行大量准备，才能构建出一个有着合理基本风险、由期货和债券组成的对冲投资组合。例如，欧洲美元期货（Eurodollar Futures，EDF）（在芝加哥商品交易所交易的一种流动性极强的合约，其标的为伦敦银行间同业拆借利率贷款）每季度都有到期日，而这些日期可能和你的需求不一致。此外，这些合约的名义金额可能为100万美元，如果你的贷款合约本金不是100万美元，你就无法获得完美的对冲。

这里要用到的方法，就是打包交易。互换交易商对此不会有什么异议，因为他们会以互换义务投资组合的形式，一次性对冲成百甚至上千个互换合约，而这种多元化策略本身就是一种减少风险的方法。（投资组合中的互换合约拥有不同的风险特点，其中一些必然能够互相抵消，形成天然的对冲。）由于交易商交易的规模极大，所以在基本风险上，他们比个人对冲交易者拥有更多的"回旋余地"。此外，你几乎需要不间断地投入精力，才能持续持有期货和债券对冲。而在互换合约中，你只需要把这个难题交给交易商，自己的精力可以用来处理其他问题。

需要对冲利率变化风险时，互换合约是最受投资者欢迎的利率衍生品。但市场上也有其他选项。如果你不想因为固定利率而同时放弃下行（损失的可能）和上行（收益的可能）前景（记住，这都是远期合约），且只是想摆脱浮动利率贷款在利率上涨时的负面影响，你可以选择利率上限合约（interest rate cap），而不是互换合约。你需要提前支付权利金，因为利率上限合约是一种期权，但是同时利率下跌时你也能享受到收益。

举个例子，假设你借了一笔100万美元的浮动利率贷款。这笔贷款开始时，你根本不知道会用什么样的利率计算自己的还贷金额：6%还是7%？假设你最高能接受6.5%的利率，因此你能接受的利息总额就是65 000美元。当然，不管利率多高你都仍需要偿还利息，可如果能找到一个人，愿意补贴

6.5%与更高利率之间的差额呢？假设利率上升到7.5%，比你的极限高出一个百分点时，你可以使用一个名义金额为100万美元、行权价格为6.5%的利率上限合约，这样你就能收到10 000美元（100万的1%），即利率上限合约的收益，去补偿自己的利息支出。如果利率上涨到8%，你就会收到15 000美元。剩下的以此类推。

用期权合约对冲

在第五章中，小投资者格莱塔买了一只股票的看涨期权，但没有进行对冲！她是一个投机者，认为ZED公司的股票价值被低估，未来价格一定会上涨。在案例中她的观点是正确的，而且赚到了不少利润。然而在现实中，ZED的股价可能会下跌，可能导致格莱塔的赌注100%亏掉。我们在此案例中可以用期权合约对冲风险。一个常见的方法就是保护性看跌期权（protective put），可以用股票投资组合价值下跌提供"投资组合保险"。下面是一个案例。

黄杨木资本（Boxwood Capital）是一家小型对冲基金[1]，持有多元化的美国股票投资组合，其现值约为1.2亿美元。黄杨木资本想在投资组合价值大幅下跌时拥有保护性措施，它们尤其不希望价值跌到1.1亿美元以下，同时它们也愿意为了这种保险支付权利金。于是黄杨木资本为市场指数购买了一份看跌期权，如果投资组合的价值跌破1.1亿美元的下限，公司就能从市场下跌中获得补偿。

黄杨木资本使用的工具，是SPX（标普500）指数期权合约，这是一种以现金结算、在芝加哥期权交易所被交易的欧式期权，其标的为标准普尔500指数。这个指数的价值时刻处于变动中，几乎与整体市场同步，可以表明500只股票的平均价格（经过拆股之类的调整）。市场上有很多针对高于或低于现指

---

[1] 总的来说，对冲基金就是管理投资者资金的公司，和共同基金并非完全不一样。但对冲基金通常比一般的共同基金投资策略更激进，他们会采用投机、套利交易及各种基金经理能够想到的办法赚钱。

数价值的不同股价的看涨和看跌期权，而且到期日各不相同。

假设指数目前为1 200点，黄杨木资本股票投资组合的现值为1.2亿美元，且公司不希望投资组合的价值跌破1.1亿美元。于是黄杨木资本购买了100 000份3个月后到期的看跌期权，行权价格为1 100美元，权利金为每份看跌期权6美元[1]。为什么黄杨木资本选择了做多看跌期权，而非看涨期权？因为他们在对冲所有权。

让我们快进到3个月后。标普500指数大幅下跌，跌至1 050点。由于黄杨木资本的投资组合构成几乎与标普500指数组合一模一样，所以其价值也相应跌至1.05亿美元。真是太惨了。但行权价格为1 100美元的看跌期权，每份到期时能带来50美元的收益。所以100 000份期权加起来的收益，正好是500万美元。将这笔钱加入黄杨木资本价值1.05亿美元的投资组合，净价值就是1.1亿美元，这就是公司希望得到的结果。这个保险当然不是免费的，所以黄杨木资本需要为每份期权合约付出6美元——总价超过50万美元。如果指数在到期日等于或者高于1 100美元的行权价格，黄杨木资本就会损失全部权利金。而且这份保险的有效期只有3个月，所以黄杨木资本若想对冲，就需要持续买入看跌期权。

保护性看跌期权是期权合约的一种常见应用方式，尤其是在股票交易价格达到历史新高时。除非你的股票投资组合和指数投资组合完全对应，否则保护性期权不算是完美的对冲；可如果设置合理，保护性看跌期权至少能在暴跌时带来一定收益，帮助你抵消股价下跌带来的损失。此外，选择保护性看跌期权时，考虑期权权利金是一件极其重要的事。期权不是免费的，交付的权利金会导致投资组合的净收益减少。而且这份保险并不总是很便宜。投资组合不匹配，再加上权利金支出，所以确定保护性看跌期权是否合适并不是一件简单的

---

[1] 现实中，黄杨木资本只会购买1/100数量的期权合约，但每份合约的权利金为案例中的100倍。但这只是操作细节问题，为了明确地解释对冲的原理，我们没有选择这种做法。两者的数学结果是一样的。

事。可话说回来，世界上有简单的事吗？

用信用衍生品对冲

在第六章中，一个持有1 000万企业债券的投资者从一家保险公司购买了一份信用违约互换，以防债券发行人破产。前面提过，这样的信用衍生品提供的是履约担保（即担保债券发行人会履行经济义务，具有偿债能力），这与远期、期货、互换和期权合约固有的价格担保形成了对比。

如果从收益角度出发，信用违约互换和我们提到的其他金融衍生品也存在区别。例如，期权的收益一般与到期的资金数量成正比。如果行权价格为50美元的看涨期权到期时，标的的交易价格为52美元，你的收益就是2美元。如果标的交易价格是56美元，你的收益就是6美元。剩下的以此类推。大多数远期、期货和互换合约也是如此。与此相对，和我们的案例一样，不管标的（债券）的价值是800万美元还是200万美元，信用违约互换都会向持有者支付1 000万美元。这种二元制或者"全有或全无"的特点，也可以出现在任何金融衍生品的变体版本中，尤其是期权合约；但和信用违约互换不同，这并非金融衍生品固有的特点。

以上就是用衍生品进行对冲的例子。接下来，我们将要关注衍生品的估值或者说定价问题。无论使用目的是什么，评估一个金融衍生品的价值都具有至关重要的意义。顺便提一下，接下来与定价有关的三章中都有大量与风险管理有关的例子。所以，如果这一章里的案例无法满足你的需求，请一定看看接下来三章的内容。

ALL ABOUT DERIVATIVES

08

第八章

远期与期货合约的定价

远期或期货合约定价的本质，就是选择一个现货价格观测点，再随时间推移进行调整；互换合约在这个问题上也是如此。对于这三种合约，你面对的是一个未来一定会发生的交易。期权合约没有这种确定性，所以定价难度更高。确定未来一定会发生交易后，我们就可以用利息、仓储成本等其他源自交易的成本对现货价格进行调整，进而为相关合约定价。我们可以放心地不考虑标的价值的增值或贬值，因为增值或贬值都不会对合约定价产生影响。只要合约未被撤销，多头方未来一定会购买，空头方也一定会出售。

回忆一下远期或期货合约的交付价格或合约价格。那是一个固定价格，未来某个时间多头方承诺以这个价格购买，空头方承诺以这个价格出售。本章的核心内容，其实就是确定交付价格。其中的关键点如下：对于全新的远期或期货合约，交付价格就是让合约价值为零的那个价格，而且这样的价格只有一个。对于一个双方的唯一目的都是为未来交易锁定一个价格的合约而言，双方都不想承担成本。由于远期合约是零和游戏，一方的收益建立在另一方的损失之上，所以签订远期合约时唯一公平的价格必须是零。其他任何价格都会让一方获益，让另一方承受损失。需要再次强调的是，我们只讨论签订远期合约时的情况。一旦双方达成协议，时间开始流逝，标的价格出现变动，合约的价值就是完全不同的情况了。但在签订合约时，双方均不占有优势[1]。

全新、零价值远期合约的交付价格，就是远期价格（forward price）。与此对应，期货合约的交付价格就是期货价格（future price）。由于远期价格和期

---

[1] 注意，我给零价值案例设置的前提是，双方的唯一目标是为未来交易锁定价格。但很多时候，只有一方真正担心未来的交易，而另一方加入合约只是为了服务对方。不过在这一章里，我们谈论的是专门出售（或购买）远期合约的经纪商/交易商。OTC远期合约的经纪商/交易商一般会对服务收费，从而给零价值增加了一些额外因素，这时一般会调整交付价格。但从理论上看，当然也为了学习这些知识，我们不妨把签订合约时的远期合约价值看作零。

第八章 远期与期货合约的定价

All About Derivatives

货价格的计算方法在本质上相同,所以为了简化本书的内容,只要看到"远期价格",你可以放心地把它应用到期货价格上(严格地说,远期价格和期货价格因为每日结算而存在细微的区别,但我们不会讨论这种区别)。在这一章里,我们会用一定篇幅对计算远期价格的不同公式做出解释。这些公式用交付等待期内产生的成本及收益对现货价格进行调整从而计算远期价格,这些成本与收益被统称为持有成本,其中包括仓储、利息收费等成本,也包括持有优质标的带来的收益和便利。

想要明确"交付价格""价格"和"远期价格"之间的区别,并不总是一件容易的事。你只需要记住,交付价格是保证价格,多头方必须以这个价格购买,空头方必须以这个价格出售,这是合约签订时就固定下来的条款,绝不会在远期合约存续期间发生改变。价值则是一种衡量标准,会随着时间而发生改变,以体现各方因为加入远期合约得到了多少收益或损失。远期价格则是理论上价值为零的新合约的交付价格(这就是远期价格与股票价格存在巨大区别的原因)。如果你还觉得交付价格和远期价格是一回事,不妨这样想想:交付价格与实际存在的一份远期合约有关(农民乔同意在明年10月出售200蒲式耳葡萄给酿酒人里奥,每蒲式耳5美元);交付价格中可能还包含一方需要向对方支付的费用。远期价格则是一个零价值、在理论上存在、未来不一定真实发生的远期合约的交付价格。这个价格不包含任何费用。

至于已经存在的远期或期货合约,它们的价值又如何呢?我们会看到,对远期合约来说,其价值就是交付价格与现远期价格之间差额的现值。期货合约的价值则是合约的现期货价格与前一天收盘的期货价格之间的差额。远期合约价值和期货合约价值因为每日结算而不同,我们会在本章后面的内容里了解到其中的原因。

贴现、现值与终值

如果已经熟悉贴现(discounting)和连续复利(continuous compounding)

的概念与机制，你可以跳过这一部分的内容。如果不熟悉，你会愉快地得知，为远期及期货合约定价时基本只涉及一个数学计算过程：随时间调整货币价值。这里用到的基础概念是，投入（或借出）的资金会随着时间的推移而增加。随着时间的流逝，当我们计算终值时，我们需要一个今天已知的价值，再通过利率或其他与利息率有相似作用的利率，计算出其未来某个日期的价值。回溯调整也被称为贴现，在这里我们需要用终值和利率计算现值。

让我们把时间想象成一条以中心的零点为起点、向两个方向无限延伸的直线。零点代表你知道某物价格的一个时间点。右边的所有点代表未来的某个时间，左边的点代表的是过去。计算未来估值时，需要以时间零点（一般是"现在"）上的已知货币价值为基础，提出"如果时间向未来发展，其会增长到什么数字"这样的问题。计算现估值时，我们需要以时间零点上的已知货币价值为基础，提出"如果回到早先的某个时间，这会减少到什么程度"这样的问题。早先时间一般为目前时间。具体如图8-1所示。

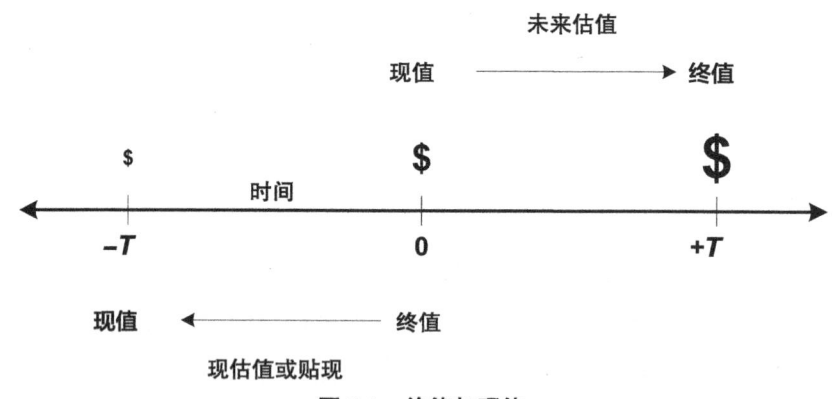

图8-1 终值与现值

资金随时间出现增长的原因之一，自然就是利息。利息是借钱（或借出资金后收到的款项）的价格，实际上只是一个增长率。例如，一个账户的现值为100美元（把它想成投资或本金），每年增长率为6%，那么一年后这个账户的价值就是 106 美元（终值）。其中的数学计算如下[1]：

$$FV = PV \times (1+rt) = 100 \times [1+(0.06 \times 1)] = 100 \times 1.06 = 106$$

其中：

$FV =$ 终值

$PV =$ 现值

$r =$ 年利率

$t =$ 以年为单位的时间

资金增值的数值到底是多少，关键因素不只是利率，还要考虑复利计算频率。换句话说，我们需要知道利息加入本金后利滚利的频率究竟有多高。在一年的案例中，复利每一年计算一次，所以对我们来说这不是问题。可如果每 6 个月计算一次复利，那么第一个 6 个月过完后，我们就能获得 3 美元的利息（I），具体情况如下：

$$I_{第一个6个月} = 100 \times (0.06 \times 0.5) = 100 \times 0.03 = 3$$

注意，这里的 t 使用了 0.5 这个数字，用来表示半年。将 3 美元的利息加入本金，第二个 6 个月里我们可以用 103 美元赚取利息。一年后，投资的总价值就是：

$$I_{第一个6个月} = 100 \times (0.06 \times 0.5) = 100 \times 0.03 = 3$$

$$I_{第二个6个月} = 103 \times 0.03 = 3.09$$

$$FV = PV + I_{第一个6个月} + I_{第二个6个月}$$

$$= 100 + 3 + 3.09 = 106.09$$

因为每 6 个月计算一次复利，而非每一年计算一次，所以我们挣到的利息稍稍多了一点，从 6 美元变为 6.09 美元。那么如果每 3 个月计算一次复利呢？

$$I_{一季度} = 100 \times 0.015 = 1.5$$

---

[1] 注意，我们会用乘号（×）或将两个字母连在一起的方式（如 rt）表示乘法。这两种用法将贯穿本书，我们会选择能够说明当时情况的用法。

$$I_{二季度} = 101.5 \times 0.015 = 1.522\ 5$$

$$I_{三季度} = 103.022\ 5 \times 0.015 = 1.545\ 3$$

$$I_{四季度} = 104.567\ 8 \times 0.015 = 1.568\ 5$$

$$FV = PV + I_{一季度} + I_{二季度} + I_{三季度} + I_{四季度} \approx 106.14$$

通过每季度计算复利,我们收获了更多利息,总数为 6.14 美元。

显然,计算复利的频率越高,收获的利息就越多。计算复利的频率能到什么程度呢?如果每天都计算复利呢?或者每分钟计算一次?不间断计算复利呢?我们赚取利息是否存在限制?答案是肯定的。这些限制其实存在于微积分的基本原则中。我们可以用一个相对简单的微积分公式,来计算不间断计算复利的投资的最终价值。对于前面提到的案例,这个公式如下:

$$PV = FV \times e^{rt}$$

$$= 100 \times e^{0.06 \times 1} = 106.18$$

即我们能赚到的最多利息就是 6.18 美元,这笔投资最高的终值是 106.18 美元。

那我们用年利率做乘方的基数 e 究竟是什么呢?这是欧拉数,是自然指数函数 e^x 的底数。由 e 代表的数字为不规律数字,前面几位是 2.718 2……好了,现在你可以忽略这个问题,把工作交给计算器。任何稍微好用一点的计算器上都有一个按键,可以计算 e 的乘方或指数(你如果没有这样的计算器,赶紧买一个)。不要被什么欧拉数吓跑了,这真的是解决利率计算问题上最简单的方法。

如果期限长于一年,我们只需要提高 t 这个因数的数值。所以两年后的终值就是:

$$FV = PV \times e^{0.06 \times 2}$$

$$= 100 \times 1.127\ 5 = 112.75$$

到目前为止,我们计算的都是终值。我们又怎么向前回溯,用确定的利率计算已知终值的现值?对于这个计算公式,我们只需要把 FV 和 PV 交换一下位置，并且在利率前加上一个负号即可[1]：

$$PV = FV \times e^{-rt}$$

让我们用一年期、终值为 106.18 美元、利率为 6% 的案例检测一下这个公式。想在一年时间里让终值达到 106.18 美元，我们在今天需要怎么样的现值，或者说需要多少本金？用以上公式，将结果四舍五入，我们就会得到：

$$PV = 106.18 \times e^{-0.06 \times 1}$$

$$= 106.18 \times 0.941\,8 = 100$$

结果正如我们所料。如果终值为 100、利率为 6% 时，现值又是多少？

$$PV = 100 \times e^{-0.06 \times 1} = 94.18$$

不管是因为利率还是其他导致资金随时间推移而变化的因素，这就是我们朝两个方向的时间计算价值的方法。图 8-2 展示的就是价值变化在时间线上的表现。

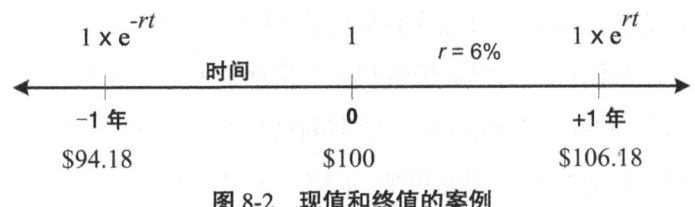

图 8-2　现值和终值的案例

公式 8-1 和公式 8-2 展示的是计算价值在朝两个方向的时间改变时的终值和现值公式，导致价值改变的可能是利率，也可能是其他让资金随时间不间断增长的因素。注意利率前的正负号：

$$FV = PV \times e^{rt} \qquad 公式\ 8\text{-}1$$

$$PV = FV \times e^{-rt} \qquad 公式\ 8\text{-}2$$

其中：

---

[1] 在代数中，负次幂等于用 1 除以那个数字的正次方。所以如果你愿意，可以把现值公式想成 $PV = FV/e^{rt}$。

$FV=$ 终值

$PV=$ 现值

$e=$ 欧拉数 $=2.71828183\cdots\cdots$

$r=$ 年利率

$t=$ 以年为单位的时间

持有成本

思考一个远期合约在交付日期的价值。根据收益图,这个价值就是收益,而我们知道收益是由现货价格和交付价格的差额决定的。回忆第一章里玉米饼生产商购买 1 000 蒲式耳玉米的远期合约,每蒲式耳 25 美元。玉米在交付日期的现货价格为 28 美元,所以这个远期合约的估值就是(28-25)× 1 000,即 3 000 美元。

在交付日期前,远期合约的价值又是什么呢?这时的价值由两个基本部分构成。第一个是我们讲过的现货价格和交付价格的差额,这个数字会随着时间发生改变。(现货价格在远期合约存续期间持续变动,但交付价格永远不变;两者的差额也一定会改变,很简单吧。)第二个组成部分就是持有成本,这是在一段时间里维持或"持有"一个远期头寸的成本。想一想仓储,类似玉米和原油这样的大宗商品标的必须存储在某个地方,而仓储需要花钱。这笔钱由谁出呢?在交付日期前,货物由空头方持有,所以这个成本产生自这一方,从而会影响远期合约的价值。如果你想从一个商人那里购买她库存里的商品,但是 6 个月后才会购买,想象一下这个商人会说什么:"你想让我保留这个东西 6 个月,到时候你再从我这里买?好吧,但你得付给我仓储费。"

远期合约中另一个常见的持有成本是利息。我们知道,利息就是借钱的成本,换一种方式说,是贷款或投资时需要支付的款项。那么利息怎么会变成持有成本?假设一个远期合约的多头方有义务购买一个标的——当然,他只是在交付日期有义务购买。如果多头方购买现货，他可支配的现金就会减少。可有了远期合约，多头方的现有现金不会减少，他们可以把钱用于投资，赚取利息。当然，与此同时，空头方在交付日期前都无法获得现金。所以空头方错失了将销售收益用于投资的机会，从而导致了机会成本损失。对空头方来说，利息就是持有的"成本"；而对多头方来说，利息是收益，但我们还是称之为持有成本。

其他持有成本还包括支付给标的持有者的收益，例如股票标的的分红（这是定期支付给股东的款项，股东就是空头方），以及不那么有形的便利收益（convenience yield），这是持有标的的好处，例如可以撑过物资短缺时期。我们会在本章后面的部分继续讨论这个话题。

远期合约定价背后的理念

透过目前了解到的所有信息你会发现，任何一个时间点，远期合约的价值其实就是两个部分之和：不断变化的现货价格与从不变化的交付价格的差额，加上持有成本（可能为正，也可能为负，我们在后面具体讨论）。以下就是远期合约价值的基本公式：

远期合约价值$_{多头}$ =（现货价格 − 交付价格）+ 持有成本

远期合约价值$_{空头}$ =（交付价格 − 现货价格）+ 持有成本

现在思考一下，签订新的远期合约时你都知道什么。你知道现货价格，知道持有成本，也知道合约价值必须为零。你不知道交付价格。新合约的交付价格，即远期价格，是设置合约时唯一的未知因素。所以计算远期价格时，我们只需要基本估值公式。

再思考一下计算多头价值的公式：

远期合约价值$_{多头}$ =（现货价格 − 交付价格）+ 持有成本

设立远期合约时，双方无法控制现货价格（s），也不能控制持有成本（C），更不能控制一定等于零的远期合约价值（v）。他们只能调整交付价格

（F，用来表示远期价格）。重新调整一下基本公式，我们就能得到如下的数学表达形式：

$$v = (s + C) - F$$

这个方程式表明，远期合约的价值就是现货价格与持有成本之和（记住，持有成本可以为负），再减去远期价格。回忆一下你就会发现，这其实就是我们计算玉米饼生产商远期合约价值的方法，只不过我们计算的是交付日期时的价值，所以不存在持有成本。我们知道设立远期合约时 v 的数值为零，所以我们可以代入这个数值，调整一下公式：

$$0 = (s + C) - F$$

$$F_{多头} = s + C$$

所以说，远期价格就是现货价格与持有成本之和。这里的"成本"，指的是空头方面临的真正成本。如果对空头方而言是"收益"，我们就需要在此扣减。

让我们把 C 拆分为空头方的成本（c）和空头方的收益（b），公式就变得更清晰明了：

$$C = c - b$$

因此：

$$F_{多头} = s + c - b$$

假设我们为一桶原油设置了一份一年期的远期合约，这桶原油签订远期合约时的现货价格为 100 美元。通过签订这样一份远期合约，多头方有义务购买这桶原油，但只需要在一年后购买。如果多头方今天购买，他现在就会失去100 美元。但在远期合约的帮助下，他可以保留这 100 美元一年的时间，并用这笔钱赚取一些利息。假设年复合利率为 6%，而且利率为完全担保，即无风险（与此有关的更多内容见后文）。假设多头方在签订远期合约的同时投资了100 美元，他就可以在购买原油的那一天获得 6 美元的利息。多头方同时还能拿回 100 美元，这让他可以用 106 美元去购买那桶原油。因此，假设不存在其他持有成本，这个合约的正确交付价格就是 106 美元。

空头方怎么看待这个价格？这个价格对她来说也合适。签订远期合约时，空头方有义务出售原油，但只需要在一年后出手，所以她损失了投资 100 美元、赚到 6 美元利息的机会。这个额外的 6 美元补偿的是她以远期而非现货价格出售时面临的机会成本。显然，考虑到利息，这笔交易公平的交付价格是经过利息调整的现货价格，即 106 美元。

原油是一种必须被储存的实物商品。而储存需要花钱。从现在到交付日期之间，多头方无须支付仓储费（他还没有实际储存），而空头方需要支付这笔费用。假设一桶原油的年仓储费用为 7 美元。这又是一笔支出（而且是实实在在的支出，不是机会成本），也需要将其加入我们计算的利息中。所以这个远期合约的公平价格应该是 113 美元，即 100 + 6 + 7 美元。

无风险利率

讨论公式前，我们需要思考自己究竟该使用什么利率。在为几乎所有的衍生品估值时，我们都会使用无风险利率计算（对于利率衍生品，我们在计算款项时一般会使用其他利率）。无风险利率，或者说"参考"利率，本质上是投资不会面对损失风险的保证收益率。为什么用无风险利率？尽管这听起来有些古怪，但事实证明，如果假设所有投资者均为风险中性，完全不考虑价格上涨或下跌，我们就能有把握地为金融衍生品做出定价。这个特点被称为风险中性原理，我们会在附录 C 中对此进行解释。至少现在可以说，我们在为金融衍生品定价时可以不考虑风险偏好，从而消除利率中的"风险溢价"部分，只考虑剩余部分。

金融衍生品估值中一个经常用到的无风险利率就是 LIBOR，也就是伦敦银行间同业拆借利率的缩写。附录 A 中有更多与 LIBOR 有关的信息。

无风险利率几乎总是低于有风险的收益率，原因是什么？答案又一次指向了风险溢价。我们可以把利率看作承受风险的回报。承受的风险越多，预期回报就会越高。例如，如果衡量足够长的一段时间，股市的收益一般高于美国国债。但任何股票投资者都知道，股市的收益也有可能低于国债，特别是衡量时间较短时。从长远角度看，股票的风险高于国债，所以股票也能为投资者带来更多的收益。想象一下在轮盘赌、21点或在老虎机上"投资"的回报。也许你能获得相当丰厚的回报，但要承担损失全部投资（或赌注）的极大风险。美国储蓄债券不能让你暴富，但你可以相信"山姆大叔"一定会返还你的投资本金，而且还能再多给你一点钱。而"萨姆大叔"——21点发牌员——却不会提供这种保障。

远期价格计算公式

背景信息说得够多了！我们已经做好准备，可以了解计算远期价格的公式了。

基本远期价格

最简单的标的不存在仓储成本，也不会带来任何收益（即分红）。唯一的持有成本就是利息。这种标的的远期价格（F）就是标的的终值，通过现货价格 S、利率 r 和时间 t 来计算，如公式8-3所示：

$$F = Se^{rt} \qquad \text{公式8-3}$$

案例如下。你同意6个月后从哥哥那里购买100股MGrove公司的股票。MGrove公司不分红，现在的交易价格为每股15.50美元，无风险利率为2%。那么这个远期合约的公平市场价格是多少？我们已经掌握了等号右边所需的全部数值：

$$S = 15.50 \times 100 = 1\,550$$

$$r = 0.02$$

$$t = 0.5$$

当然，e的数值永远不变，所以我们用计算器将其转换为具体的数字。综

合在一起,我们就能得出 F 的数值:

$$F = Se^{rt}$$
$$= 1\,550 \times e^{0.02 \times 0.5}$$
$$= 1\,550 \times 1.010\,05$$
$$= 1\,565.58$$

这个合约的公平市场交付价格就是 1 565.58 美元,或者说每股 15.66 美元。

带仓储的远期价格

当标的产生固定仓储成本时,远期价格就是以下两者的终值之和:现货价格(S)和仓储的现值(U)。"固定"在这里的意思,只有仓储成本不会随标的价格改变而发生变化。公式 8-4 给出了包含仓储成本的远期价格:

$$F = (S+U)e^{rt} \qquad 公式\ 8\text{-}4$$

案例如下。英得斯坦能源(Indoston Energy)从暗黑钻探公司(Diablo Drillery)处用一年远期合约购买 5 000 桶原油。原油在现货市场的售价为每桶 32 美元。存储这类原油的成本为每季度每桶 1.50 美元,费用需要在每季度开始时支付。无风险利率为 3%。那么这份合约正确的远期价格是多少?

让我们先来解决仓储问题。想用公式算出答案,我们需要得到仓储成本的现值,才能计算出远期价值(我知道这听起来有些怪异,但不要急,继续往下看)。在这份远期合约存续期间,需要四次在一个季度开始时分别缴纳 7 500 美元的仓储费用(即 5 000 桶原油乘以 1.50 美元后得出的数额)。把这看作四个现金流。一个发生在现在(签订远期合约时),剩下的分别发生在 3 个月、6 个月和 9 个月后。为了计算所有仓储成本的现值,我们只需要计算四笔现金流的 PV,再把结果加在一起。注意,第一笔现金流的 PV 中不包含任何贴现:

$$PV_{仓储} = CF_{0月} + CF_{3月} + CF_{6月} + CF_{9月}$$
$$PV_{仓储} = 7\,500 + 7\,500e^{-0.03 \times 0.25} + 7\,500e^{-0.03 \times 0.5} + 7\,500e^{-0.03 \times 0.75}$$
$$= 7\,500 + 7\,443.96 + 7\,388.34 + 7\,333.13$$

= 29 665.43

现在我们已经把所有数值换算成了现值,所以我们只需要把以下数值带入公式,就能得出整份合约的终值:

$$S = 32 \times 5\,000 = 160\,000$$

$$U = 29\,665.43$$

$$r = 0.03$$

$$t = 1$$

将这些数值结合在一起,我们就得到了:

$$F = (S+U)e^{rt}$$
$$= (160\,000 + 29\,665.43) \times e^{0.03 \times 1}$$
$$= 195\,441.60$$

这份合约的公平市场交付价格就是 195 441.60 美元,或者是每桶原油大约 39 美元。

当仓储成本跟随标的的现货价格变化而一起变化时,我们称其为成比例仓储成本。这样的成本与利息成本没有太大区别,后者也取决于标的的价格变化。一个标的带有成比例仓储成本的远期价格,就是标的的终值,可以用现货价格 S、年利率 r、时间 t 和经过成比例仓储成本 u 调整后的利率计算出来。具体如公式 8-5 所示:

$$F = Se^{(r+u)t}$$ 公式 8-5

我们能在现实中找到什么成比例仓储成本的例子?答案是损耗。如果我们预期一定比例的货物会发生损耗,我们就可以把它看作空头方的"仓储"成本。

案例如下。果汁生产商 SqueezeMax 同意 3 个月后从苹果种植户乔那里购买 1 000 蒲式耳苹果。乔根据经验知道,苹果在存储的过程中会因为昆虫和老鼠而出现 2% 的损耗。目前,苹果的批发价为每蒲式耳 6 美元,无风险利率为

4%。这次不需要提前计算其他数值了,因为我们掌握了所需的全部数值:

$$S = 1\,000 \times 6 = 6\,000$$

$$u = 0.02$$

$$r = 0.04$$

$$t = 0.25$$

把这些数值代入公式,我们就能算出 F:

$$F = Se^{(r+u)t}$$

$$= 6\,000 \times e^{(0.04+0.02) \times 0.25}$$

$$= 6\,000 \times e^{0.015}$$

$$= 6\,090.68$$

这份合约的公平市场交付价格就是 6 090.68 美元。

带收益的远期价格

类似股票分红的收益,其实就像反向的仓储成本,这对空头方来说是收益。现在的远期价格就是现货价格 S 的终值减去收益 I 的现值。我们可以按照公式 8-6 确定交付价格:

$$F = (S - I)e^{rt} \qquad \text{公式 8-6}$$

案例如下。你同意一年后从姐姐手里购买 400 股顶点工业(Acme Industries)的股票。顶点工业目前每股价格为 36 美元;这家公司每季度向股东分红,预计分红为每股 0.25 美元。无风险利率为 2%。请问这个合约的公平市场远期价格是多少?

和有仓储成本时一样,我们需要确定收益的现值。在这份远期合约的存续期间,每个季度末分红,共有四次 100 美元的现金流(即 400 股,每股 0.25 美元)。这四笔款项分别发生在第 3 个月、第 6 个月、第 9 个月和第 12 个月。为了计算所有分红的现值,我们只需要分别计算这四笔现金流的现值,加起来就能得出结果。

$$PV_{收益} = 分红_{3月} + 分红_{6月} + 分红_{9月} + 分红_{12月}$$

$$= 100e^{-0.02 \times 0.25} + 100e^{-0.02 \times 0.5} + 100e^{-0.02 \times 0.75} + 100e^{-0.02 \times 1}$$

$$= 99.50 + 99.01 + 98.51 + 98.02$$

$$= 394.04$$

我们已经掌握了公式等号右边所需的全部数值:

$$S = 36 \times 400 = 14\,400$$

$$I = 395.04$$

$$r = 0.02$$

$$t = 1$$

将这些数值综合在一起,我们就能算出 F:

$$F = (S - I)e^{rt}$$

$$= (14\,400 - 395.04) \times e^{0.02 \times 1}$$

$$= 14\,287.88$$

这份合约的公平市场交付价格就是 14 287.88 美元。

有时,标的收益与其现货价格成比例。例如,当标的是包含数百只股票的股票指数时,我们会把来自"一篮子"股票的分红收益看作一定比例的指数现货价格。这可比搞清楚几百只股票的实际分红现金流要简单得多了!和成比例仓储成本一样,如公式 8-7 所示,在计算标的的终值时,我们会用成比例收益(i)对利率(r)做出调整。

$$F = Se^{(r-i)t} \qquad 公式\ 8\text{-}7$$

案例如下。你同意一年后从经纪商处购买 200 股米德兰(Midland)股票指数(MLX)。MLX 是一个由美国中西部 50 家规模最大的农业企业的股票组成的指数,目前的交易价格为每股 54 美元[1]。MLX 预计按股价 0.5% 的比例向

---

[1] 不要真给经纪商打电话,MLX 是我编的。

持有者派发年度红利（即 0.005 乘以股价）。无风险利率为 3%。

实际操作比想象得更简单。这里仍旧不需要提前计算现值，因为我们已经掌握了所需的信息：

$$S = 200 \times 54 = 10\,800$$

$$r = 0.03$$

$$i = 0.005$$

$$t = 1$$

把这些数值综合在一起，我们就能算出 F：

$$\begin{aligned}F &= Se^{(r-i)t} \\ &= 10\,800 \times e^{(0.03-0.005) \times 1} \\ &= 10\,800 \times e^{0.025 \times 1} \\ &= 11\,073.40\end{aligned}$$

这份合约的公平市场交付价格就是 11 073.40 美元。

持有标的可以带来的好处不像收益那么明显，即"便利收益率"。例如，如果市场上货物出现短缺，那么手边有货自然就是好事，会很便利。便利收益率的计算与计算成比例收益的方法一模一样，如公式 8-8 所示，我们只需要用便利收益率（y）替换成比例收益率（i）：

$$F = Se^{(r-y)t} \qquad \text{公式 8-8}$$

值得一提的是，便利收益率通常出自观察的市场价格，而不是像其他因素一样被明确代入公式。让远期价格与其他影响远期价格的因素之间实现对等，实际上是存在一些模糊地带的。

货币的远期价格

当标的是外国货币时，我们需要考虑的不只是国内利率，也要考虑无风险外国利率（r_f）。没必要过多关注细节，但我们可以说，汇率在一定程度上受两个国家主流利率的影响。总体而言，外国利率是空头方的收益，而且是成比例收益，如公式 8-9 所示：

$$F = Se^{(r-r_f)t} \qquad \text{公式 8-9}$$

案例如下。你同意 9 个月后从一个外币经销商处购买 5 000 图鲁维安币（Tuluvian Krinkets）。图鲁维安币目前的交易价格为 0.35 美元（面对外国货币时，你只需要把一块钱外币看作一股股票，该股股票需要用一定数量的本地货币购买）。图鲁维安币的无风险利率为 2%，美国货币的无风险利率为 6%。这就是一个标的含有成比例收益的远期合约，用 r_f 替换 i。我们确定了如下数值：

$S = 5\ 000 \times 0.35 = 1\ 750$

$r = 0.06$

$r_f = 0.02$

$t = 0.75$

综合在一起，我们就能算出 F：

$$F = Se^{(r-r_f)t}$$

$$= 1\ 750 \times e^{(0.06-0.02) \times 0.75}$$

$$= 1\ 750 \times e^{0.03}$$

$$= 1\ 803.30$$

这份合约的公平市场交付价格就是 1 803.30 美元。

远期价格总结

以下对远期价格计算公式进行了小结。

基本远期价格	$F = Se^{rt}$	公式 8-3
固定仓储远期价格	$F = (S+U)e^{rt}$	公式 8-4
成比例仓储远期价格	$F = Se^{(r+u)t}$	公式 8-5
固定收益远期价格	$F = (S-I)e^{rt}$	公式 8-6

成比例收益远期价格	$F = Se^{(r-i)t}$	公式 8-7
便利收益率远期价格	$F = Se^{(r-y)t}$	公式 8-8
外币远期价格	$F = Se^{(r-r_f)t}$	公式 8-9

你只需要记住，U 和 I 分别是仓储和收益的现值。如果它们以终值形式出现，你就需要在将数值代入公式前推算它们的现值。

总结一下全部公式，我们得出了公式 8-10：

$$F = (S + U - I)e^{(r+u-i-y-r_f)t} \qquad 公式\ 8\text{-}10$$

其中：

$S=$ 现货价格

$U=$ 固定仓储成本

$I=$ 固定收益

$r=$ 无风险利率

$u=$ 成比例仓储成本

$i=$ 成比例收益

$y=$ 便利收益率

$r_f=$ 外国利率

为现存远期或期货头寸定价

到目前为止，我们都是为设立新合约而计算远期或期货价格。开始时，远期合约的价值与其他相同的期货合约的价值都是同一个数字，那就是零。设立合约后，由于期货合约固有而远期合约没有的每日结算制度，两者的价值计算方法必定存在区别。

远期合约价值

远期合约开始后的价值是其交付价格与理论上设立新合约时的交付价格（也就是目前的远期价格）之间差额的现值。这个原理适用于所有远期合约。我们只需要把"理论上的新合约"看作计算交付价格（也就是获得远期价格）的一个工具，所以这个合约与我们想要估值的远期合约拥有相同的标的数量、交付日期和其他特点。和所有设立时的远期合约一样，这个合约的交付价格等于远期价格 F。所以我们有两份远期合约，一份被拿在手里，一份被存在自己的大脑里，两者的唯一区别就是多头方在交易日期付多少钱：F 和 K。我们拿在手里的远期合约的价值，就是 F 与 K 之间差额的现值，具体如公式 8-11 和公式 8-12 所示：

$$远期合约价值_{多头} = PV(F-K) = (F-K)e^{-rt} \qquad 公式 8\text{-}11$$

$$远期合约价值_{空头} = PV(K-F) = (K-F)e^{-rt} \qquad 公式 8\text{-}12$$

为什么要贴现？因为 F 和 K 之间的差额是终值，而我们感兴趣的是现值。所以我们需要倒推今天的价值。

思考前面的一个例子，你要和你的哥哥签订一份 6 个月后执行的远期合约，以 15.66 美元的交付价格购买 100 股 MGrove 的股票。3 个月过去了，MGrove 的交易价格为 15.80 美元。你的头寸价值多少？我们本能地认为这个头寸的价值应该为正，因为远期合约规定的购买价格是 15.66 美元，而股票现在的交易价格是 15.80 美元。让我们来看看事实是否真的是这样。

首先，我们用 15.80 美元的现货价格和到交付日期还剩 3 个月的时间 t，即 0.25 年来计算远期价格，无风险利率 r 不变。以下是需要代入公式的数值：

$$S = 15.80 \times 100 = 1\,580$$

$$r = 0.03$$

$$t = 0.25$$

目前的远期价格就是：

$$F = Se^{rt}$$
$$= 1\,580 \times e^{0.03 \times 0.25}$$
$$= 1\,591.89$$

远期价格，也就是我们假设出来的新远期合约的公平市场交付价格，是 1 591.89 美元。现在，我们掌握了多头方远期合约价值公式所需的全部要素：

$$F = 1\,591.89$$
$$K = 1\,565.58$$
$$r = 0.03$$
$$t = 0.25$$

代入公式中，我们就能算出价值：

$$\text{远期合约价值}_{\text{多头}} = (F - K)e^{-rt}$$
$$= (1\,591.89 - 1\,565.58)\,e^{-0.03 \times 0.25}$$
$$= 26.11$$

我们这份合约的价值就是 26.11 美元。

如果持有标的既没有成本（也就是除了利息外，不存在持有成本）也没有收益，那么计算远期合约的价值还有一种更简单的方法。如公式 8-13 和公式 8-14 所示，这个价值其实就是标的现货价格与交付价格现值之间的差额：

$$\text{远期合约价值}_{\text{多头（无持有成本）}} = S - PV(K) = S - Ke^{-rt} \qquad \text{公式 8-13}$$

$$\text{远期合约价值}_{\text{空头（无持有成本）}} = PV(K) - S = Ke^{-rt} - S \qquad \text{公式 8-14}$$

在前面的案例中，除了利息之外，交易方没有其他持有成本。我们就可以换一种方式，评估合约的价值：

$$S = 1\,580.00$$
$$K = 1\,565.58$$
$$r = 0.03$$
$$t = 0.25$$

综合这些数值,我们就能算出远期价值:

$$\text{远期价值}_{\text{多头}} = S - Ke^{-rt}$$
$$= 1\,580.00 - 1\,565.58e^{-0.03 \times 0.25}$$
$$= 26.11$$

读者可以看到,这与前一种方法算出来的结果一样。

期货合约价值

期货合约价值与和它特点几乎一模一样的远期合约价值存在很大区别,因为期货合约的收益会在每个交易日结束时被兑现。回忆一下,远期合约的价值一般都是在合约到期时才能被兑现。所以在任何时候,期货合约的价值完全由自前一天开始变动的期货价格决定。因此,期货合约的价值,就是期货现价与前一个交易日结算时的期货价格之差。

让我们回忆一下第三章里的皇家磨坊公司及他们签订的 10 份小麦期货合约。假设有一天,这些期货合约价格以 3.10 美元收盘,第二天中午时,期货合约价格达到 3.20 美元。皇家磨坊公司的头寸这时的价值是多少?

$$\text{期货合约价值}_{\text{多头}} = \text{合约份数} \times \text{每份合约约定的蒲式耳数量} \times (F_{\text{现在}} - F_{\text{昨天}})$$
$$= 10 \times 5\,000 \times (3.20 - 3.10)$$
$$= 5\,000$$

在这个瞬间,皇家磨坊公司期货头寸的市场价值为 5 000 美元。然而,这个数字不能反映之前被兑现并收取的利润。回忆一下,皇家磨坊公司签订这些合约时的期货合约价格为 3 美元,所以在这之前,按照同样的计算方法,皇家磨坊公司已经收取了 5 000 美元。

想计算现有期货合约的价值,我们只需要知道期货现价,以及前一天的期货价格,合约价值就是两者的差额。想计算头寸的价值,我们需要知道期货合约的份数,同时确定是多头还是空头。以下是计算多头方期货头寸价值的公式：

$$F_{多头} = (FP_{现在} - FP_{前一日收盘价}) \times 期货合约份数$$

其中 $FP_{现在}$ 是目前期货合约的价格，$FP_{前一日收盘价}$ 是前一个交易日期货合约的收盘价，$F_{多头}$ 则是目前期货合约多头的公平市场价值。这个价值是正还是负，取决于期货价格究竟是涨还是跌。

再举一个例子。假设你做多1 000份玉米期货合约，目前玉米期货价格为每蒲式耳2.82美元，而昨天收盘时的期货价格为2.85美元。你能看出这个头寸的价值为负，因为期货价格下跌了；你用一份新合约承诺以高于市场的价格购买玉米。当然……

$$F_{多头} = (FP_{现在} - FP_{前一日收盘价}) \times 期货合约份数$$
$$= (2.82 - 2.85) \times 1\,000$$
$$= -30.00$$

用来计算期货头寸空头方价值的公式略有不同。公式8-15和公式8-16列出了两条公式：

$$F_{多头} = (FP_{现在} - FP_{前一日收盘价}) \times 期货合约份数 \quad \text{公式 8-15}$$

$$F_{空头} = (FP_{前一日收盘价} - FP_{现在}) \times 期货合约份数 \quad \text{公式 8-16}$$

这些都指向了期货合约的一个独特之处：期货合约几乎不会被"撤销"。一旦签订了一份合约，这份合约在实际交付前就会一直跟随着你。让你感到害怕了？不要担心。想要摆脱期货头寸（也就是放弃合约义务及潜在的收益），你只需要签订一份新的相抵合约。

我们还是假设你做多1 000份玉米期货合约。和前面一样，期货的现价为2.82美元，期货昨天的收盘价为2.85美元。由于你在这笔头寸上出现了损失（回忆一下前面的计算结果，你损失了30美元），你决定做空1 000份（以2.82美元）合约，让损失不再继续扩大。到这一天结束时，期货价格继续下跌，跌至2.80美元。现在思考一下你以现金结算的两笔头寸的价值（对于做空头寸，我们用的是签订合约时的期货价格，而非前一天的收盘价）：

$$F_{多头} = (FP_{现在} - FP_{前一日收盘价}) \times 期货合约份数$$
$$= (2.80 - 2.85) \times 1\,000 = -50.00$$
$$F_{空头} = (FP_{前一日收盘价} - FP_{现在}) \times 期货合约份数$$
$$= (2.82 - 2.80) \times 1\,000 = 20.00$$
$$F_{多头} + F_{空头} = -50.00 + 20.00 = -30.00$$

结果就是这样，和前面出现过的答案一样。在这个交易日结束时，尽管期货价格还在继续下跌，但你得到的结果却和决定离场时一样。到了第二天，两笔头寸的结算结果会正好抵消，所以你实际上退出了多头头寸。

无套利定价

希望各位读者读到这里时已经能理解前述远期合约价值计算方法，希望你们能理解远期价格与持有成本之间为什么存在那样的关系。基于无套利原则，现实中存在大量证据支持上述关系。所以衍生品均利用这个原则进行定价，而这个原则的本质就是：任何衍生品的公平价格，都会阻止套利行为。

回忆前一章里套利者利用错误定价获取利润的做法——也就是寻找同一个东西存在两个价格的情况。套利者只需要以低价购买，再以高价出售，就可以几乎无风险地赚取利润。听起来很棒，是不是？尽管现实中确实有可能发生这种事情，但套利机会却是转瞬即逝。原因为何？因为套利机会一旦被发现，市场参与者就会为了赚取这个无风险利润而进行越来越多的交易（不管怎么说，谁都想天下掉馅饼）。这种交易活动本身就会对价格做出调整，从而导致套利机会消失。如果这个解释还不够明确，不妨回忆一下大型公开市场中供求价格的决定因素。随着需求上升或下降，价格也会随之上涨或下跌。交易活动增加意味着需求增加，所以套利机会就会自我消除。

怎样才能用错误定价的远期合约套利呢？首先，假想一个衍生品，我们称之为"现在"。"现在"就像一个远期合约，只不过交付价格就是现货价格，交付日期就是现在。假设我们发现 MGrove 股票上有一个"现在"合约，合约价为 15.00 美元，而 MGrove 股票的实时价格是 15.50 美元。我们该怎么做？用 15.00 美元买下"现在"合约，接受股票，再用 15.50 美元的价格在现货市场出售，从而赚到 50 美分。交易量为 100 万股，总利润就是 50 万美元。出售行为将导致价格下跌，这就是套利机会本质上具有自我毁灭性的原因，我想读者应该都明白了这个原理。

上面的例子看起来有点儿傻，但能说明问题，利用错误定价的远期合约套利也是采用这种操作。你只是还需要考虑资金的时间价值。回忆 MGrove 股票简单的远期合约案例。现货价格为 15.50 美元，利率为 2%，6 个月的远期合约的公平市场价格（即理论价格）大约为 15.65 美元。假设现在对于 15.65 美元的合约存在一个流动市场，也就是说买家和卖家数量充足；再假设你发现有人用 15.55 美元出售同样的 6 个月远期合约，这显然低于市场价格，比市场价格便宜了 10 美分。我们可以用以下方式赚到这 10 美分。

现在

- 用 15.55 美元的价格购买（做多）一些远期合约。
- 用 15.65 美元的价格卖出（做空）同样数量的远期合约。

6 个月后

- 接受 MGrove 股票，按每股 15.55 美元付款。
- 交付这些股票，收到每股 15.65 美元的款项。
- 赚取每股 10 美分的利润。

我们还可以用其他方法套利被错误定价的远期合约（如用股票和现金），但任何时候，你都要低买高卖。我们在这里就是这么做的，以 15.55 美元的价格买入，再以 15.65 美元的价格卖出。我们不会继续深入讨论套利交易，你只需要知道，市场上存在大量套利交易活动。这是一种遍布于每个角落的巨大力量，几乎能影响到全球金融市场中数不清的金融产品的价格。

期货升水与正常的现货升水

下面是一些有意思的专业名词。你在上一章了解了远期价格的构成，我们又在这一章里解释了如何用相同的方法计算期货价格。现在，当你计算期货价格时，这个价格要么高于、要么低于交付时的预期现货价格，而预期现货价格就是经过利率调整的今天的现货价格（不经过仓储或其他持有成本的调整）。

当期货价格高于预期现货价格时，市场就处于期货升水状态。仓储成本高的标的一般是这种情况，如黄金或其他贵金属。回头去看远期合约价格公式，你就能了解其中的数学原理。

当期货价格低于预期现货价格时，市场就处于正常的现货升水状态。期货升水实际上才是"正常"情况，所以"正常的现货升水"真正指的反而是不太正常的情况。

ALL ABOUT DERIVATIVES

09

第九章

互换合约定价

怎么给互换合约定价？常见方法有两个。

由众多现金流组成的互换合约

确定互换合约价值最简单的方法，也就是在实践中最为常见的方法，从概念上看其实非常简单：把每一部分看作一条未来的现金流（仿佛每一部分是一只债券），再将它们的现值相加。就是这么简单。这个方法没什么复杂的，但有可能非常烦琐无趣。你需要知道目前距离每一笔现金流的具体天数和适用于每一笔应计利息的准确利率，还有其他需要了解的信息。可计算机不就是干这个的吗？没错，对任何老款的计算机，只要人类能正确输入指示，为互换合约估值就是瞬间能完成的事。可我们也不要让计算机把所有好玩的工作都做了，让我们动手用纸笔和我们的大脑，亲自算出一个香草款互换合约的价值。

在接下来的案例中，我们会提到即期利率（spot rate）、远期利率（forward rate）和收益率曲线（yield curve）。即期利率指的是现在借钱的利率，远期利率则在未来借钱的利率，收益率曲线展示的是多个借贷时段里的利率情况（即期或远期）。这些名词都会在附录A中得到详细解释。

说到利率，读者有必要记住，在利率衍生品上，利率具有两个非常重要但又截然不同的作用。第一，利率是这些衍生品的标的。更准确地说，这是我们衡量标的价格的标准，而标的价格实际上就是借入或借出的钱。第二，我们用利率将终值折算为现值（偶尔也会反过来计算）。由于利率承担了双重角色，所以我们需要记住两个数字：一个是定价的利率，另一个是贴现利率。更让人混乱的是，不管是定价利率还是贴现利率，一个利率只会在特定的一段时间里起作用。利率因为期限不同而各不相同，所以说到利率时，我们说的其实是一条收益率曲线。总而言之，记住上面这些话就可以了。

现存互换合约

假设芬奇公司（Finch Corporation）和拉德利公司（Radley Incorporated）在 2006 年 3 月 1 日签订了为期两年的互换合约。芬奇公司用这份互换合约把 3.9% 的固定利率还款义务转换为浮动利率，也许它们认为贷款期间的平均利率将"低于 3.9%"。芬奇公司支付浮动利率利息，接收固定利率款项。而拉德利公司支付固定利率利息，接收浮动利率款项。假设今天是 2007 年 5 月 23 日，也就是距离到期日还剩不到一年，让我们计算一下这份互换合约在这一天对芬奇公司的价值（对拉德利公司的价值与芬奇公司的数字相同，只需要更换前面的正负号）。这是一个香草款互换合约，每季度支付一次，两部分的条款相同。具体细节如下[1]。

名义金额：	1 000 000 美元
签订日期：	2006 年 3 月 1 日
到期日：	2008 年 2 月 29 日
贴现率曲线：	LIBOR
复利：	无
平均数：	无
分期偿还：	无
固定利率期限：	3 个月
浮动利率期限：	3 个月
券息日：	22 日
剩余期：	短期
天数计算标准：	实际天数 /365 天

---

[1] 在此简化，我们省略了现实中互换合约常见的琐碎细节，如重置抵消和重置调整。

日历：	纽约
调整：	节假日调整
固定利率：	3.90%
利率指数：	LIBOR

我们还需要"市场"，即未来不同时间点上3个月贷款的LIBOR利率，也就是远期利率。收益率曲线对此可以进行充分的展示。我们实际上需要两条曲线，一条是用来计算支付金额的3个月远期利率曲线，另一条是用来折算今天数值的即期利率曲线。如图9-1所示，让我们借用附录A里的收益率曲线。表9-1展示的是收益率曲线中的即期和远期利率，时间为两年，我们在计算过程中会用到这些数字。

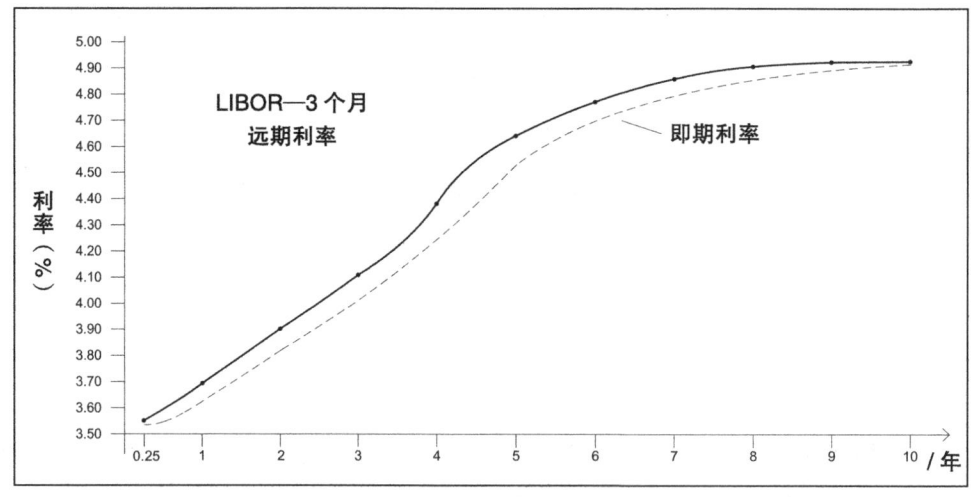

图9-1　LIBOR收益率曲线

现在，我们了解了互换合约曲线，确定了市场，也知道自己想为互换合约估值的日期。双方上一次支付款项发生在2007年5月22日，也就是昨天。所以今天是新券息计算期间的第一天。作为计算价值的第一步，我们可以先确定剩余款项。券息日是当月22日，固定利率期间和浮动利率期间都是3个月，互换合约的到期日为2008年2月29日。表9-2展示的就是剩余待支付的款项，

图 9-2 在日历上标明了这些日期。

表 9-1 远期利率

利率（%）		
期间	即期利率	3 个月远期利率
3 个月	3.53	3.55
6 个月	3.54	3.64
9 个月	3.59	3.67
12 个月	3.63	3.71
15 个月	3.67	3.73
18 个月	3.70	3.80
21 个月	3.75	3.81
24 个月	3.78	3.84

表 9-2 付款日期

固定利息支付日	浮动利息支付日
2007 年 8 月 22 日	2007 年 8 月 22 日
2007 年 11 月 23 日	2007 年 11 月 23 日
2008 年 2 月 22 日	2008 年 2 月 22 日
2008 年 2 月 29 日	2008 年 2 月 29 日

```
          5月 2007                          6月 2007
   日 一 二 三 四 五 六            日 一 二 三 四 五 六
            1  2  3  4  5                              1  2
    6  7  8  9 10 11 12             3  4  5  6  7  8  9
   13 14 15 16 17 18 19            10 11 12 13 14 15 16
   20 21 22 23 24 25 26            17 18 19 20 21 22 23
   27 28 29 30 31                  24 25 26 27 28 29 30

          7月 2007                          8月 2007                          9月 2007
   日 一 二 三 四 五 六            日 一 二 三 四 五 六            日 一 二 三 四 五 六
    1  2  3  4  5  6  7                     1  2  3  4                                 1
    8  9 10 11 12 13 14             5  6  7  8  9 10 11             2  3  4  5  6  7  8
   15 16 17 18 19 20 21            12 13 14 15 16 17 18             9 10 11 12 13 14 15
   22 23 24 25 26 27 28            19 20 21 22 23 24 25            16 17 18 19 20 21 22
   29 30 31                        26 27 28 29 30 31               23 24 25 26 27 28 29
                                                                    30

         10月 2007                         11月 2007                         12月 2007
   日 一 二 三 四 五 六            日 一 二 三 四 五 六            日 一 二 三 四 五 六
       1  2  3  4  5  6                        1  2  3                                 1
    7  8  9 10 11 12 13             4  5  6  7  8  9 10             2  3  4  5  6  7  8
   14 15 16 17 18 19 20            11 12 13 14 15 16 17             9 10 11 12 13 14 15
   21 22 23 24 25 26 27            18 19 20 21 22 23 24            16 17 18 19 20 21 22
   28 29 30 31                     25 26 27 28 29 30               23 24 25 26 27 28 29
                                                                    30 31

          1月 2008                          2月 2008
   日 一 二 三 四 五 六            日 一 二 三 四 五 六
          1  2  3  4  5                              1  2
    6  7  8  9 10 11 12             3  4  5  6  7  8  9
   13 14 15 16 17 18 19            10 11 12 13 14 15 16
   20 21 22 23 24 25 26            17 18 19 20 21 22 23
   27 28 29 30 31                  24 25 26 27 28 29 30
```

图 9-2　互换合约支付日历

为什么 11 月的付款日是 23 日,而不是 22 日呢?因为 22 日是纽约的一个节日(感恩节),节假日调整惯例让我们选择了下一个工作日(若调整到下一个月,那么我们需要提前至上一个工作日,但案例中不是这样)。另外还要注意,最后一个券息期很短,只有六天(2 月 23 日至 2 月 29 日),因为这份合约规定了短剩余期。如果合约规定的是长剩余期,那么 2 月 22 日就不会进行款项支付,而是在 2 月 29 日支付款项,且最后一次券息计算期间也会比 3 个月的期限长六天。

现在我们要做的,就是计算出每一笔款项的数值,再折算出现值,并将所有现值加在一起。让我们首先从下一笔固定利率款项入手。我们用此期间的起止日期、固定利率和天数分数，去计算这段时间的应计利息。再将结果用 3 个月即期利率折算成今天的数值。具体如下。

第五笔固定利率款项

名义金额：	1 000 000 美元
应计利息起始日：	2007 年 5 月 23 日
应计利息截止日：	2007 年 8 月 22 日
应计利息天数：	91
支付利率：	3.90%
天数分数：	91/365
应计利率：	$0.039 \times 91/365$
款项终值：	9 723.29 美元
即期利率：	3.53%
距离支付日天数：	91
贴现分数：	91/365
贴现率：	$0.035\,3 \times 91/365$
款项现值：	$9\,723.29/(1 + 0.035\,3 \times 91/365) = 9\,638.46$ 美元

让我们再计算一下第一笔浮动利率款项，这里最大的区别就是利率。我们不再使用固定利率，而是使用 LIBOR 利率；对于第一笔浮动利率款项，我们选择的是即期利率。为什么不选择远期利率？因为对于香草款互换合约，浮动利率在计算券息期间的第一天就会被固定下来，在我们这个案例中，就是在今天固定下来。远期利率与即期利率汇聚在一起，所以现在借钱的远期利率，在"现在这个时间点上"，就是即期利率。对于第二笔及后续的浮动利率款项，我们会使用远期利率。另外还要注意，我们在这里使用的是 -1 000 000 美元的名义金额，是负的现金流。记住，芬奇公司支付的是浮动利率款项（负现金流），接收的是固定利率款项（正现金流）。以下就是下一笔浮动利率款项的计

算方法。

第五笔浮动利率款项

名义金额:	-1 000 000 美元
应计利息起始日:	2007 年 5 月 23 日
应计利息截止日:	2007 年 8 月 22 日
应计利息天数:	91
款项利率:	3.53%
应计利息分数:	91/365
应计利率:	0.035 3 × 91/365
款项终值:	-8 800.82 美元
即期利率:	3.53%
距离支付日天数:	91
贴现分数:	91/365
贴现率:	0.035 3 × 91/365
款项现值:	-8 800.82/(1 + 0.035 3 × 91/365) = -8 724.04 美元

我们再来计算下一笔浮动利率款项，即第六笔款项。应计利息期间的长度为 3 个月，以 3 个月后为起始日，所以我们使用的是 3 个月后的远期利率。记住，尽管这是三个月后的远期利率，却需要以年利率的形式表达，所以我们还是需要按天数计算。贴现时，我们使用 6 个月后的即期利率（因为这笔款项 6 个月后才会发生），同时在计算天数分数时用 6 个月的天数作为分子。具体方式如下。

第六笔浮动利率款项

名义金额:	-1 000 000 美元
应计利息起始日:	2007 年 8 月 23 日
应计利息截止日:	2007 年 11 月 23 日
应计利息天数:	92

款项利率：	3.55%
应计利息分数：	92/365
应计利率：	0.035 3 × 92/365
款项终值：	−8 947.95 美元
即期利率：	3.54%
距离支付日天数：	184
贴现率：	0.035 4 × 184/365
款项现值：	−8 947.95/(1 + 0.035 4 × 184/365)=−8 791.07 美元

对互换合约的两部分的所有款项重复上述计算，就能得到如表 9-3 一样的矩阵。

你可以看到，固定利率部分的券息净值为 29 283.23 美元，浮动利率部分的券息净值为 −26 836.29 美元。将两个数字加在一起，就能得出芬奇这份互换合约对芬奇公司的价值：2 446.94 美元。事实证明，芬奇公司认为浮动利率低于 3.9% 的观点是正确的。选择浮动利率、放弃固定利率，公司明显获得了收益。

表 9-3　从浮动利率出发，芬奇 / 拉德利的互换合约

2007 年 5 月 23 日的价值，还剩 4 个应计利息期间											
款项	名义金额（美元）	应计起始	应计截止	应计天数	款项利率（%）	一年天数	款项终值（美元）	即期利率（%）	距离支付天数	款项现值（美元）	
固定	5	1 000 000	5/23/07	8/22/07	91	3.90	365	9 723.29	3.53	91	9 638.46
固定	6	1 000 000	8/23/07	11/23/07	92	3.90	365	9 830.14	3.54	184	9 657.79
固定	7	1 000 000	11/24/07	2/22/08	90	3.90	365	9 616.44	3.59	275	9 363.18
固定	8	100 000	2/23/08	2/29/08	6	3.90	365	641.10	3.59	282	623.79
							固定利率部分净现值 =29 283.27 美元				
浮动	5	(1 000 000)	5/23/07	8/22/07	91	3.53	365	(8 800.82)	3.53	91	(8 724.04)
浮动	6	(1 000 000)	8/23/07	11/23/07	92	3.55	365	(8 947.95)	3.54	184	8 791.06
浮动	7	(1 000 000)	11/24/07	2/22/08	90	3.64	365	(8 975.34)	3.59	275	8 723.97
浮动	8	(1 000 000)	2/23/08	2/29/08	6	3.64	365	(596.75)	3.59	282	582.21
							浮动利率部分净现值 =（26 836.29 美元）				
							互换合约价值 =2 446.94 美元				

注：括号代表负值。

新互换合约

让我们再计算一个互换合约的估值。但这次出于不同的原因，我们计算的不是现存互换合约的价值，我们计算的是一个新的香草款互换合约的固定利率，或者说互换利率。回忆一下，新互换合约的理论价值为零。归根结底，互换合约就是一系列远期合约的组合。所以我们在这里的工作，就是计算一个互换价值为零的香草款互换合约的固定利率。这听起来是不是让人崩溃，可在看过具体计算过程后，你就不会再感到崩溃了。

这个案例中的交易双方是雷克伍德证券（Lakewood Securities）（一家交易互换合约的金融公司）和柯尼利亚公司（Cornelia Corporation）。雷克伍德/柯尼利亚的互换合约与芬奇/拉德利的合约存在三个区别：固定利率的期限为6个月；浮动利率期限为3个月，所以需要采用长剩余期；合约于2007年5月23日生效，为期两年。以下是合约的主要内容：

名义金额：	1 000 000 美元
生效日期：	2007年5月23日
到期日：	2009年5月29日
固定利率：	待确认
浮动利率：	LIBOR
贴现率曲线：	LIBOR
复利：	无
分期偿还：	无
固定利率期限：	6个月
浮动利率期限：	3个月
券息日：	22日
剩余期：	长
天数计算标准：	实际天数/365
日历：	纽约

调整：　　　　　　　　　节假日调整

我们采用和前一个互换合约案例中一样的即期和远期收益率曲线。如表 9-4 所示，我们确定了付款日期。当然，这一次固定利息交付的次数是浮动利息的两倍。

我们列出了和前面一样的矩阵，用上了电子数据表（见表 9-5）。但我们使用什么固定利率呢？我们先来猜测一下，看看会出现什么情况。例如像之前一样，设置成 3.9% 会怎么样？

看起来不太好——互换合约对支付浮动利率的人来说价值不是零，而是 4 433.81 美元，所以 3.9% 一定太高了。让我们再试试 3.6%，如表 9-6 所示。

表 9-4　固定及浮动利息支付日期

固定利息	浮动利息
2007 年 8 月 22 日	2007 年 11 月 23 日
2007 年 11 月 23 日	
2008 年 2 月 22 日	2008 年 5 月 22 日
2008 年 5 月 22 日	
2008 年 8 月 22 日	2008 年 11 月 24 日
2008 年 11 月 24 日	
2009 年 2 月 23 日	2009 年 5 月 29 日
2009 年 5 月 29 日	

表 9-5　从浮动利率支付方雷克伍德证券角度出发，固定利率为 3.9% 的雷克伍德 / 柯尼利亚互换合约

假设新互换合约的固定利率为 3.9%										
款项		名义金额（美元）	应计起始	应计截止	应计天数	款项利率（%）	一年天数	款项终值（美元）	即期利率（%）	距离支付天数	款项现值（美元）
固定	1	1 000 000	5/23/07	11/23/07	184	3.90	365	19 660.27	3.53	184	19 316.53
固定	2	1 000 000	11/24/07	5/22/08	180	3.90	365	19 232.88	3.54	365	18 575.31
固定	3	1 000 000	5/23/08	11/24/08	185	3.90	365	19 767.12	3.59	551	18 750.93
固定	4	1 000 000	11/25/08	5/29/09	185	3.90	365	19 767.12	3.59	737	18 431.08
								固定利率部分净现值 =75 073.85 美元			
浮动	1	(1 000 000)	5/23/07	8/22/07	91	3.53	365	(8 800.82)	3.53	91	(8 727.04)

（续表）

	款项	名义金额（美元）	应计起始	应计截止	应计天数	款项利率（%）	一年天数	款项终值（美元）	即期利率（%）	距离支付天数	款项现值（美元）
					假设新互换合约的固定利率为 3.9%						
浮动	2	(1 000 000)	8/23/07	11/23/07	92	3.55	365	(8 946.95)	3.54	184	(8 791.06)
浮动	3	(1 000 000)	11/24/07	2/22/08	90	3.64	365	(8 975.34)	3.59	275	(8 738.97)
浮动	4	(1 000 000)	2/23/08	5/22/08	89	3.67	365	(8 948.77)	3.63	365	(8 635.31)
浮动	5	(1 000 000)	5/23/08	8/22/08	91	3.71	365	(9 249.55)	3.67	457	(8 843.24)
浮动	6	(1 000 000)	8/23/08	11/24/08	93	3.73	365	9 503.84	3.70	551	(9 001.08)
浮动	7	(1 000 000)	11/25/08	2/23/09	90	3.80	365	9 369.86	3.75	642	(8 790.08)
浮动	8	(1 000 000)	2/24/09	5/29/09	94	3.81	365	9 812.05	3.78	737	(9 116.26)
								浮动利率部分净现值 =（70 640.04 美元）			
								互换合约价值 = 4 433.81 美元			

注：括号代表负值。

表 9-6 从浮动利率支付方雷克伍德证券角度出发，固定利率为 3.6% 的雷克伍德/柯尼利亚互换合约

	款项	名义金额（美元）	应计起始	应计截止	应计天数	款项利率（%）	一年天数	款项终值（美元）	即期利率（%）	距离支付天数	款项现值（美元）
					假设新互换合约的固定利率为 3.6%						
固定	1	1 000 000	5/23/07	11/23/07	184	3.60	365	18 147.95	3.53	184	17 830.65
固定	2	1 000 000	11/24/07	5/22/08	180	3.60	365	17 753.42	3.54	365	17 146.44
固定	3	1 000 000	5/23/08	11/24/08	185	3.60	365	18 246.58	3.59	551	17 308.55
固定	4	1 000 000	11/25/08	5/29/09	185	3.60	365	18 246.58	3.59	737	17 013.31
								固定利率部分净现值 = 69 298.95 美元			
浮动	1	(1 000 000)	5/23/07	8/22/07	91	3.53	365	(8 800.82)	3.53	91	(8 727.04)
浮动	2	(1 000 000)	8/23/07	11/23/07	92	3.55	365	(8 946.95)	3.54	184	(8 791.06)
浮动	3	(1 000 000)	11/24/07	2/22/08	90	3.64	365	(8 975.34)	3.59	275	(8 738.97)
浮动	4	(1 000 000)	2/23/08	5/22/08	89	3.67	365	(8 948.77)	3.63	365	(8 635.31)
浮动	5	(1 000 000)	5/23/08	8/22/08	91	3.71	365	(9 249.55)	3.67	457	(8 843.24)
浮动	6	(1 000 000)	8/23/08	11/24/08	93	3.73	365	9 503.84	3.70	551	(9 001.08)
浮动	7	(1 000 000)	11/25/08	2/23/09	90	3.80	365	9 369.86	3.75	642	(8 790.08)
浮动	8	(1 000 000)	2/24/09	5/29/09	94	3.81	365	9 812.05	3.78	737	(9 116.26)
								浮动利率部分净现值 =（70 640.04 美元）			
								互换合约价值 =（1 341.09 美元）			

注：括号代表负值。

3.6% 的利率让我们更接近理想状态，但现在还不是抽胜利雪茄的时候[1]。但通过不断尝试新的固定利率，我们最终发现，3.669 7% 能让我们得到零这个互换合约价值。所以适合雷克伍德/柯尼利亚互换合约的利率，就是 3.669 7%（详见表 9-7，由于利率小数点四舍五入，表中计算的结果并不为零）。

表 9-7　从浮动利率支付方雷克伍德证券角度出发，固定利率为 3.669 7% 的雷克伍德/柯尼利亚互换合约

款项		名义金额（美元）	应计起始	应计截止	应计天数	款项利率（%）	一年天数	款项终值（美元）	即期利率（%）	距离支付天数	款项现值（美元）
\multicolumn{12}{l}{假设新互换合约的固定利率为 3.669 7%}
固定	1	1 000 000	5/23/07	11/23/07	184	3.67	365	19 660.27	3.53	184	18 175.71
固定	2	1 000 000	11/24/07	5/22/08	180	3.67	365	19 232.88	3.54	365	17 478.26
固定	3	1 000 000	5/23/08	11/24/08	185	3.67	365	19 767.12	3.59	551	17 478.26
固定	4	1 000 000	11/25/08	5/29/09	185	3.67	365	19 767.12	3.59	737	17 342.55
										固定利率部分净现值	= 70 474.78 美元
浮动	1	(1 000 000)	5/23/07	8/22/07	91	3.53	365	(8 800.82)	3.53	91	(8 727.04)
浮动	2	(1 000 000)	8/23/07	11/23/07	92	3.55	365	(8 946.95)	3.54	184	(8 791.06)
浮动	3	(1 000 000)	11/24/07	2/22/08	90	3.64	365	(8 975.34)	3.59	275	(8 738.97)
浮动	4	(1 000 000)	2/23/08	5/22/08	89	3.67	365	(8 948.77)	3.63	365	(8 635.31)
浮动	5	(1 000 000)	5/23/08	8/22/08	91	3.71	365	(9 249.95)	3.67	457	(8 843.24)
浮动	6	(1 000 000)	8/23/08	11/24/08	93	3.73	365	9 503.84	3.70	551	(9 001.08)
浮动	7	(1 000 000)	11/25/08	2/23/09	90	3.80	365	9 369.86	3.75	642	(8 790.08)
浮动	8	(1 000 000)	2/24/09	5/29/09	94	3.81	365	9 812.05	3.78	737	(9 116.26)
										浮动利率部分净现值 =	(70 643.04 美元)
										互换合约价值 =	(168.26 美元)

注：括号代表负值。

现在想一想，雷克伍德证券签订这份合约，并不是为了把现存的固定利率贷款转换为浮动利率贷款。雷克伍德证券是互换合约交易商，他们接受了柯尼利亚的合约，做出了交换。假设雷克伍德证券愿意以 10 000 美元为费用进行

---

[1] 计算机显然非常擅长这种试错性计算，也非常乐意替我们完成这种工作。在这个案例中，我们用 Excel 里的 Goal Seek 功能，就能瞬间得到想要的结果。

这次互换。柯尼利亚公司可以写一张这个数字的支票，以 3.669 7% 为固定利率执行互换；双方也可以把固定利率调整到 4.189 2%。这就让互换合约对雷克伍德证券的现值变为 10 000 美元，对他们来说，这和直接收支票是同一个效果。表 9-8 展示了这个矩阵。

表 9-8 从浮动利率支付方雷克伍德证券角度出发，固定利率为 4.189 2% 的雷克伍德／柯尼利亚互换合约

款项		名义金额（美元）	应计起始	应计截止	应计天数	款项利率（%）	一年天数	款项终值（美元）	即期利率（%）	距离支付天数	款项现值（美元）
\multicolumn{12}{c}{假设新互换合约的固定利率为 4.189 2%}
固定	1	1 000 000	5/23/07	11/23/07	184	4.19	365	19 660.27	3.53	184	20 748.72
固定	2	1 000 000	11/24/07	5/22/08	180	4.19	365	19 232.88	3.54	365	19 952.54
固定	3	1 000 000	5/23/08	11/24/08	185	4.19	365	19 767.12	3.59	551	20 141.18
固定	4	1 000 000	11/25/08	5/29/09	185	4.19	365	19 767.12	3.59	737	19 797.61
										固定利率部分净现值	= 80 640.04 美元
浮动	1	(1 000 000)	5/23/07	8/22/07	91	3.53	365	(8 800.82)	3.53	91	(8 727.04)
浮动	2	(1 000 000)	8/23/07	11/23/07	92	3.55	365	(8 946.95)	3.54	184	(8 791.06)
浮动	3	(1 000 000)	11/24/07	2/22/08	90	3.64	365	(8 975.34)	3.59	275	(8 738.97)
浮动	4	(1 000 000)	2/23/08	5/22/08	89	3.67	365	(8 948.77)	3.63	365	(8 635.31)
浮动	5	(1 000 000)	5/23/08	8/22/08	91	3.71	365	(9 249.95)	3.67	457	(8 843.24)
浮动	6	(1 000 000)	8/23/08	11/24/08	93	3.73	365	9 503.84	3.70	551	(9 001.08)
浮动	7	(1 000 000)	11/25/08	2/23/09	90	3.80	365	9 369.86	3.75	642	(8 790.08)
浮动	8	(1 000 000)	2/24/09	5/29/09	94	3.81	365	9 812.05	3.78	737	(9 116.26)
										浮动利率部分净现值 =	(70 640.04 美元)
										互换合约价值 =	10 000 美元

注：括号代表负值。

作为远期利率协议投资组合的互换合约

让我们回到最初价值为零的雷克伍德／柯尼利亚互换合约。为了让价值为零，我们选择了 3.674 5% 的固定利率。这听起来耳熟吗？是不是很像远期利

第九章 互换合约定价
All About Derivatives

率?确实如此。我们可以把互换合约看作特定类型远期合约组成的投资组合,这种特定类型的远期合约就是远期利率协议。这样真的能帮助我们理解为什么互换合约与另一种基础金融衍生品存在关联,或者说就是另一种基础金融衍生品的特殊集合。

远期利率协议(FRA)是买家(借款人)和卖方(出借人)之间签订的一份协议,约定在未来一段时间里以确定利率执行一笔贷款。FRA 一般以现金结算,这意味着贷款不会真正发生,但这不重要。他们的真正目的是提供价格保证。事实上,FRA 和我们在第二章中了解到的远期合约一样,只不过这一次的标的是借来的资金。

我们可以怎么利用 FRA?一种方法是利用浮动利率,减少单一未来利息支付的不确定性。假设我们承担了一个还款义务,需要在 3 个月后按照那时的 LIBOR 6 个月利率支付 100 000 美元产生的 6 个月利息。再假设,不管 LIBOR 的利率是多少,我们都只想支付 3.25%。我们可以通过购买一份 3×9 或"三乘九"(意思是 3 个月后生效,9 个月后终止)且交付价格为 3.25% 的 FRA 合约,实现这个目标。拥有一份这样的 FRA,我们承担了支付 3.25% 利率的义务,空头方有义务接受在 3 个月后生效的 6 个月贷款 3.25% 的利息。

现在想象一下,3 个月过去了,LIBOR 的 6 个月利率为 3.5%(回忆一下,这是 6 个月贷款的年利率)。按照最初的约定,我们有义务支付 1 750 美元(即 $0.035 \times 0.5 \times 100\,000$ 美元)。不要忘了,我们只想支付 1 625 美元(即 $0.0325 \times 0.5 \times 100\,000$ 美元)。不要担心!按照现金结算的 FRA 合约,我们将从空头方处收到 25 个基点、即 125 美元 [$(0.035 - 0.0325) \times 0.5 \times 100\,000$ 美元]。所以我们从自己钱包里拿出 1 625 美元,再加上这 125 美元,总共交出 1 750 美元。

现在设想一下,3 个月过去了,LIBOR 的 6 个月利息变成了 3%。按照最初的还款义务,我们需要支付 1 500 美元($0.03 \times 0.5 \times 100\,000$ 美元),这可比我们想还的数额少了 125 美元!是不是感觉赚到了?当然不是。3×9 FRA 要求我们支付 25 个基点即 125 美元 [$(0.0325 - 0.03) \times 0.5 \times 100\,000$ 美元]。所以我们还是要支出1 625美元，只不过这一次有125美元付给了FRA合约的对方，用来平衡贷款差额。

现实中存在两种情况，一种是利率高于我们的期望值，一种是利率低于我们的期望值。两种情况下，我们付出的资金都是自己预期的数额。这就是远期利率协议的作用。

假设未来两年，我们每3个月都要履行上述还款义务，按照LIBOR 6个月利率偿还100 000美元的贷款利息呢？我们可能每季度都需要按浮动利率偿还贷款。我们能在今天签订一系列FRA合约吗？也就是3×9、6×12或9×15这样的合约吗？当然可以。接下来，每过3个月，不管LIBOR的固定利率是多少，我们都知道自己支出的就是以3.25%的年利率计算的款项，实际上是将浮动利率还款义务转变为固定利率还款义务。

而这当然就是互换合约的作用。一个互换合约中的头寸偿还款项的方式，和由一系列FRA组成的头寸或FRA投资组合的还款方式一模一样。当两笔头寸的收益相等时，因为套利，它们的现值就必须相等。所以你看，这就是互换合约等同于FRA投资组合的原因。

让我们再去看看被看作一系列现金流的芬奇/拉德利互换合约（见表9-9）。在表9-10中，我们用FRA投资组合进行替换。我们有四份FRA，每份的合约利率（即"交付价格"）为3.9%。芬奇公司是空头方，以这个利率"出售"资金。每个期间的付款利率是交付价格与对应的应计利率期限当时的远期利率之间的差额。例如，第一次付款利率就是3.90%减去3.53%，也就是0.37%。其他的数学计算过程与前面一样，我们因此得到了投资组合的净价值，即2 446.94美元——这与互换合约的结果一样。（不要忘了，这个FRA投资组合的有效期是12个月。和互换合约一样，这个投资组合最初生效时的价值是零。）

第九章 互换合约定价

表 9-9　从浮动利率支付方芬奇公司出发，芬奇/拉德利的互换合约

款项	款项	名义金额（美元）	应计起始	应计截止	应计天数	款项利率（%）	一年天数	款项终值（美元）	即期利率（%）	距离支付天数	款项现值（美元）
\multicolumn{12}{	c	}{2007 年 5 月 23 日的价值，还剩 4 个应计利息期间}
固定	5	1 000 000	5/23/07	8/22/07	91	3.90	365	9 723.29	3.53	91	9 638.46
固定	6	1 000 000	8/23/07	11/23/07	92	3.90	365	9 830.14	3.54	184	9 657.79
固定	7	1 000 000	11/24/07	2/22/08	90	3.90	365	9 616.44	3.59	275	9 363.18
固定	8	100 000	2/23/08	2/29/08	6	3.90	365	641.10	3.59	282	623.79
										固定利率部分净现值	=29 283.23 美元
浮动	5	(1 000 000)	5/23/07	8/22/07	91	3.53	365	(8 800.82)	3.53	91	(8 724.04)
浮动	6	(1 000 000)	8/23/07	11/23/07	92	3.55	365	(8 947.95)	3.54	184	(8 791.06)
浮动	7	(1 000 000)	11/24/07	2/22/08	90	3.64	365	(8 975.34)	3.59	275	(8 723.97)
浮动	8	(1 000 000)	2/23/08	2/29/08	6	3.64	365	(596.36)	3.59	282	(582.21)
									浮动利率部分净现值 =	(26 836.29	美元)
										互换合约价值	=2 446.94 美元

注：括号代表负值。

表 9-10　从固定利率出售方芬奇公司出发，芬奇/拉德利的互换合约

款项	名义金额（美元）	应计起始	应计截止	应计天数	合约利率（%）	远期利率（%）	付款利率（%）	一年天数	款项终值（美元）
\multicolumn{10}{	c	}{2007 年 5 月 23 日的价值，还剩 4 个应计利息期间}
5	1 000 000	5/23/07	8/22/07	91	3.90	3.53	0.37	365	922.47
6	1 000 000	8/23/07	11/23/07	92	3.90	3.55	0.35	365	882.19
7	1 000 000	11/24/07	2/22/08	90	3.90	3.64	0.26	365	641.10
8	1 000 000	2/23/08	2/29/08	6	3.90	3.64	0.26	365	42.74
								投资组合价值	=2 446.94 美元

注：括号代表负值。

ALL ABOUT DERIVATIVES

10

第十章

期权合约定价

与远期、期货和互换合约相比，给期权合约定价更加复杂，因为前三种合约都以一个肯定会发生的交易为基础。我们该怎么为一个未来可能发生也可能不发生交易的期权合约确定价值呢？一个收益极度不确定、完全取决于标的无法预测的价格路线的金融工具，它的公平市场价格应该是多少？

期权定价的基本理念，就是虚构一个由非期权金融工具构成的投资组合——其价格可被轻松获得——而这个投资组合能够复制出期权的收益。你能通过这个投资组合计算出期权的价格，因为收益相同的两个产品必定拥有相等的价值，以防套利。二叉树（Binomial tree）模型是我们将会详细介绍的两种期权估值方法之一，这种方法将告诉我们如何利用标的的价格路线创建一个复制期权的投资组合。二叉树模型就像一棵有着简单枝权的树，直接源自二叉树模型的布莱克—斯科尔斯（Black-Scholes）模型，则是一棵有着无数枝权的树。

期权合约定价概述

在了解正规的计算方法之前，让我们先简单了解一下期权价值，这里只需要非常简单的数学计算和常识，就能得出所谓期权价值的"边界条件"。

期权价值 vs 股票价值

评估期权价值时第一个需要了解的问题就是，期权的价值不能高于对应标的头寸的价值。让我们以看涨期权为例，行权价格越低且到期时间越长，其价值就大。行权价格最低可低至零，最长到期时间可以为无限，那么一个行权价格为零且没有到期日的看涨期权的价值是多少呢？这样一个期权可以让你在任何时间免费获得股票，仿佛你已经拥有了股票，所以这个期权的价值就是股票

第十章 期权合约定价
All About Derivatives

价格。所以，一个期权的价值不可能高于股票多头头寸。和其他与期权相关的情况一样，与看涨期权相反的看跌期权的价值也不会高于股票的空头头寸。

内在价值 vs 时间价值

通过对比评估期权的内在价值与时间价值，我们能进一步了解期权的价值。内在价值是行权价格与股票价格或零之间取大的差额。假设一个行权价格（K）为 50 美元的看涨期权，当股票交易价格（S）为 53 美元时，这个期权的内在价值就是 3 美元。当股票交易价格为 53 美元时，一个行权价格为 50 美元的看跌期权没有内在价值。下面是用数学计算表达出来的形式：

$$看涨期权的内在价值 = \max(S - K, 0)$$
$$看跌期权的内在价值 = \max(K - S, 0)$$

时间价值源自持有期权带来的期权性风险（optionality），有人称之为保险价值。这就是当股票价格为 53 美元时，一个行权价格为 50 美元且没有内在价值的看跌期权仍然具有一点价值的原因，因为没人知道期权到期前股价会出现什么变化。如果期权变为实值，你就有权获得一些收益；如果没有变为实值，你最多只会损失权利金。潜在上涨可能和下跌时的保护确实具有一定价值，这个价值就是"时间价值"。到期前的时间越长，这种期权性风险即"时间"价值就会越高。

所有未到期的期权均具有一定的时间价值。如果期权为价内，那么期权也会具有一定内在价值：

$$虚值（OTM）期权价值 = 时间价值$$
$$平值（ATM）期权价值 = 时间价值$$
$$实值（ITM）期权价值 = 时间价值 + 内在价值$$

注意，只有实值期权具有内在价值。

我们可以用内在价值的概念快速理解期权的价值。如果是一个看涨期权，我们只需要从股票价格中减去行权价格。如果得到的结果为正，这个答案就是内在价值。如果是一个看跌期权，就是用行权价格减去股票价格，如果得到的结果为正，这个答案就是内在价值。本章后续内容将对此进行详细讨论。

现在，我们掌握了期权价值的边界条件。一个期权的价值必须处于其内在价值和股票标的价值之间。我们也可以用 x/y 轴的方式做一个收益图，期权的价值必须位于图 10-1 的阴影区域内。

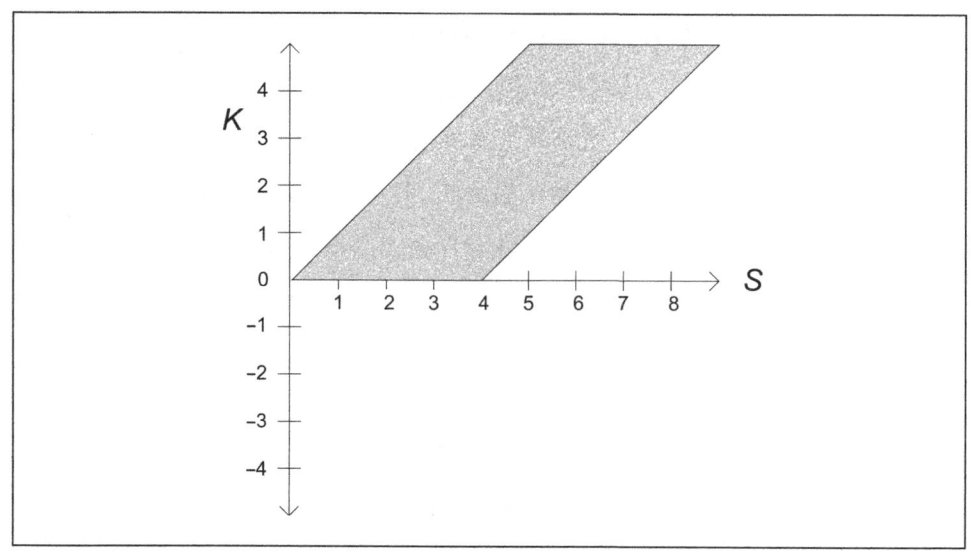

图 10-1　看涨期权的价值边界

期权价值也存在更进一步的边界条件（这个价值至少是股票价格与行权价格之间的差额），但现在读者只用了解基本概念。掌握这个概念后，你就能在心中轻松地算出一个期权的价值范围。让我们以第五章的 cZED62 为例。当 ZED 股票的交易价格为 69 美元时，你知道这个期权的价值最少也有 7 美元（即内在价值，也就是 69 美元减去 62 美元），但不会超过 69 美元。当 ZED 股价达到 74 美元时，这个期权的价值就至少是 12 美元，但不会超过 74 美元。当 ZED 的股价降到 60 美元时，期权价值最低为 0（注意，这里是虚值），但不会超过 60 美元。你可以看到，当期权处于实值状态时，它的大部分价值源自内在价值。只要充分理解了这个概念，你就能得出一个必然的结论：虚值期权的价值更接近 0，而不是股价。

当然，上面提到的价值范围很宽泛，但至少能帮助读者初步了解计算期权价值的真正方法。接下来，就让我们深入了解这个问题。

第十章 期权合约定价 | All About Derivatives

基础的二叉树期权定价法

在本书第一章，我们介绍了套利交易的概念。这是金融世界中的一个基本假设，表明两个收益相等的产品价格一定相等。在第五章，我们又看到头寸合成或复制的概念，即由不同资产构成的两个头寸可以产生完全相同的收益，从而拥有相等的现值或价格。我在第一章最开始就介绍了抽象概念。按照这种"试对"性的学习方法，你首先要关注一个正确的简单案例，通常会再加入简单又不现实的假设，然后加上其他已知是正确的小事实，直到形成一个仍然保持正确但复杂得多的情况。我们现在就要把套利交易、复制和抽象概念结合在一起，计算期权的价格。

在接下来的内容中，我们将会用两种方法为期权定价。第一种方法是二叉树模型，如果你开始面对的是最简单的案例，后面案例逐渐增加难度时，这个方法就特别好用。只要具有代数计算能力，你就能使用并理解这个强大的计算方法。第二种方法是布莱克－斯科尔斯模型，而这个模型直接来源于二叉树模型。只要理解了二叉树模型，理解布莱克－斯科尔斯模型就不是件难事了。布莱克—斯科尔斯模型涉及微积分，但你不需要懂微积分也能使用这个模型。布莱克—斯科尔斯模型还涉及一个非常重要的概念——风险中性原理，我会在后面必要时对此做出解释。我们并不只是为了讲解知识而谈论这两种方法，而是在现实世界中真的需要这些方法。布莱克—斯科尔斯模型仅适用于欧式期权和特定的美式期权。例如，美式看跌期权就需要用二叉树模型计算价格。

一步二叉树

下面我们再考虑一下 ZED 股票和 cZED62 看涨期权，这个期权 6 个月后到期，行权价格为 62 美元。假设 ZED 在现货市场上的交易价格是 60 美元，我们要计算 cZED62 的价值或价格。首先，我们要以一个看似荒谬的假设为基础来计算 cZED62 的价格。这个假设认为，经过一段特定的时间后，ZED 的股价只会是两个可能值之一：股票价格要么上涨 10% 到 66 美元，要么下跌 10%

到54美元。我们称这个模型为一步二叉树，这个模型显然不符合现实。但你要相信我，请继续看下去。

现在，如果ZED股价上涨到66美元，cZED62的收益就是4美元。如果ZED股价下跌到54美元，cZED62就会到期作废，其价值显然为零。图10-2用图的形式展示了一步（价格只改变一次）二叉（两种可能价格）树（数学家对图中模式的称呼）模型。

如果$ZED=66$美元，cZED62的收益为：

$\max(0, S-K)$

$\max(0, 66-62)$

$\max(0, 4)=4$

如果$ZED=54$美元，cZED62的收益为：

$\max(0, S-K)$

$\max(0, 54-62)$

$\max(0, -8)=0$

cZED62的收益是不确定的，它完全取决于ZED的股价发展为66美元还是54美元。那么仅凭已有信息，我们就想确定这个期权的价格，该怎么做呢？方法就是采用复制方法创设一个投资组合，其组成部分的价格均可被确定，且这个投资组合能够模仿cZED62的收益。因为无套利原理，两个收益相同的头寸，其成本也必然相同。因此，不管复制出的投资组合价格是多少，期权也会是这个价格。

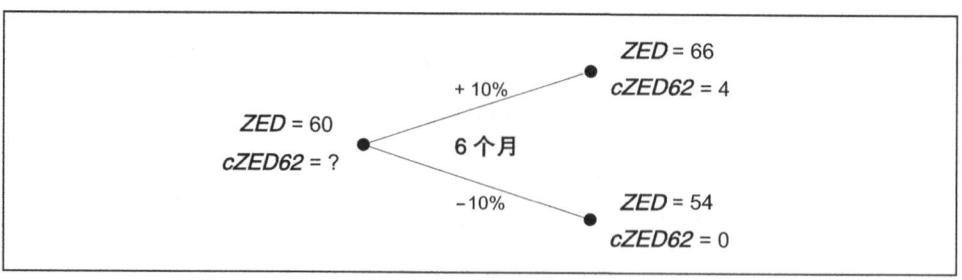

图10-2 一步二叉树

构建复制投资组合（Replicating Portfolio, RP）的方法，就是购买一定数量的 ZED 股票，并借入一定数量的资金。我们会在后面讲解如何确定股票和资金的具体数量，现在你只要知道需要这两个操作即可。你可以把复制投资组合看作做多一只股票并做空一只债券，因为"做空一只债券"只不过是换了一种说法的"借一些钱"。准确地说，我要以 6 个月 6% 的无风险利率借贷 17.47 美元。使用借来的钱，再加上自己的 2.53 美元，我们用 20 美元购买了 0.333 3 份 ZED 股票（$0.333\ 3 \times 60 \approx 20 = 17.47 + 2.53$）。这就是 RP 的数学构成，ZED 股票的数量由希腊字母德尔塔（Δ）表示，借来的钱用字母 B 表示（记住，这是一个负数，因为这就像做空一只债券）：

$$RP = \Delta ZED - B$$

既然还在讨论这个问题，那就让我们计算一下创设这个投资组合的成本，也就是利用德尔塔和前面提到的债券数量计算其设立时的价值：

$$RP = \Delta ZED - B$$
$$= 0.333\ 3 \times 60 - 17.47$$
$$\approx 2.53$$

这是合理的结果，因为 2.53 美元就是我们为了设立复制投资组合自己必须付出的资金：别忘了，我们借来了 17.47 美元。所以复制投资组合在期初的价值就是 2.53 美元。

假设 6 个月过去了，你的债务增长到 18 美元（即 $17.47e^{0.06 \times 0.5}$），你需要还债了。ZED 的股价可能是 66 美元，也可能是 54 美元。想象自己该怎么处理复制投资组合。

1. 如果 ZED 股价是 66 美元：

   a. 卖掉 0.333 3 份股票，获得 22 美元（$0.333\ 3 \times 66 \approx 20$）；

   b. 用 18 美元还债，剩余 4 美元就是利润。

2. 如果 ZED 股价是 54 美元：

   a. 卖掉 0.333 3 份股票，收到 18 美元（$0.333\ 3 \times 54 \approx 18$），正好用来

还债；

b. 没有赚到一分利润。

读者在图 10-3 中可以看到，如果 ZED 股价升至 66 美元，你的收益是 4 美元；如果股价跌至 54 美元，你的收益就是零，这和购买一份 cZED62 的收益一模一样。具体计算过程如下。

如果 $ZED=66$ 美元，复制投资组合的收益为：

$\Delta S - Be^{rt}$

$0.333\,3 \times 66 - 17.47 e^{0.06 \times 0.5}$

$22 - 18 = 4$

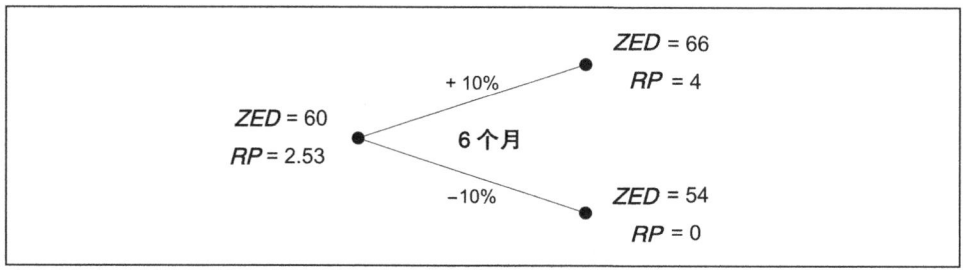

图 10-3　一步二叉树的辅助投资组合收益

如果 $ZED=54$ 美元，复制投资组合的收益为：

$\Delta S - Be^{rt}$

$0.333\,3 \times 54 - 17.47 e^{0.06 \times 0.5}$

$18 - 18 = 0$

显然，复制投资组合复制了期权中的头寸。所以 cZED62 在时间零点时的价值一定是 2.53 美元，即设立投资组合的成本。换句话说，期权中的头寸与复制投资组合中的头寸是对等的：

$$cZED62 = \Delta ZED - B$$

注意，cZED62 的理论价值 2.53 美元，处于我们在前面确定的 0 到 60 美元的区间内，也就是内在价值与股票价格之间的区域。另外还要注意，2.53 美元更接近 0，而不是 60 美元，这与我们虚值期权的价值更接近 0 而非股价的直觉判断相一致。

我们再来看看德尔塔，了解如何计算这个数值。我们可以用德尔塔确定所需股票的数量，以便让复制投资组合对标的价格改变的敏感性与期权标的价格的敏感性保持一致。因此，德尔塔也是衡量期权价格面对标的价格改变时敏感性的一个标准（德尔塔也是期权对冲比率，后面将会讨论原因）。在我们的一步二叉树里，德尔塔由两个不同差额间的比率决定：也就是可能出现的期权价值差额和可能出现的股价差额之间的比率。我们用 S_u 代表上涨后的股价，用 S_d 代表下跌后的股价，用 C_u 代表股价上涨后的期权价值，C_d 则是股价下跌后的期权价值：

$$S_u = 66$$

$$C_u = 4$$

$$S_d = 54$$

$$C_d = 0$$

$$\Delta = (C_u - C_d)/(S_u - S_d)$$

$$= (4 - 0)/(66 - 54)$$

$$= 4/12 = 1/3$$

$$\approx 0.333\,3$$

我们可以对上述德尔塔公式进行概括归纳，用 1 加股价上涨后的收益率代表 u，用 1 加股价下跌后的收益率代表 d，再用 S 乘以 u 和 d 的差额（见公式10-1）替换 $S_u - S_d$，让这个公式变得更加实用。这里的"收益率"就是用比例显示的投资所得。在我们的一步二叉树中，收益率要么是10%，要么是-10%。因为 1 加收益率就是经过一段投资期间后，原始投资剩余的按比例表达的金额。

$$u = 1 + 0.10 = 1.10$$

$$d = 1 + (-0.10) = 1 - 0.10 = 0.90$$

$$\Delta(uS - dS) = C_u - C_d$$

$$\Delta = (C_u - C_u)/[S(u-d)] \qquad 公式\ 10\text{-}1$$

$$= (4-0)/[60 \times (1.10 - 0.90)]$$

$$= 4/12 = 1/3$$

$$\approx 0.333\ 3$$

现在再来考虑债券因素，我们可以用公式 10-2 进行计算。这个公式用到的数据与德尔塔公式一样，但要加上无风险利率 r：

$$r = 0.06$$

$$B = (dC_u - uC_d)/[e^{rt}(u-d)] \qquad 公式\ 10\text{-}2$$

$$= (dC_u - uC_d)/[e^{0.06 \times 0.5}(u-d)]$$

$$= (0.90 \times 4 - 1.10 \times 0)/[e^{0.03}(1.10 - 0.90)]$$

$$= 3.6/0.206\ 1$$

$$\approx 17.47$$

结合在一起，我们就为看涨期权得出了一步二叉树期权定价公式：

$$C = \Delta S - B \qquad 公式\ 10\text{-}3$$

其中：

$S=$ 股票价格

$\Delta = (C_u - C_d)/[S(u-d)]$

$C_u=$ 股价上涨时的赎回价值

$C_d=$ 股价下跌时的赎回价值

$u=1+$ 股价上涨时的收益率

$d=1+$ 股价下跌时的收益率

$B = (dC_u - uC_d)/[e^{rt}(u-d)]$

替代方法

使用一步二叉树模型计算期权价格时，我们还可以考虑一种替代方法。这个方法虽然不那么符合人们的直觉感受，但作用是一样的，也就是能让我们为

第十章 期权合约定价 | All About Derivatives

cZED62定价。而且这个方法也有助于证明金融衍生品定价中的另一个基础概念——风险中性定价理论。所以接下来,让我们了解一下这种替代方法。

最初接触二叉树模型时,我们用借钱和买股票的方法,创设了一个复制投资组合——有时候也被称为合成头寸。因为其中涉及杠杆,所以这也被称为杠杆头寸,但意思只是你借钱买了东西。借钱买东西显然比用自己的钱买东西风险更大。如果所买东西的价值下跌到低于你的购买价,你就有可能迅速陷入巨大的麻烦中。这样认真思考一下,你会发现购买某物的看涨期权实际上比直接购买某物具有更大风险。如果标的价值跌至行权价格之下,且期权到期,你会损失100%的投资。总的来说,这就是我们用带杠杆股票头寸为期权头寸建模的原因。

我们不知道合成出来的投资组合究竟会出现怎样的收益,但这不重要;这个收益将会完美模拟真实期权的收益情况。我们可以轻松地确定投资组合中不同成分的价格,而这就是确定期权价格时所需的一切信息。在替代方法中,我们需要构建一个复制投资组合,它的收益是确定的,但其中包含无法直接定价的部分。这种替代方法以提出以下问题的方式解答了估值问题:"一个多头cZED62头寸的价值是多少?"构建一个复制投资组合,和之前一样,其中包含一定数量的德尔塔的ZED股票,再配上期权cZED62的空头头寸,我们以这种方式就能回答以上问题。这样一来,不管ZED的现价是上涨10%到66美元,还是下跌10%到54美元,投资组合的收益都是确定的。所以在这里,我们不能直接确定投资组合的成本(毕竟其中包含期权,我们一开始就想确定这个东西的价格),但这次我们能确定地知道投资组合的收益是多少。换句话说,我们只有一个变量,也就是期权的价格。事实证明,我们可以计算出这个数值。

现在,我们已经熟悉了(非常重要的)德尔塔这个概念。在我们的公式中,那就是一定比例的股票。例如,0.50的德尔塔,就是一股的一半;0.07的德尔塔,就是一股的7/100;而1.00的德尔塔就是一股股票;0的德尔塔就是0股(当然,我们不能购买不到一股的股票;在现实中,你需要用10或100乘以德尔塔，来获得整数的股票）。有了德尔塔，再用正号或负号代表多头和空头，复制投资组合就是如下状态：

$$+(\Delta \times ZED) - cZED62$$

或

$$+\Delta ZED - cZED62$$

假设你拥有这个投资组合。ΔZED 前面的正号表示的是德尔塔数量的 ZED 股票的多头头寸。你买了一些 ZED 股票，所以股票未来出现任何收益都会归入你的囊中。也就是说，从你的角度看，股票的收益为正。只要你愿意，这就是你的资产。cZED62 前面的减号，表示 cZED62 的空头头寸。你已经卖出了这个看涨期权，这个期权的任何正收益均归属另一方。从你的角度看，期权的收益是负的。期权是你的负债。

将其稍作调整，我们就能用代数方法表达出投资组合的价值（即设立这个投资组合的成本）：

$$RP = \Delta ZED - cZED62$$

这个公式表明，投资组合的价值，等于德尔塔份额的 ZED 股票的成本减去一份 cZED62 期权的成本。这里出现了三个未知数：RP、ΔZED 和 $cZED62$。如果能确定其中两个的数值，我们就能推导或算出第三个数值。

让我们先从德尔塔入手。想用新方法确定德尔塔的数值，让我们想象已经过去了 6 个月。我们需要的德尔塔是，不管 ZED 的股价是 66 美元还是 54 美元，投资组合的价值均保持不变。用代数方式表达，就是以下等式：

$$\Delta 66 - 4 = \Delta 54 - 0$$

其中，$\Delta 66 - 4$ 是 ZED 股价为 66 美元时的收益，而 $\Delta 54 - 0$ 是 ZED 股价为 54 美元时的收益。略作计算，我们就能算出这个等式里的 Δ 是多少：

$$\Delta 66 - 4 = \Delta 54 - 0$$
$$\Delta 66 - \Delta 54 = 4$$
$$\Delta (66 - 54) = 4$$

第十章 期权合约定价 | All About Derivatives

$$\Delta 12 = 4$$

$$\Delta = 4/12 \approx 0.333\,3$$

这和前面提到的德尔塔数值相等。但我们需要把这个数值代入最初的等式中，再做一次确认：

$$\Delta 66 - 4 = \Delta 54 - 0$$

$$0.333\,3 \times 66 - 4 = 0.333\,3 \times 54$$

$$18 = 18$$

没错，这证明我们计算出了正确的德尔塔数值。作为额外收获，我们还知道投资组合在两种情况下到期时的价值是18美元。我们很快就会用上这个事实。

首先，既然已经知道了德尔塔的数值，那就让我们了解一下公式在时间零点时的情况。前面提过，ZED股票的现价是60美元：

$$RP = \Delta ZED - cZED62$$

$$= 0.333\,3 \times 60 - cZED62$$

$$= 20 - cZED62$$

现在，我们还剩两个未知数：投资组合价值和 $cZED62$ 的价格。我们能算出投资组合的价值吗？当然可以。回忆一下，6个月后，不管股价是66美元还是54美元，这个投资组合的价值都是18美元，所以其价值就是18美元的现值。我们能算出18美元的现值吗？当然可以，我们只需要期间长度和利率就可以算出。我们知道，这个期间是6个月。可我们该用哪个利率？我们非常确定这个投资组合的收益是多少，也就是说，不存在风险。所以贴现率应该是无风险利率。假设无风险利率是6%，且像之前一样连续计算复利：

$$PV(18) = 18e^{-0.06 \times 0.5}$$

$$= 17.47$$

所以收益的现值就是17.47美元，而这一定是投资组合的价值，即：

$$17.47 = 20 - cZED62$$

现在只剩一个未知数了，那就是cZED62的价值。只要稍作计算就能得出结果：

$$17.47 = 20 - cZED62$$
$$cZED62 = 20 - 17.47$$
$$= 2.53$$

这个期权的正确价格，也就是其公平市场价值或理论价值，就是2.53美元——这和前面算出的结果一样。

如何验证这个价格呢？用这个期权价格和德尔塔数值，设想一个投资组合，看看两种价格路线下的股票价格会出现怎样的变化。回忆投资组合部分的内容，及其组成部分的成本：

$$RP = \Delta ZED - cZED62$$
$$= 0.3333 \times 60 - 2.53$$

假设现在是时间零点，我们只需要按照以上等式行事即可，而我们需要借贷的任何资金均采用无风险利率。

1. 卖出cZED62，得到2.53美元的溢价。

2. 以6%的利率借入17.47美元。

3. 用溢价和借到的钱买入0.3333份ZED股票，价值20美元（0.3333×60美元）。

接着，设想过去了6个月，你的债务数额增长到了18美元（$17.47e^{0.06 \times 0.5}$），你需要偿还这笔债务。这时ZED的股价要么是66美元，要么是54美元。

1. 如果ZED的股价是66美元，期权即为价内，那么你必须以66美元的价格向期权持有者卖出ZED股票，或者用现金结算向持有者支付4美元。

   a. 卖出0.3333份额的ZED股票，得到22美元（0.3333×66美元）。

   b. 用22美元中的18美元偿还债务。

   c. 用剩余的4美元结算期权。

第十章 期权合约定价 | All About Derivatives

2. 如果 ZED 的股价是 54 美元，期权就毫无价值，所以你不对期权持有者负有任何义务，但你仍需偿还债务。

   a. 在现货市场上卖掉 ZED 股票，得到 18 美元（0.333 3 × 54 美元）。

   b. 用出售股票的收益偿还债务。

在这两种情况下，你都能实现收支平衡。这当然没什么可高兴的，但这确实证明了我们对期权价值的计算是正确的。

你还没被说服吗？回忆一下，我们的金融衍生品不允许套利交易。如果你能证明，当价格不是 2.53 美元时其他人就能进行套利交易，我们就能进一步证明这个价格的正确性。

如果你有机会以低于 2.53 美元的价格购买 cZED62，假设价格是 2.43 美元。我们可以用证明你无论如何都能赚到利润的方式，证明这个价格比真实价值低了 10 美分，具体方法如下。

1. 借 0.333 3 份额的 ZED 股票，用 20 美元做空（0.333 3 × 60 美元）。

2. 用 2.43 美元的收益买一份 cZED62。

3. 将剩余 17.57 美元用于投资，利率为 6%。

6 个月后，你的投资增长为 18.10 美元（$17.57e^{0.06 \times 0.5}$）。你要兑现收益，无论如何你都需要返还自己借来的 ZED 股票。

1. 如果 ZED 的股价是 66 美元，期权即为价内，所以你可以用 66 美元购买 ZED 股票，或者交付 4 美元以作现金结算。

   a. 现金结算 cZED62，收到 4 美元。现在你拥有 22.10 美元（18.10 + 4）。

   b. 用 22 美元购买 0.333 3 份额的 ZED 股票（0.333 3 × 66 美元）。将股票返还给出借人。

   c. 剩余 0.10 美元就是利润。

2. 如果 ZED 的股价是 54 美元，期权便毫无价值，所以不需要考虑期权，但你需要返还借来的 ZED 股票。

   a. 用 18.10 美元中的 18 美元在现货市场购买 0.333 3 份额的 ZED 股票（0.333 3 × 54 美元），返还股票给出借人。

b. 将剩余 0.10 美元留作利润。

　　无论如何，你能都赚到 0.10 美元。

　　换句话说，你赚到了无风险利润，这就是套利交易。而金融衍生品估值的基础，正是不存在套利交易机会。你当然可以去争论这个观点，举出一个又一个案例证明市场无效率，证明人们总能用套利赚取利润。可当第二天早上太阳再次升起时，当这个星球上的计算机开始计算金融衍生品的价值时，相信我，它们都会以不存在套利机会为前提。就算市场上有套利机会，它也会很快消失。

　　我们也可以考察另一种情况，即有机会以高于 2.53 美元的价格购买 cZED62，如 2.63 美元，再通过套利交易赚取无风险利润的方式，证明这个价格比实际价值高 10 美分。我们只需要反过来操作：卖出期权，并购买股票。6 个月后，不管怎么样我们都能赚到 10 美分。

　　我知道你可能在思考一个问题："所以你赚了 10 美分，这没什么了不起的。"没错，为了 10 美分实行前面的操作确实显得大费周章。但请你想一下，美国绝大多数股票期权合约赋予持有者的，是购买或出售 100 份标的的权利。所以期权合约的实际价值就是 100×2.63 美元，即 263 美元；收益则是 100×0.10 美元，也就是 10 美元。交易者通常不止购买或出售一份合约（"一手"），而是在一笔交易中操作数百份合约。所以 10 美元要再做乘法，假设乘以 500，你的利润就是 5 000 美元。一天内进行 20 次、30 次或 100 次这样的交易，你就能赚到相当丰厚的利润。

多步二叉树

　　我知道你还会这样想："股价可不会像你那棵小树一样变动。"这句话说得对。"二叉树是假的。"这句话就错了，我们只不过还在研究抽象概念，需要更多的证据进行支持而已。我在前面已经表明，标的价格只会朝两个可能的价格路线之一发展。这个模型当然不是对现实的完美展示，因为现实中价格路线的数量远远多于两个。但我们可以改善这个模型，使其更接近现实——我们只需

第十章 期权合约定价

要剪短树枝长度,并增加数值数量。例如,两步二叉树拥有三片树叶(每片树叶代表一个可能的 ZED 股价)和四种可能的价格路线。

例如,图 10-4 将一个 6 个月的步骤拆分为两个 3 个月的步骤。和前面一样,ZED 的股价可以发展为两个可能的价值之一:要么上涨 5%,要么下跌 5%,到达中间的两个节点之一。在这两个节点之一,ZED 股价可能继续上涨或下跌 5%,从而带我们进入最终的三个节点之一。所以这个模型中存在四种可能的价格路线。注意,中间两条路线会让你到达同一个节点,因为先涨后降 5% 和先降后涨 5% 的效果是一样的。更多的线路带你进入"中间"价格,而非"边缘"价格,这是一个具有重要意义的现象,本章后面讲到概率分布时我们会再次提到这个话题。

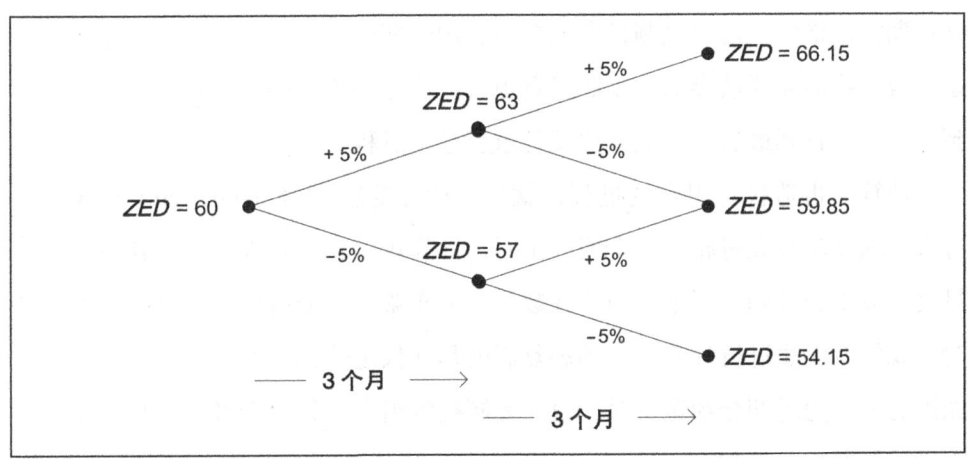

图 10-4 两步二叉树

注意,这个两步二叉树其实就是三个一步二叉树。所以我们只需要通过二叉树迭代,从右向左,直到站在起点节点上。也就是说,想要计算这种树形期权的价格,我们需要像前面一样创设一个复制投资组合;不管选择了四条价格路线中的哪一条,期权的收益都是确定的;所以我们可以从收益的现值倒推计算出期权的价格。实际上,我们在每个节点上都需要了解期权的价值,而这需要反复使用前面的一步二叉树方法进行计算。如果你有兴趣,可以在附录 C

中找到相关内容，我们在那里提供了通用公式。

推向极限

在附录 C 中你会发现，期权定价中的数学计算数量巨大且复杂。但愿你能被我们说服，相信二叉树模型确实能为期权定价，而且树枝延伸得越长，价格就更精准。能够对现实完美建模，且能够提供每一种可能的价格路线的二叉树，其中包含无限个步骤。我们不是知道有一种方法可能完成这个工作吗？那就是找到微积分这个"朋友"，使用"极限"这个神奇的概念。下面要讨论的布莱克—斯科尔斯模型，一定程度上就是以此为前提。

延伸得越来越长的二叉树还有一个重要的意义，就是证明用理论模型为现实定价一定会存在瑕疵。回想一下我们在一步二叉树中是如何用复制投资组合计算期权价格的，这个复制投资组合只适用于那个二叉树。一旦确定选择了哪条路线，我们需要放弃旧的复制投资组合，构建一个新的投资组合。从这一步到下一步，直到最后，我们都要反复重复这个过程。

清算、再造投资组合的过程，就是"动态复制"（dynamic replication）的过程。随着步骤数量超过两个或三个时，计算难度就会越来越大，其中涉及大量交易成本和时间等因素。当步骤数量变成布莱克—斯科尔斯模型中的无限多时，我们就无法进行计算了。动态复制就是期权定价比远期定价难度大得多的原因之一。为远期合约定价时，设立复制投资组合后你完全可以将其放在一边不管，但期权定价却不一样。

风险中性定价理论

讨论布莱克—斯科尔斯模型前，我们还需要关注一个小问题。但它只是一个备注式的问题，并非只有理解了这个问题我们才能理解布莱克—斯科尔斯模型。在截至目前的期权定价案例中，我们严重依赖无套利观点来证明计算结果的正确性。金融世界中反套利的规定，就像物理世界中不存在超过光速的原理一样，是一个被普遍接受的原理。

第十章 期权合约定价 | All About Derivatives

在期权定价问题上，存在一个几乎与无套利观点具有同等影响的观点，那就是风险中性定价理论。这种观点认为，任何金融衍生品的理论价值——任何金融衍生品，不限于期权——均等于风险中性世界中衍生品收益的预期价值按无风险利率贴现后的数值。预期价值只是在考虑一定概率后得出的终值。所谓风险中性世界，就是投资者无须担心风险的世界。这个世界既不规避风险，也不包含风险。对冲交易者在现实中当然希望减少风险，而投机者自然在寻找风险，希望从中获利。

所以第一眼看上去，风险中性这个假设太假了。可是这就像思考者的世界中经常发生的事情，我们可以证明这个观点。这也是一个值得证明的观点，因为这能极大地简化期权定价的计算过程，同时这个观点可以让我们使用无风险利率去计算价格，而这正是我们一直以来的做法。附录C对风险中性原理进行了基本论证。

布莱克—斯科尔斯期权定价模型

让我们稍微后退一步，回想一下前面是如何用二叉树模型解决期权定价问题的。我们构建了一个模拟现实世界的模型（股价按照二叉树形式发生变化），再观察模型提供的事实（无论选择哪条路线，经过谨慎构建的投资组合都能带来相同的收益）。这有点像试验新设计的飞机机翼。生产一对机翼并将其装在飞机上之前，设计师一般都会打造出新机翼的模型，将其置于风洞中，打开气流，观察空气在机翼周围的流动情况。如果这是个好模型，设计师就能合理地推测，现实中的空气也会以相似的方式在真实的机翼附近流动。也就是说，他们在风洞中从模型上观察到的事实，也能适用于现实世界——也要考虑其他因素，如风洞与现实天空的区别。但是重点在于：模型做得越好，得出的事实就越可靠。这就要提到布莱克—斯科尔斯模型了，这个模型使用了一个非常好的风洞。

布莱克—斯科尔斯模型的基本理念，其实和二叉树模型的基本理念一模一样：期权的价值，等于一个能够复制期权收益的带杠杆股票投资组合的价格。用二叉树模型构建这个投资组合时，假设价格路线沿树形发展（从树干延伸到枝叶），且分枝层数数量固定；在每一个分枝，股价可能变为两个新价格之一。只要有足够多的分枝，二叉树模型也能比较好地反映出现实中的价格变化。布莱克—斯科尔斯模型使用的就是更为优化的模型，该模型实际上就是一个拥有无数分枝的树形。

"布莱克—斯科尔斯模型"是以费希尔·布莱克（Fischer Black）和麦伦·斯科尔斯（Myron Scholes）的姓氏命名的，两人在20世纪70年代和罗伯特·墨顿（Robert Merton）一起，为不分红的欧式期权开发出了布莱克—斯科尔斯定价公式。因为两个人的工作在金融领域具有开创性意义，1997年，舒尔斯和墨顿赢得了诺贝尔经济学奖[1]。布莱克—斯科尔斯模型包含两个主要组成部分：为期权定价的布莱克—斯科尔斯公式（我们会在后面详细解释），还有布莱克—斯科尔斯偏微分方程（为满足读者的数学好奇心，我们会进行简单总结）。

偏微分方程可以表达不同影响因素会对情况带来何种改变。布莱克—斯科尔斯偏微分方程表明了期权价格及其影响因素如何在两个时间点相对于彼此变化，其中这些点之间的时间长度为无限小。他们提出了公式10-4：

$$\frac{\delta f}{\delta t} + rS\frac{\delta f}{\delta S} + \frac{1}{2}\sigma^2 S^2 \frac{\delta^2 f}{\delta S^2} = rf \qquad 公式\ 10\text{-}4$$

这个看起来非常复杂的公式说明了：在这段极其短暂的时间里，价格的变化是期权价格 f、股票价格 S、股票波动率 σ（衡量股价波动性的标准）、时间 t 和无风险收益率 r 构成的函数。你可以把 δ 看作"在极其短暂的时间里价值发生的变化"，所以 $\delta f/\delta t$ 表示期权价格极其微小的变化与极其短暂的时间之间的比率。这个等式提出了一些假设，我们会在后面的内容中进行详细解释，大部分假设与股票价格随时间推移而出现的变化有关。归根结底，我们知道这个等

---

[1] 费希尔·布莱克当时已经去世，诺贝尔奖不会在去世后追授。

第十章 期权合约定价 | All About Derivatives

式说明了这些因素的变化是如何相互关联的。当然，我们想知道期权的价格，或偏微分方程中 f 的数值。布莱克—斯科尔斯公式通过计算布莱克—斯科尔斯偏微分方程中的 f，为我们提供了答案。

现在，我们将不再深入研究布莱克—斯科尔斯偏微分方程，因为其中涉及的复杂数学问题不适合放在这本书里讲解。但我们将解释这个公式，因为在金融衍生品的世界中，这个好用的工具每天都会被使用数亿次，所以它值得我们深入探讨一番。如果你已经理解了二叉树模型的基本原理，那么布莱克—斯科尔斯模型对你来说就更容易理解了。

波动率

布莱克—斯科尔斯公式中需要代入五个数值，其中一个是我们至今还在提及的波动率。波动率衡量的是股票收益率的变化。我们知道，收益率是股票在一段时间里的增长率（如果为负，就是缩水率）。所以我们在这里讨论的是一只股票的收益率，而不是股票价格。如果一只股票的收益率变化很大（经常变动，且涨跌幅度都很大），它就拥有高波动率；如果变化不大，它的波动率就低。波动率用 0 到 1 之间的数字表示，且适用于一段时间。如果你看到一只股票的年均波动率为 0.30，这就意味着这只股票的收益率在一年时间内波动了 30%（可涨可跌）。波动率为 0.05 的股票收益率，其波动幅度为 5%。其他均可以此类推。严格来说，波动率是股票收益率概率分布的标准差（本章后面部分将讨论概率分布），但我们只需要把波动率看作衡量股票价格波动的标准即可。

波动率是期权价格构成中极为关键的组成部分，甚至可以说是最重要的组成部分。可你想不到吧，这又是一个无法被观察的因素。现实就是这样，没人能说出任何一只股票在任何地点、任何时间的现波动率。但是我们必须掌握一个波动率的数值，幸运的是，有几个方法可以帮助我们进行计算。第一种方法，我们可以通过股价过去的变化，计算出历史波动率。但悲剧的是，我们的基本假设之一是过往价格变动无法预测未来价格变动，所以任何源于过去价格变化的信息，都是存疑而含糊的。第二种更为可靠的方法，是隐含波动率（implied volatility）。这个波动率的计算方法非常巧妙，你甚至可能会觉得这个概念是骗人的，但这个概念在现实中确实有用。此外，如果所有人都在使用这个方法，如果每个人都把同样的数字输入自己的布莱克—斯科尔斯计算器里，那么结果怎么样也不重要了，对不对？道理就是这样。

我们通过观察市场价格即交易者在现实中买卖期权的价格，并从这些价格中推导出波动性，从而确定隐含波动率。你可以从这个角度思考：布莱克—斯科尔斯公式需要五个输入值，产生一个输出值。如果我们从其他来源了解到输出值和四个输入值，我们就能从数学上计算出剩余的那一个未知输入值。我们暂时忽略复杂的布莱克—斯科尔斯公式，先想象一个简单的公式：

$$x = a + b$$

如果知道 a 和 b，两者加起来就能算出 x 的数值。可如果我们知道 x 和 a 的数值，对公式调整后我们能算出 b 的数值：

$$b = x - a$$

我们用已知的 x 减去已知的 a，就能算出 b，这是基本的代数计算。隐含波动率也是这样道理。我们观察布莱克—斯科尔斯公式的输出值（期权的市场价格）和四个输入值（股票价格、行权价格、时间和利率），重新调整布莱克—斯科尔斯公式后就能计算出波动率。

我其实很想列出调整后的布莱克—斯科尔斯公式，但相信我，那就是一堆一点也不基础的数学问题，读者如果真想了解，完全可以找其他资料。我在这里想说明的重点是：看到市场价格后，只要提出"我们需要在布莱克—斯科尔斯公式中代入什么样的波动率才能得到这个价格"这样的问题，我们就能计算出隐含波动率。但你可能提出一个不一样的问题：这有什么意义呢？如果只用期权的市场价格，一个计算期权价格的公式又有什么意义呢？

这确实让人困惑。不过要记住的是：一只股票上不止存在一个期权，而我们想确定的是股票的波动率。例如，你可能拥有 10 份 IBM 股票的看涨期

第十章 期权合约定价 | All About Derivatives

权，区别在于行权价格（例如一份是 50 美元，其他是 55 美元）。假设我们感兴趣的是 50 美元的行权价格。我们能否不隐含 IBM 股票市场价格与 55 美元行权价格之间的波动率，将其代入行权价格为 50 美元的布莱克—斯科尔斯模型呢？当然可以！我们要确定的是标的的波动率，所以归根结底，从布莱克—斯科尔斯公式中"倒推出波动率输入值"也就显得没那么蠢了。

可这又引出了另一个值得讨论的难题，那就是布莱克—斯科尔斯模型的"永远波动假设"，即布莱克—斯科尔斯对股票价格变动提出的假设。我们在直觉上认为，一只股票在一个时间只会有一个波动率，对不对？这就像汽车的车速一样，你的车速不可能既是 100 千米/小时又是 110 千米/小时，你的体重也不可能既是 95 千克又是 105 千克。你可能觉得，行权价格不同的期权，它们的隐含波动率应该是一样的。但你想不到的是，它们一般有着不同的隐含波动率。在这里，我们进入了布莱克—斯科尔斯领域神秘的边缘地带。例如，你想从其他方面一样的七个 ZED 看涨期权的市场价格中获得隐含波动率，你不太可能得到七个相同的 ZED 波动率。如果用图表示，就是图 10-5 展示的内容。

这听起来很奇怪，是不是？这里的意思是：ZED 的波动率，随你挑！你有没有注意到，图 10-5 看起来像是微笑？这正是这种现象得名"波动率微笑"的原因。隐含波动率并非总呈现出这个形状，有时也会像咆哮或冷笑，而非微笑。这种现象的重点是，我们不会如预期一样得到一条直线。这种现象更为正式的称呼是"偏斜"（skew）。

这种奇特的现象究竟源自何处？和很多人一样，你可能首先想知道：这是不是布莱克—斯科尔斯模型该有的问题。考虑到本章后面即将提及的一些前提假设——如常利率、股票价格对数正态分布等，它们的结果导致波动率出现偏斜就不让人感到意外了。（公式当然不能完美地反映现实情况，但凭借各个前提已经做到近乎完美了，这很不容易。）偏斜也对应了一些符合我们直觉但难以量化的可能性，如投资者对某个行权价格的偏爱。举个例子，根据市场对深度实值期权和深度虚值期权不同的需求，你也能想到市场会产生不同价格，而这正是布莱克—斯科尔斯模型没有考虑的因素之一。

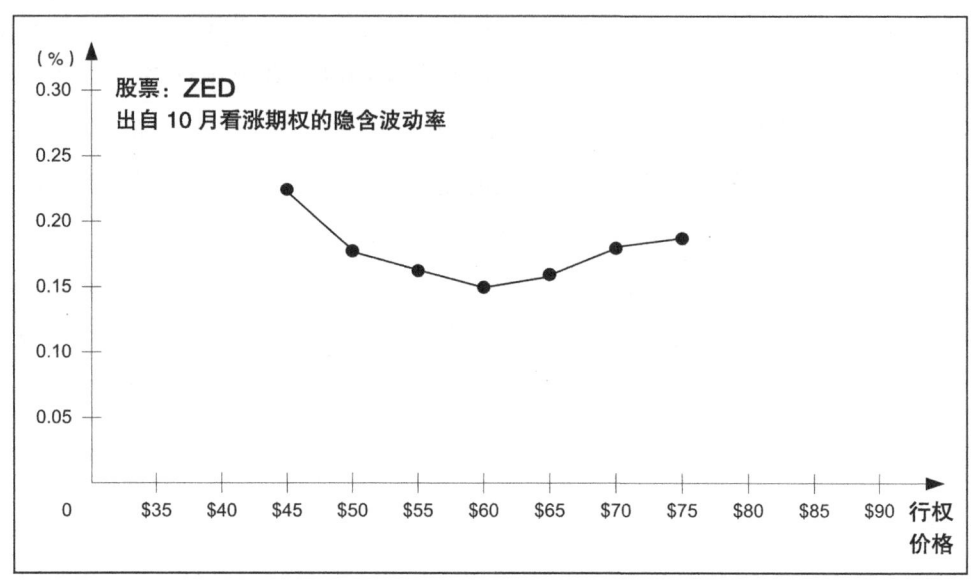

图 10-5 波动率微笑或偏斜

所以面对偏斜问题时，人们的做法就是随着股票价格变动而调整模型（如搭建不一样的风洞）。他们用不同于布莱克—斯科尔斯的模型为期权定价——这类模型的名称中含有"跳跃扩散""随机波动"等名词。这类模型包含峭度（kurtosis）因素，这个因素与分布的"峰度"和"尾部厚度"有关。我们不会深入讨论这些细分领域的说法，你只需要知道有人在研究这些内容，这些人会一边喝着咖啡一边和同事聊"尖峰厚尾分布"的话题。

还有一个重要问题：隐含波动率不仅展示出行权价格不同的期权的差异，如果考察到期月份或条款存在区别的相同期权（行权价格相同），它们的隐含波动率也不一样。这和前面的直观感受一样。我们可能觉得：只是到期日不同的两个期权，其隐含波动率应该相同。可事实并非如此，我们得到了"波动率期间结构"（volatility term structure），形态如图 10-6 所示。

现在，我们了解了行权价格和期间两个维度中波动率的异常情况。这两种异常情况密切相关、现实影响非常相似，所以两种异常情况经常被融合在一起，形成一个三维图形。这个三维图形被称为"波动率表面"，实际就是对行权价格和期间的隐含波动率的一次性展示。波动率表面的形态如图 10-7 所示。

第十章 期权合约定价 | All About Derivatives

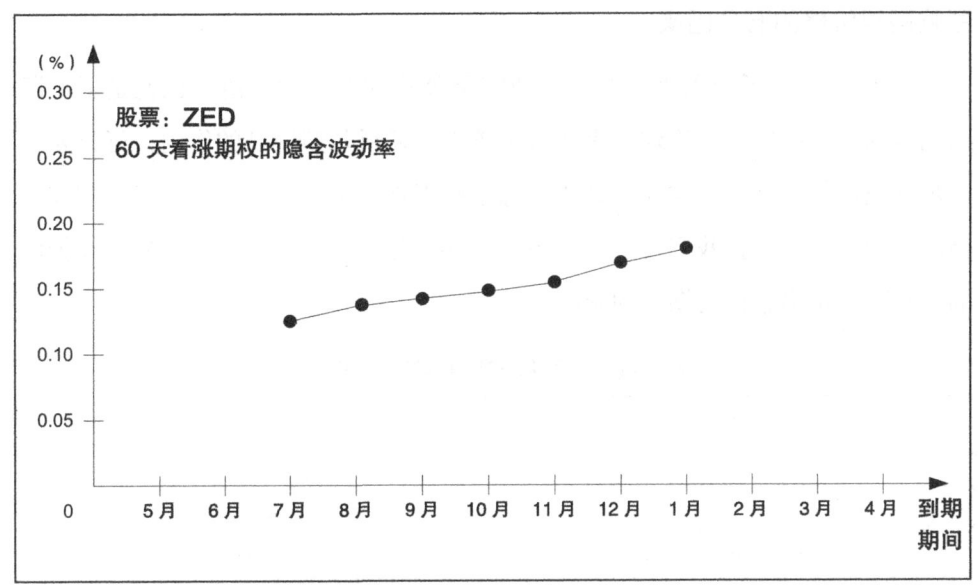

图 10-6　波动率期间结构

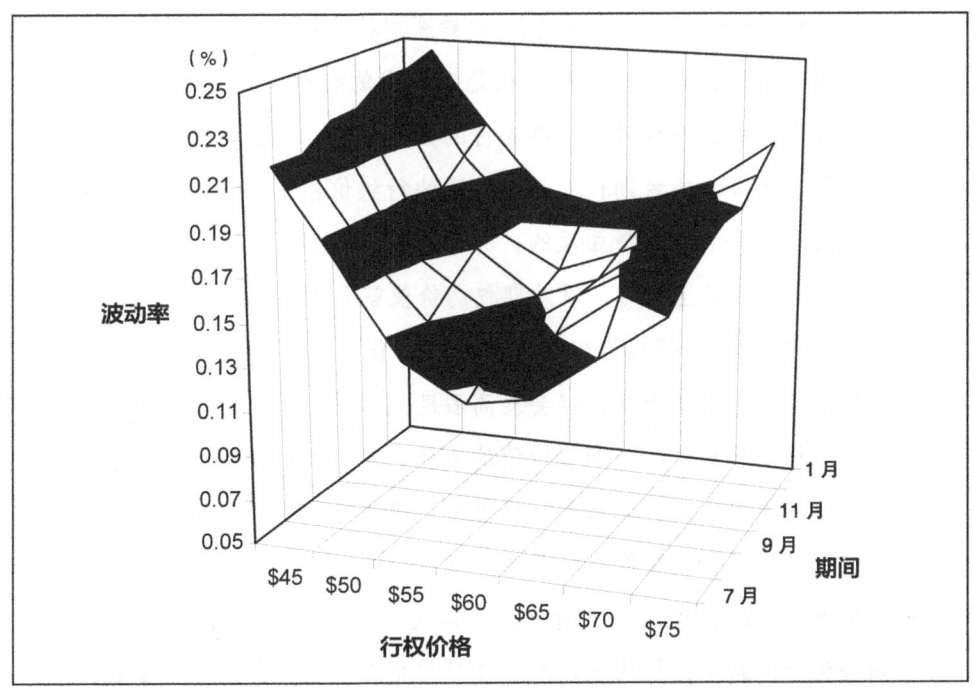

图 10-7　波动率表面

影响期权价格的五个因素

表 10-1 展示了布莱克—斯科尔斯定价公式的五个输入值，也就是影响股票期权的五个因素。不论你是否认可布莱克—斯科尔斯模型的作用，可只要有涉足期权市场的计划，你就有必要熟悉这些因素，了解这些因素如何对期权价格产生影响。下面让我们考察一下每个因素上涨或下跌时是如何影响期权价值的，从而总结出它们对期权的影响。

表 10-1 布莱克—斯科尔斯定价因素

S	股票价格
K	行权价格
t	到期时间
σ	波动率
r	利率

- 股票价格（S）：股票价格上涨导致看涨期权价值上涨、看跌期权价值下跌。这有道理，对吧？看涨期权是以确定的行权价格买入股票的期权，所以在没有看涨期权时你需要支付的数额越高，你作为看涨期权持有者的收益就越高。看跌期权则是以确定的行权价格售出股票的期权，所以它与股票价格的关系是相反的。你希望行权价格高于现货市场的出售价格，因此当股价上涨时，看跌期权的价值就会下跌。

- 行权价格（K）：行权价格与股票价格的作用正好相反。行权价格提高导致看涨期权价值下跌，但会提高看跌期权的价值。记住，股票价格和行权价格的区别是决定期权价值的主要因素，所以提高行权价格的效果就像股票价格下跌，而减少行权价格的效果就像股票价格上涨。在前面我们已经知道了股票价格对期权价值的影响。

- 到期时间（t）：增加到期时间，可以提高看涨期权和看跌期权的价值。剩余的时间越多，标的就越有可能获得更多价值，所以期权变成实值的可能性就越大。不妨考虑一下极端情况：不管你持有的是看涨期权还是

第十章 期权合约定价
All About Derivatives

看跌期权，和明天就到期的期权相比，你肯定更想要一个永远不到期的期权，不是吗？

- 波动率（σ）：和到期时间一样，波动率提高可以增加看涨期权和看跌期权的价值。一只股票的价格变动性越强，不管是看涨期权还是看跌期权，到期时变为实值的概率就会越高。你应该知道，波动率对期权交易者来说是最有意思的价格因素，甚至"交易期权"经常被称作"交易波动率"，就是因为波动率是价格输入中最为活跃的因素。虽然股票价格也在持续且不可预测地变动，可期权的重点在于概率。我们在本章后面的内容中会看到，和概率分布的标准差一样，波动率实际上就是未来股票价格价值概率的指标。

- 利率（r）：利率提高，看涨期权的价值上涨，看跌期权的价值下跌。和其他因素不同，利率对期权价值的影响方式似乎不那么明显，因为其中涉及机会成本。这里稍做说明：假设你可以在用 50 美元购买股票或购买行权价格为 50 美元的看涨期权两者之间选择，而最终你选择购买期权。这意味着你有 50 美元（低于权利金价格），可以存入有息储蓄账户。在等待行使期权期间，你的储蓄开始获得利息。因为你购买的是期权而非标的，所以利率越高，你赚到的收益就会越多。再假设，今天你可以在以 50 美元出售股票和购买行权价格为 50 美元的看跌期权中做出选择。如果你选择了期权，和看涨期权持有者不同，你的 50 美元可用于投资。在等待行使期权的期间，你赚不到任何利息。所以利率越高，赚取利息的机会成本就会越高；利率越高，你赚不到的钱就越多。所以看涨期权持有者受益于高利率，而看跌期权持有者将会遭受打击。

表 10-2 总结了五个价格因素对期权价格的影响。如果读者有意涉足期权领域，这些都是有必要记忆的信息。

表 10-2　五个因素对期权价格的影响

因素发生变化	对看涨期权价值的影响	对看跌期权价值的影响
S 提高	增加	减少
K 提高	减少	增加
T 提高	增加	增加
σ 提高	增加	增加
R 提高	增加	减少

布莱克—斯科尔斯公式

从概念上看，我们可以把布莱克—斯科尔斯公式看作函数，根据输入值获得输出值。看涨期权的情况如下：

看涨期权 = 布莱克—斯科尔斯(S, K, t, σ, r)

公式 10-5 是布莱克—斯科尔斯公式对一个不分红股票欧式看涨期权的数学表达，其中用到了本书已经做出定义的因素，对于其他数学表达我们也很快会做出解释：

$$c = SN(d_1) - Ke^{-rt}N(d_2) \qquad 公式\ 10\text{-}5$$

其中，c 是欧式看涨期权的价值，S 是股价现价格，K 是行权价格，$N(\ )$ 是累积正态分布函数（后文有详细解释），d_1 和 d_2 分别如下：

$$d_1 = \frac{\ln\frac{S}{K} + (r + \sigma^2/2)t}{\sigma\sqrt{t}}$$

$$d_2 = d_1 - \sigma\sqrt{t}$$

这看着很乱，是不是？这当然是个数学难题，毕竟诺贝尔奖不是随随便便颁发的。不过让我们一步一步把它拆开看，事情也就没那么难了。

首先，让我们考察一下布莱克—斯科尔斯公式与二叉树公式的对比：

布莱克—斯科尔斯公式：$c = SN(d_1) - Ke^{-rt}N(d_2)$

二叉树公式：$c = S\Delta - B$

两个公式基本是一回事！看涨期权的价值等于一个投资组合的价值，这个投资组合中包含股票多头头寸 [二叉树中的 Δ 份额，布莱克—斯科尔斯中的 $N(d_1)$ 份额] 和债券的空头头寸 [二叉树中的 B，布莱克—斯科尔斯中的 $Ke^{-rt}N(d_2)$]。回忆一下，空头头寸其实就是借钱。布莱克—斯科尔斯公式为复制投资组合中的股票和债券提供了更为准确的数量，能更准确地计算出期权价值。

正态分布

研究并理解布莱克—斯科尔斯公式后，我们就能真正明白并欣赏这个公式的精准度。和前面一样，读者可以自由选择跳过这部分内容。下面的内容涉及统计学和微积分，如果你不喜欢，完全可以不看。我们在大多数场合不需要了解这些信息。可如果你仍然好奇，也不讨厌数学，那就继续看下去吧。

首先，让我们搞清楚公式中的累积正态分布函数 $N(\ )$ 究竟是什么。这个函数可以告诉我们需要购买多少股票（S），以及需要为部分贴现行权价格（Ke^{-rt}）借多少钱。关于 $N(\ )$，即 d_1 和 d_2，我们只需要把它们想成两个数字。如果输入值为 x，那么累积正态分布函数是多少？$N(x)$ 透露出了什么信息？统计学家会说，这能告诉你一个正态分布随机变量的价值小于 x 的概率；数学家会说，这指向了 x 左边正态概率分布曲线下方的一个区域。如果你看不懂前面两句话，下面这段话可能有助于你理解。

这里需要理解的基本概念，就是概率分布，它是帮助我们了解随机变量（Random Variable，RV）预期价值的一种工具。随机变量是取样的数值结果，世界上随机变量的数量多到数不清。以一个南瓜的重量为例——秋天时，南瓜是最适合做随机变量的对象。一个成熟的南瓜平均重量是多少？其重量大于10 磅的可能性是多少？小于 2 磅的可能性又有多大？概率分布就能回答这样的问题。

想象自己在一个秋天走到南瓜摊边，随机选择一个南瓜称重。你以磅为单位记录每个南瓜的重量，再计算每个重量的南瓜个数。柱状图是一种展示数据的好方法，柱形的高度代表特定重量的南瓜的个数。统计结果如图 10-8 所示，横轴为南瓜的重量，纵轴为南瓜的数量。

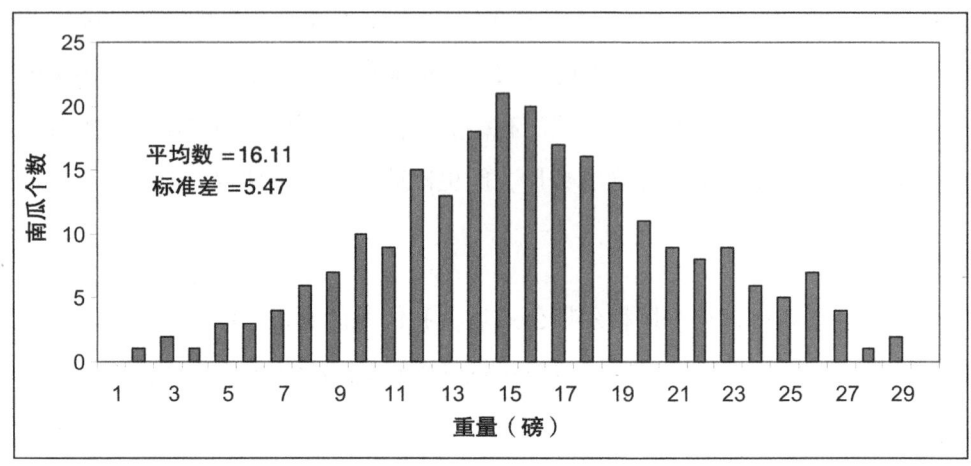

图 10-8　取样柱状图

看一眼柱状图，我们就能了解一些与南瓜有关的事实。最高柱形显示的重量约为 15 磅，因此我们可以知道它可能就是平均重量或中位重量（准确地说，平均重量即平均数是 16.11 磅）。另一个不那么明显的事实是标准差，这衡量的是数据点在平均数附近的"聚集程度"。为了理解这个重要的统计学概念，我们首先把柱状图中的每一个柱形看作一堆南瓜，想象其中一个南瓜，如其中一个重量为 7 磅的南瓜；再思考这个南瓜（7 磅）与平均重量（如 15 磅）的差别，也就是 8 磅（15-7）。19 磅的南瓜和平均重量的差别就是 -4（15-19）。想象自己计算每一个南瓜的重量与平均重量的差别，为每个结果做平方（以保证为正值），再计算结果的平均数，这个平均数就是方差。案例中的这堆南瓜，方差是 29.94。这时我们再计算方差的平方根，以抵消前面所做的平方计算，使其回到最初的单位，最终得出来的结果就是这些南瓜的标准差，即 5.47。

标准差的重点可以通过图形表现出来，标准差衡量的是随机变量的聚集或离散程度。图 10-9 展示了另一种假想出的南瓜取样情况。在这个新的分布图中，你会发现南瓜的中位重量和平均重量的差别更大，而平均重量在这里还是 16.11。因此，尽管平均重量一样，但这个案例中的标准差却更高，为 6.39。由此我可以知道：标准差越大，离散程度就越强。

第十章 期权合约定价 | All About Derivatives

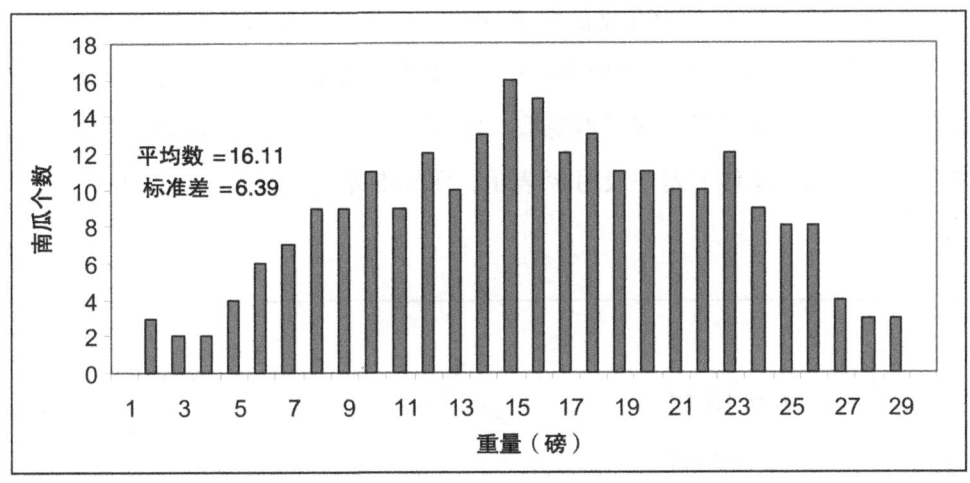

图 10-9　离散程度更高的取样柱状图

到目前为止讲到的所有与南瓜重量有关的内容，只适用于对应的取样案例。可如果随机变量样本满足特定要求，即恒等分布（每次的取样拥有相同的概率特点）和独立分布（一个南瓜的重量不会影响其他南瓜的重量），我们就能肯定地说，任何南瓜的重量都是正态分布。这句话的意思就是，如果在每一个南瓜摊前给每一个南瓜取样，准确重量（而非约数）的柱状图就会呈现出图 10-10 的形态。

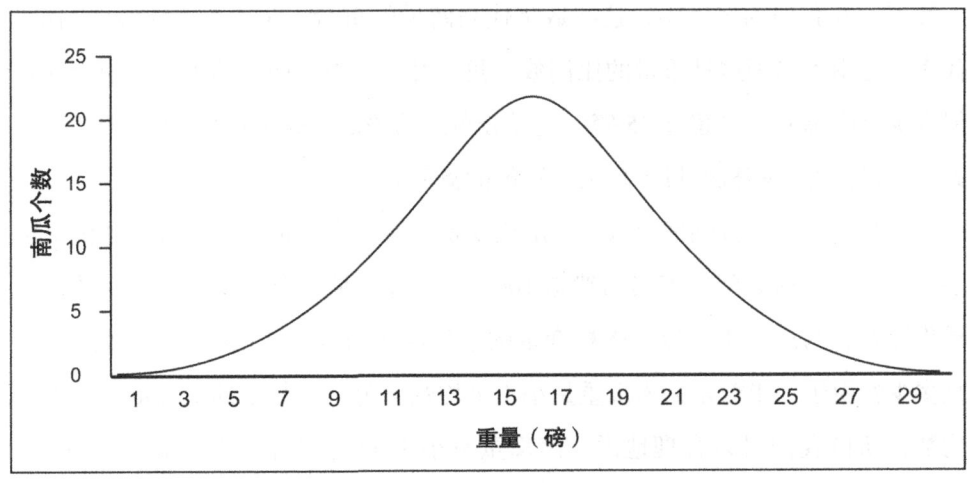

图 10-10　正态分布

正态分布可能是最为常见的概率分布，有时也因为形状被称为"钟形分布"。需要再次强调的是，你应该把正态看作是由数值相等的全体随机变量组成的柱状图，而不是只看成样本南瓜。总体均值（population mean）一般用希腊字母 μ 表示，总体方差一般用 σ^2 表示，而标准差用 σ 表示，具体如图 10-11 所示。

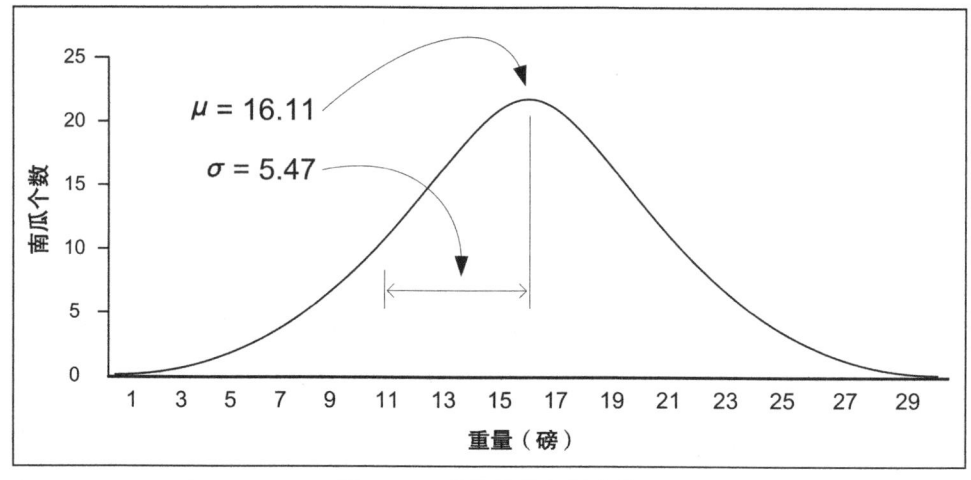

图 10-11　总体均值与标准差

接下来，让我们进入有趣的部分。首先，横轴上的数字代表随机变量的可能数值，在我们的案例中，这些数字代表南瓜的重量。某一点上曲线的高度，代表的是南瓜出现这种重量的比例数。我们发现，不少南瓜的重量约为 15 磅，但很少有南瓜的重量超过 25 磅。查看分布图的关键，就是观察曲线下方区域，其能直接换算为随机变量出现某个数值的概率。

让我们从一个极端情况入手。随机变量具有某个数值或任意数值的概率是多少？为什么这么问？答案当然是 100%，或者说是整个曲线的下方区域；如果你愿意，写成 1 也可以。随机变量的数值小于或等于 15 这个平均数的概率是多少？由于一半数量的南瓜重量小于平均数，另一半数量的南瓜重量大于平均数，所以我们可以合理地说，南瓜重量小于 15 这个平均数的概率为 50%。那么曲线下方、平均数左边的区域代表什么呢？答案是 50%。事实证明，任

意数值 x 均是如此：随机变量的数值小于 x 的概率，对应的就是曲线下方这一点左边的区域。例如在南瓜重量分布案例中，曲线下方 9 磅这个数值的左边区域，占总区域的 10%。所以一个随机挑选的南瓜重量不超过 9 磅的概率就是 10%，如图 10-12 所示。

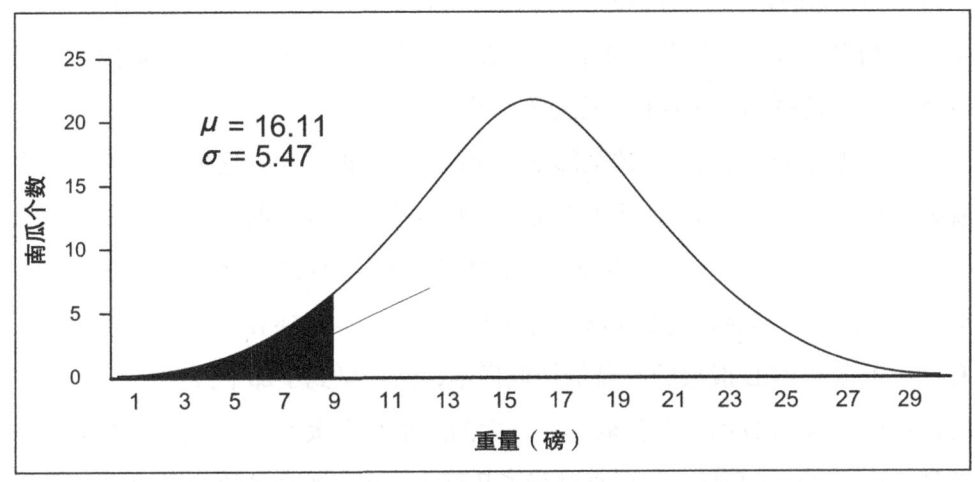

图 10-12 正态曲线下方区域

21 磅这个点的左边区域占总区域的 81%，所以一个南瓜重量不超过 21 磅的概率为 81%。当 $x=26$ 时，左边区域占比 96%。我们因此理解了这个小案例最重要的意义。曲线下方的区域，用于衡量随机变量的数值小于 x 的概率，称为累积正态分布。

计算曲线下方的区域需要微积分知识——实际派上用场的是积分学，因为曲线下方区域是其函数的积分[1]。世界上存在很多种正态分布，所以哪怕对计算机来说，计算积分都是一件工程量极为浩大的工作。为了减少这个单调且烦琐的工作，很久以前，有人想出一种平均数为 0、标准差为 1 的正态分布，其被称为标准正态分布，人们按照不同的 x 值，计算出了标准正态分布的大量标准差，计算结果被记录在很多书中，也被编入大量计算机程序和计算器中。这

---

[1] 读者大概知道，另一个微积分的主要组成部分是微分学，解决的是曲线在某一点上的斜率。

对我们有什么帮助呢？事实证明，我们可以用标准正态分布的累积正态分布轻松计算出任何正态分布的累积正态分布。这可是一个节省劳力的工具。

让我们总结一下，累积正态分布函数 $N(x)$ 反映的是正态分布曲线下方位于数值 x 左边的区域。这个区域等于正态分布的随机变量的数值小于 x 的概率。任何正态分布的累积正态分布均源于标准正态分布。在布莱克—斯科尔斯公式中，$N(d_1)$ 告诉我们复制投资组合中股票的数量，等于标准正态分布中随机变量数值为 d_1 的概率。你看看，这是不是很简单？

这些就是理解公式所需的全部基础知识。不过既然说到这里了，我们不妨脱离主题，思考一下如何才能把南瓜和期权定价联系在一起。想象自己不小心碰到了孩子电脑上一个没有明确标记的按键，而这个按键又做了点奇怪的事。假设碰了这个按键导致整个地球的时间倒退了一天，这还算合理吧？想象自己有一天正在为 ZED 股票的收盘价抽取样本，然后碰到了那个按键，等了一天后，你再次为 ZED 的收盘价取样。这次的结果与上次不一样，因为随机过程就是这么随机。于是你这样反复进行了几百次，再用收集到的数据计算 μ 和 σ，像南瓜重量案例中那样画出一条分布曲线。这样，你就拥有了股票价格的概率分布曲线。

不管怎么说，我们的电脑上没有这个让时间倒流的按键。但布莱克、斯科尔斯和墨顿实际上就是想象自己拥有这样一个按键，然后做出了一个与分布曲线有关的重要假设。他们是否做出了股票价格会呈现正态分布的假设呢？我们不能这么说。虽然我们不会对其中涉及的所有原因做出解释，但他们提出的假设是，当股票价格为对数分布时，股票价格收益率才会呈现正态分布。下一部分在讨论布莱克—斯科尔斯假设时，我们会做出更详细的解释。

应用布莱克—斯科尔斯公式

现在，让我们回到公式：

$$c = SN(d_1) - Ke^{-rt}N(d_2)$$

$N(\ )$ 函数是这个公式中最有难度的一部分。剩余部分，如 d_1 和 d_2 的数值，只涉及代数计算：

$$d_1 = \frac{\ln\frac{S}{K} + (r + \sigma^2/2)t}{\sigma\sqrt{t}}$$

$$d_2 = d_1 - \sigma\sqrt{t}$$

这个公式中出现了平方根、指数和欧拉数 e。自然对数函数 $\ln(\ )$ 用计算器就能被轻松计算出来。读者应该知道，$\ln x$ 是反向的自然指数函数，其结果就是 e 的指数 x。

让我们做好准备，启动这个精巧的诺贝尔获奖公式吧。假设我们还是要给老朋友 cZED62 定价，它是一个 ZED 股票的欧式看涨期权，6 个月后到期，行权价格为 62 美元。只不过，这一次我们用的是布莱克—斯科尔斯公式。我们用到的因素和前面相同，只是多了一个波动率因素，假设它为 0.15。数学计算过程如下：

$$S = 60$$
$$K = 62$$
$$t = 0.5$$
$$\sigma = 0.15$$
$$r = 0.06$$

看涨期权价值 = 布莱克—斯科尔斯 (S, K, t, σ, r)

$$c = SN(d_1) - Ke^{-rt}N(d_2)$$

$$d_1 = \frac{\ln\left(\frac{S}{K}\right) + (r + \sigma^2/2)t}{\sigma\sqrt{t}}$$

$$= \frac{\ln\left(\frac{60}{62}\right) + (0.06 + 0.15^2/2) \times 0.5}{0.15\sqrt{0.5}}$$

$$= \frac{\ln(0.9677) + 0.0356}{0.1061}$$

$$= 0.0267$$

$$d_2 = d_1 - \sigma\sqrt{t}$$
$$= 0.026\,7 - 0.15\sqrt{0.5}$$
$$= -0.079\,3$$
$$c = SN(d_1) - Ke^{-rt}N(d_2)$$
$$= 60N(0.026\,7) - 62e^{-0.06 \times 0.5}N(-0.079\,3)$$
$$= 60 \times 0.510\,7 - 62 \times 0.970\,4 \times 0.468\,4$$
$$= 30.64 - 28.18$$
$$= 2.46$$

布莱克—斯科尔斯公式告诉我们，这个期权的公平市场价值是 2.46 美元。与此相对，一步二叉树模型计算出来的结果 2.53 美元。布莱克—斯科尔斯公式的结果当然落在 0 到 60 美元这个我们用策略方法计算出来的区间内。同时我们也发现，布莱克—斯科尔斯公式的结果更接近区间底部，这也符合我们对大多数虚值期权的预期。

布莱克—斯科尔斯假设

虽说布莱克—斯科尔斯模型非常好用，但它也存在缺陷。这个模型仍然以"风洞测试"为基础，其事实均源自一个模型——尽管是一个非常好的模型，但模型依旧是模型。通过考察布莱克—斯科尔斯模型对股票价格变动的假设，我们就能看出模型与现实世界的区别。主要区别有三个。

第一，是布莱克—斯科尔斯模型对股票价格如何变动的假设。本章前面的内容提到过，他们假设股票收益率为正态分布。注意：假设的对象不是股票价格，是收益率。正态分布的随机变量数值可能小于 0，而股票价格永远是正数，所以股票价格不能是正态分布。不过股票收益率可以为负数，这多亏"中心极限定理"这个数学概念。假设股票收益率为独立同分布，那么我们可以说，股票价格也是正态分布；也就是说，当取样数量很大时，股票价格的柱状图也会呈现出熟悉的钟形曲线形态。和布莱克—斯科尔斯模型一样，我们也可以断言，假设股票价格路线随机变化或者向不可预测的方向发展，股票收益率仍呈现正态分布。把以上流程看作某个"东西"的价值所创造的价格路线随时间的推移而不断地发展变化就可以了——在这个案例中,这个"东西"就是收益率。布莱克—斯科尔斯模型进一步假设:收益率遵循一种特殊的随机发展过程,也就是按照布朗运动(Brownian motion)的模式发展,而布朗运动是一种维纳过程(Weiner process),也就是随机变量不断改变且改变为正态分布的一个过程。

在这个过程中出现的分布,被称为对数正态分布,其中正态分布的随机变量遵守几何布朗运动(geometric Brownian motion)过程。从数学角度出发,如果一只股票的价格为对数分布,其收益率则会是正态分布。归根结底,布莱克—斯科尔斯模型通过假设股票价格是对数分布,从而假设股票收益率是正态分布。图10-13把正态分布和对数分布结合在一起展示,读者可以从中了解两者的基本概念。

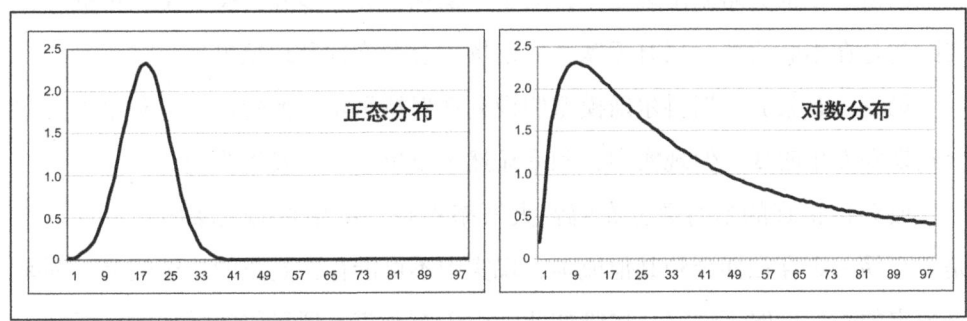

图 10-13　正态分布与对数分布

你可能对形状不对称的对数分布感到好奇,想知道它是否符合现实。让我们思考一下:美国股市几十年来一直是牛市,在很长一段时间里,股票的整体价值是上涨的(当然,在相对较短的时间里,股市可能是熊市,股票价格下跌)。如果仔细观察并思考,你会发现对数模型符合现实,它的左边斜坡比右边更陡峭,这意味着价格下跌次数少于上涨次数。所以从这个角度看,对数模型能够合理地反映现实。

结束讨论对数分布前,读者还需要注意一个事实:在二项分布(前文中因二叉树产生的分布)中,随着分枝层数不断增加,二项分布逐渐接近对数分布。这也是我们喜欢对数分布的原因之一，它是二叉树模型与布莱克—斯科尔斯模型之间的重要连接。

当然，我们在正态分布中得到了公式所需的波动率数值。以布莱克—斯科尔斯股票收益率是正态分布的假设为前提，他们进一步假设：不管行权价格或期限是多少，一个期权的价格只存在一个正态分布。就是在这里，偏斜的波动率曲线，或者说扭曲的波动率表面，给布莱克—斯科尔斯模型带来了麻烦。这个假设通常被称为布莱克—斯科尔斯波动率恒定假设，和其他假设一样，这有悖于我们的经验。

第二，是"市场无摩擦"的假设。这意味着，一个人可以在无成本、无须纳税、也没有任何阻碍的情况下持续进行交易。这个假设是为了维持含有股票与债券的复制投资组合所需的动态对冲而出现的。在二叉树模型中，复制投资组合的每一步都会略微出现变化，对于一棵拥有无数步骤的树来说，投资组合实际就是在不断改变。只有无摩擦的市场才会允许这种现象出现。

第三，布莱克—斯科尔斯模型假设利率保持恒定。换句话说，利率不会在合约期间发生改变。但现实中，利率显然可以也一定会发生改变。

股票价格真的是对数分布吗？大概率不是。市场真的无摩擦吗？肯定不是。交易一定存在佣金和其他成本，现实中不可能存在真正的持续交易。利率是恒定的吗？一般不恒定。尽管如此，由于布莱克—斯科尔斯模型的广泛接受度，我们可以明确地表示，市场认为上述三个假设是合理的。此外，没有人会把思维局限在布莱克—斯科尔斯模型。事实上，很多富有智慧的人都在不断修改、延伸布莱克—斯科尔斯模型。例如，为了解决前面提到的隐含波动率这个异常情况，很多人都在努力，而这一切都是为了确定期权的"真实"价值。

为什么那么在意更为精准的价格？为什么布莱克—斯科尔斯模型还不够好？因为定价分析能力越强，你就越有可能在市场上发现定价错误，即人们可能以"错误的"价格买卖。我们在下一章里会详细解释这个内容，但读者可能已经想到了：定价算法也可以用来对冲。如果分析工具告诉你，市场上的某个东西被错误地定价，你就可以按照分析、用对冲的方式锁定市场价格与你认为的真实价格之间的差额，由此完成套利交易。所以我们在现实中完全可以进行套利交易，但你需要具备极强的分析能力才能实现套利交易。

买卖权平价关系（Put-Call Parity）

我们在前面讨论的内容只是看涨期权。布莱克—斯科尔斯看涨期权公式存在一个变体，可以用来为看跌期权定价，具体如公式10-7所示。但读者需要知道，因为"买卖权平价关系"这个重要的概念，看跌期权价格与看涨期权价格在数学上具有关联性。如果想理解买卖权平价关系背后的原理，让我们想象自己设立了一个投资组合，用购买100股价值5美元的股票，购买一份以5美元价格出售同一只股票（100股）的看跌期权，再卖出一份以5美元价格购买股票的看涨期权。对股票可能出现的价格经过一番思索后，你很快就会发现，不管怎么样，这个投资组合到期时的价值都是5美元。所以投资组合的价值一定是5美元这个现值。用代数形式表达，我们就得出了如公式10-6所示的欧式期权买卖权评价关系：

$$S + p - c = Ke^{-rt} \qquad 公式10\text{-}6$$

其中：

$S=$ 股票价格

$p=$ 看跌期权价格

$c=$ 看涨期权价格

$K=$ 看涨和看跌期权的行权价格

$e^{-rt}=$ 贴现因子

$Ke^{-rt}=PV(K)=$ 行权价格的现值

根据不同目的，我们可以随意调整买卖权平价关系的形式。也就是说，不派息股票的欧式期权存在四种买卖权平价关系表达方式：

$$S = c - p + Ke^{-rt}$$
$$c = S + p - Ke^{-rt}$$
$$p = c - S + Ke^{-rt}$$
$$Ke^{-rt} = S + p - c$$

考虑到我们不会深入分析买卖权平价关系和其背后的数学原理，所以我们直接用公式 10-7 给出了布莱克—斯科尔斯用来为无派息股票的欧式看跌期权定价的公式：

看跌期权价值 = 布莱克—斯科尔斯（S, K, t, σ, r）

看跌期权价值 $= p - Ke^{-rt}N(-d_2) - SN(-d_1)$ 公式 10-7

和前面一样，$N(\ )$ 是累积正态分布函数，d_1 和 d_2 依旧如下：

$$d_1 = \frac{\ln\frac{S}{K} + (r + \sigma^2/2)t}{\sigma\sqrt{t}}$$
$$d_2 = d_1 - \sigma\sqrt{t}$$

分段派息效应

到目前为止，我们处理的都是不分红派息的股票期权。股息是股票发行人向持有人支付的款项，一般间隔一段时间派发一次，如 3 个月，这叫分段派息（与此相对的是连续派息，后文会有详细介绍）。派发股息后，股票的价值会立刻降低，因为接受股息就像从发行人那里兑现了一部分投资一样。还有一种思考角度，就是把一定比例的派息股票价格看作未来股息的现值。现在，想象自己要为一个期限为 9 个月的看涨期权定价，当然，你需要知道股票价格，但假设股票的现价中包含三次股息，而期权持有者尚未收到这些股息。那么减去三次股息的现值后，股票的价格才更加合理，这个价格被称为股息调整后股票价格。

虽然各个公司可以任意改变股息派发，但大多数情况下改变不多；所以在任何一个时间点上，公众对一个股票发行人的未来派息情况存在一定共识。所以如果想知道这样一只股票的期权价格，我们首先需要计算期权到期前所有预期股息的现值（实际操作其实没那么多，回去看看前面我们对现值的计算。你需要对每笔股息进行一次计算，再综合计算，得到的结果就是股息收益的现值）。我们从股票价格中减去这些现值，再将股息调整后的股票价格代入期权定价公式，替代常规的股票价格。如果发行人派息不符合预期，或者仅仅宣布有派发与预期不同的股息，这都会立刻对股息调整后的股票价格产生影响。这就是派发股息，以及出乎意料的股息派发行为也会影响期权价格的原因。

为调整布莱克—斯科尔斯公式、使之能用于计算派息股票的期权价格，我们只需要把所有的 S（股票价格）替换成股息调整后的股票价格 $S-PV(D)$ 就可以了，其中 D 代表期权到期前未来股息的现值，如公式 10-8 和公式 10-9 所示：

看涨期权价值 = 布莱克—斯科尔斯（S, D, K, t, σ, r）

D = 分段股息

$$c = [S - PV(D)]N(d_1) - Ke^{-rt}N(d_2) \qquad \text{公式 10-8}$$

看跌期权价值 = 布莱克—斯科尔斯（S, D, K, t, σ, r）

$$p = Ke^{-rt}N(d_2) - [S - PV(D)]N(-d_1) \qquad \text{公式 10-9}$$

$$d_1 = \frac{\ln\left[\dfrac{S-PV(D)}{K}\right] + (r + \sigma^2/2)t}{\sigma\sqrt{t}}$$

$$d_2 = d_1 - \sigma\sqrt{t}$$

连续派息效应

让我们把分段派息想象成标的按照固定间隔、分批"滴下"资金。标的不仅能这样一滴一滴地派发资金，有些还能连续"泄露"资金。例如，当用本国货币计算外国货币的价值时，外国的无风险利率会导致外国货币的价值不断减少。当大量成分股分别按自行安排的时间分段支付股息时，我们也可以把股票指数看作一个持续流出资金的整体。

为期权定价时，我们把上述资金的泄露看作联系派息。和分段派息一样，连续派息也会通过降低标的价值的方式来影响期权的价格。同时，因为需要扣减期权合约期限内预期股息的现值，连续派息也会导致股票价值降低。不过在这里计算现值时，我们采用了略微不同的计算方法，因为连续派息实际上就像连续复利。因此，股息率被看作利率，从而影响标的的价值，如公式 10-10 和公式 10-11 所示：

看涨期权价值 = 布莱克—斯科尔斯（S, D, K, t, σ, r）

$d=$ 连续股息率

$$c = Se^{-dt}N(d_1) - Ke^{-rt}N(d_2)$$ 公式 10-10

看跌期权价值 = 布莱克—斯科尔斯（S, D, K, t, σ, r）

$$p = Ke^{-rt}N(d_2) - Se^{-dt}N(-d_1)$$ 公式 10-11

$$d_1 = \frac{\ln\left(\frac{Se^{-dt}}{K}\right) + (r + \sigma^2/2)r}{\sigma\sqrt{t}}$$

$$d_2 = d_1 - \sigma\sqrt{t}$$

连续派息期权定价公式还有更多用处，我们可以用它计算另外两种标的的期权价格，即股票指数和外国货币。对于股票指数，S 就是指数价格（即一系列股票的平均价格），d 是指数中所有派息股票的总股息概数。对于外国货币，S 是用本国货币表示的一单位外国货币的现货价格（也就是你理想中期权价值的汇率），d 则是在外国支付的无风险利率。

美式期权和提前行权

在前面的讨论中，我们把布莱克—斯科尔斯模型的适用范围局限在欧式期权，但这种期权只能在到期日行权。而美式期权可以在包括到期日在内的合约期限内的任何时间行使权利。这就产生了一个基本问题：在到期日前行使美式期权的权利，是一个聪明的选择吗？答案是肯定的，但行使的行为也没有你想象得那么频繁。首先，提前执行不派息股票的美式看涨期权，从来都不是聪明

第十章 All About
期权合约定价 Derivatives

的做法。派息股票的美式看涨或看跌期权也许可以提前行权，但大多数时候取决于股息的大小。如果不派息股票的美式看跌期权为深度实值，那么提前行使期权可能是最佳选择。

让我们以一只不派息的股票为例。想象自己持有 100 份这只股票的美式看涨期权，行权价格为 30 美元，股票现价为 50 美元，而期权还有 3 个月到期。如果行使期权，你可以用 300 000 美元而非 500 000 美元购买 10 000 股股票（不要忘了，每份期权可以购买 100 股），从而节省了惊人的 200 000 美元！谁会错过这样的好机会？你会。为什么呢？因为还有两种方法，能让你获得更高收益。

第一，你可以直接卖掉期权，锁定超过 200 000 美元的利润。回忆一下，这就是内在价值，所以你知道期权的价值一定更多，而这部分现金是你无论如何都能拥有的。如果行使期权并持有股票，不要忘了，股价有可能下跌，利润可能消失。如果行使期权后立刻出售股票，你能获得的最大收益就是内在价值。所以，相比行使期权，出售期权总是更好的选择。

第二，如果不能出售期权，你的 300 000 美元不必用来购买股票，而是可以用于投资无风险利率。3 个月后，股票价格可能高于也可能低于 30 美元的行权价格。如果股价高于 30 美元，你可以结算投资后，用其中的 300 000 美元购买股票，利息则是纯利润；如果股价低于 30 美元，你在结算投资后用 300 000 美元中的一部分购买股票，利息仍然是纯利润。两种情况下，因为利息，你都获得了比行使期权、持有股票更高的收益。

可能你还会想："如果我相信股票价格一定会下跌呢？如果卖不掉期权，我难道不该行使期权后立刻卖出股票吗？这样做至少还能锁定内在价值。"如果你真的认为股价会下跌，那你应该做空股票。如果股价真的如你所料下跌，你就能从股票空头中赚到利润——这样还不用放弃行使期权的机会。

如果是派息股票的美式期权，那么你更合适的做法大概是在派息前后提前行使期权，以便获得股息收益和未来的派息（记住，这些资金流向股东）。对于看涨期权，你的基本观念就是比较剩余全部股息的现值和期权价值与行使期权后行权价格 K 的利息损失之和，在这两者之间，如果前者大于后者，那就行使期权。但你只能在即将派发股息时这么做，因为过早行权只会让你一无所得，同时放弃了期权性风险。由于期权价值和提前确定的利息价值随时都在改变，所以每次派息前，你都需要重新计算提前行权后的收益情况。你在距离下一次派息还有很长一段时间时行权可能不明智，但就在派息前后行权却可能是合理的选择。对于派息股票的美式看跌期权，道理不变，只是正好反过来，而且你需要在刚刚完成派息时就做出决定。如果行权价格（别忘了，如果不行权就不会得到）利息的现值大于剩余股息和期权价值的现值，你就应该行使期权。在这里你不用担心放弃剩余股息的期权风险性，因为出售股票、将所得用于投资能为你带来更多收益。

和不派息股票的美式看涨期权不同，如果不派息股票的美式看跌期权是深度实值，那么提前行使期权可能才是更好的选择。例如，当股票价格接近 0，而看跌期权的行权价格为 5 美元时，你的收益永远不会超过 5 美元，因为股票价格不可能低于 0。行使期权立刻获得收益后，你也可以把收益用于投资，赚取更多利润。

该用哪种方法

布莱克—斯科尔斯模型不适用于所有期权；对于一部分期权，我们只能使用二叉树模型。原因如下所述。

对于不派息股票的欧式看涨和看跌期权，你应该使用形式最简单的布莱克—斯科尔斯公式。对于派息股票的欧式看涨和看跌期权，不管是分段派息还是连续派息，你应该使用前面提到的经过调整后的布莱克—斯科尔斯公式。

对于派息股票的美式看涨期权，你可以用布莱克—斯科尔斯公式计算两次，用选择两个结果中最大值的方式得到期权价格的大概值。第一次计算时你假设自己行使期权（就在派息日前），第二次计算时假设不行使期权。当然，用这种方法计算出来的结果只是大概值，二叉树模型是你更好的选择。

第十章 期权合约定价 | All About Derivatives

如果是美式看跌期权，布莱克—斯科尔斯公式完全不适用。你必须使用二叉树模型，因为世界上根本不存在为美式看跌期权定价的分析型方法。所谓分析型方法，就是将因素代入函数并得到结果；非分析型方法更像一种蛮力或试错法。仔细思考一下，你会发现这就是二叉树模型的特点。为什么不存在分析型方法？我们这本小书显然没法解释清楚这个问题。这属于"自由边界"问题，这种问题很有难度，就像把一桶水倒在平面后想准确预测水的具体流向一样困难。若能解决这个难题，诺贝尔奖就在冲你招手。

值得一提的是，二叉树模型还有一种延伸，被称为三叉树模型，其通常在实践中为期权定价。三叉树模型的基本理念与二叉树模型相同，但不像二叉树模型那样假设股票在每个节点上有两个价格变化可能，而是增加了一个价格保持不变的可能。三叉树模型的期权存在三种可能的价值，因此得名"三叉树"，这样的树形看起来更加复杂。但事实证明，三叉树模型的数学计算其实更简单，所以我们能在时间紧张时更快地算出结果。因为在为期权定价时，时间总是很紧张。

既然谈到了其他期权定价法，我们也应该简单谈一谈鞅定价法。和布莱克—斯科尔斯模型一样，鞅定价法是一个以连续时间模型为基础的方法，这意味着时间间隔可以无限小（分段时间二叉树和三叉树模型的时间间隔也很小，但不是无限小）。由于和金融衍生品定价有关，所以鞅定价法是一个随机（无法预测）的价格过程，不存在可以识别出来的趋势。使用鞅定价法、适用公式和结构时，你假设股票价格是"鞅"，即不带趋势地运动。虽然事实并非如此。随着时间的推移，股票价格一般会出现上涨，而贴现债券价格一般也会上涨。因此，你可以应用一些改变方法，让衍生品标的价格像鞅一样变化，这些方法就是等价鞅测度（equivalent martingale measure）。我们不会对此进行详细解释，但你至少要知道，在定价模型问题上，布莱克—斯科尔斯模型及其偏微分方程并非唯一可用的方法。

期货的期权定价

关于期货的期权定价,你要记住的第一件事就是:期货价格(和远期价格一样),只是经持有成本调整后的现货价格。所以期货期权和股票期权一样,但到期日的价值不是行权价格与股票价格的差额,而是行权价格与期货价格的差额。

如果你持有一份期货的看涨期权,其行权价格为35美元,到期日的期货价格为39美元,那么行使期权后你就赚到了4美元。你也因此得到了期货的多头头寸,你既可以立刻出售(成本很少,或者没有成本),也可以选择持有实物。期权出售方有义务接受期货的空头头寸。如果你持有该期货期权,并且到期日期货价格为34美元,那么你的期权到期时就会作废。看跌期权则是相反的道理:行权价格高于期货价格时,你的期权为实值;行权价格低于期货价格时,你的期权为虚值;如果行权价格恰好等于期货价格,你的期权就是平值。

为计算期货合约期权的价值,我们要用上布莱克—斯科尔斯公式,但要做出两个改变。第一,标的是一份可能在时间 t(到期)被执行的期货合约,我们用 t' 表示交付日期,所以到期日我们要处理的期货合约就是 $F(t, t')$。注意,这里有三个日期:签订期权合约的日期,用 t_0 表示;期权合约到期、期货合约生效的日期 t;期货合约开始交付的日期 t'。我们对公式做出的第一个改变,就是用 $F(t_0, t')$ 替换 S。第二个改变,就是计算复制投资组合收到的每日利息,这个投资组合中包含 $F(t_0, t')$ 数量的借出资金,我们视标的具有连续派息的属性,用无风险利率作为"股息率"。按照这种方式使用布莱克—斯科尔斯模型,对公式做出调整,就是布莱克模型。公式10-12和公式10-13就是布莱克模型:

看涨期权价值 = 布莱克 $[F(t_0, t'), d, K, t, \sigma, r]$

$F(t_0, t') =$ 标的期货价格

$d =$ 连续股息率

$$c = F(t_0, t') e^{-dt} N(d_1) - K e^{-rt} N(d_2) \qquad \text{公式 10-12}$$

第十章 期权合约定价 | All About Derivatives

看跌期权价值 = 布莱克 $[F(t_0, t'),\ d,\ K,\ t,\ \sigma,\ r]$

$$p = Ke^{-rt}N(-d_2) - F(t_0, t')e^{-dt}N(-d_1)$$ 公式 10-13

$$d_1 = \frac{\ln\left[\dfrac{F(t_0, t')e^{-dt}}{Ke^{-rt}}\right]}{\sigma\sqrt{t}} + \frac{\sigma\sqrt{t}}{2}$$

$$d_2 = d_1 - \sigma\sqrt{t} = \frac{\ln\left[\dfrac{F(t_0, t')e^{-dt}}{Ke^{-rt}}\right]}{\sigma\sqrt{t}} - \frac{\sigma\sqrt{t}}{2}$$

ALL ABOUT DERIVATIVES

11

第十一章

对冲金融衍生品头寸

我们在前面已经讨论过，衍生品可以用来对冲源自非衍生品金融工具的风险。这一章我们将详细描述如何用衍生品头寸对冲风险。

对冲互换合约与期权合约

想象一下期权交易商和做市商，他们每天都在买卖金融衍生品，在每一笔新的交易中都要面对新的风险。如果他们什么也不做，完全依赖市场走向，他们可以从一部分风险中获益，也会因为一部分风险而遭受损失。但总的来说，交易所在意的不是上涨升值带来的利润，那是投机交易者的主战场。交易商希望自己每笔生意都能赚钱，为了实现这个目标，他们愿意放弃上涨机会而选择下跌。实现这个目标的方法就是对冲，通过对冲管理金融衍生品新头寸带来的风险。注意这里与前面章节中提到的"传统"对冲交易者的区别，"传统"对冲交易者是用金融衍生品对冲由非金融衍生品带来的风险。

我们将从互换交易商和期权交易商这两个做市商的角度出发，考察衍生品的风险管理。互换交易商可以用利率期货或债券这样的相抵持仓进行对冲，期权交易商可以用标的的相抵持仓来对冲大部分风险。之所以选择互换交易商和期权交易商，是因为他们代表了两种区别非常显著的对冲需求。互换交易商（及以互换合约为基础的金融衍生品交易商）可以用静态对冲策略管理风险。也就是说，交易商完全可以在设立一个对冲头寸后放手不管，直到需要清算时再去处理。与此相对，期权交易商只能用动态对冲策略管理风险，按照对冲需要，他们必须时刻监控并不断调整对冲头寸。

对冲互换合约

想象自己是一个互换交易商，刚刚和一家公司签订了一份为期一年、固定 /

第十一章 对冲金融衍生品头寸 | All About Derivatives

浮动 LIBOR 利率互换合约，这家公司利用互换合约，将现存的浮动利率债务转变为固定利率债务。作为接收固定利率的一方，你是"出售互换合约"（支付固定利率的一方是"购买互换合约"）。互换合约的名义金额为 100 万美元，固定利率为 3.5%。券息支付频率为 3 个月，也就是说，在未来两年中，每个季度你都需要按照浮动利率支付 100 万美元贷款的利息，同时收到以 3.5% 的固定利率交付的款项，即 8 750 美元（1 000 000 × 0.035/4）。签订了这份合约，你就会面临利率变化的风险。如果利率上升，你的支出与收益之间的净额也会提高，你会出现损失；如果利率下降，你的支出也会减少，你会因此赚到利润。那么怎么才能管理这样的风险？不管利率是上升还是下降，你该怎么做才能都赚到钱呢？

想理解互换合约对冲，你要做的第一件事，就是把一个大问题拆分成几个小问题。别忘了，一个互换合约就是远期合约组成的投资组合。换句话说，签订这份为期两年、按季度履行的互换合约，从经济上看相当于接受了一系列 3 个月浮动利率协议（Floating-rate agreements，FRAs）的空头头寸——一份协议对应一笔互换券息。在每份浮动利率协议的到期日，利率超过交付价格时你需要支付款项，利率低于交付价格时你会收到款项，这和互换合约义务是一样的。

现在，你需要一个和 FRAs 有着相同收益特点的对冲工具；你可以用这个工具设立相抵头寸，这样每过 3 个月，你就能在利率上升时获得款项，在利率下跌时支付款项。欧洲美元期货（EDF）合约是一种在交易所买卖的金融工具，其标的是 LIBOR 贷款，收益特点与 FRAs 相似，是一种特别合适的对冲工具。另一种对冲工具是每季度支付一次的政府债券，其价格变化与 LIBOR 相关联，如美国国债。世界各地的互换交易商每天都会使用大量的欧洲美元期货合约和美国国债，来对冲他们的风险[1]。

---

[1] 四年到五年后到期的期货合约，流动性一般比期限更长的期货合约强得多，所以交易商倾向于使用这种所谓的"前期限"合约。如果期限更长，更受青睐的对冲工具一般是债券。

所以说，让我们用期货合约对冲互换合约。首先，我们只观察互换合约中的一个券息期间，但这个理念适用于任何普通互换合约。如图 11-1 所示，我们用互换交易商的收益图来展示互换合约的券息。

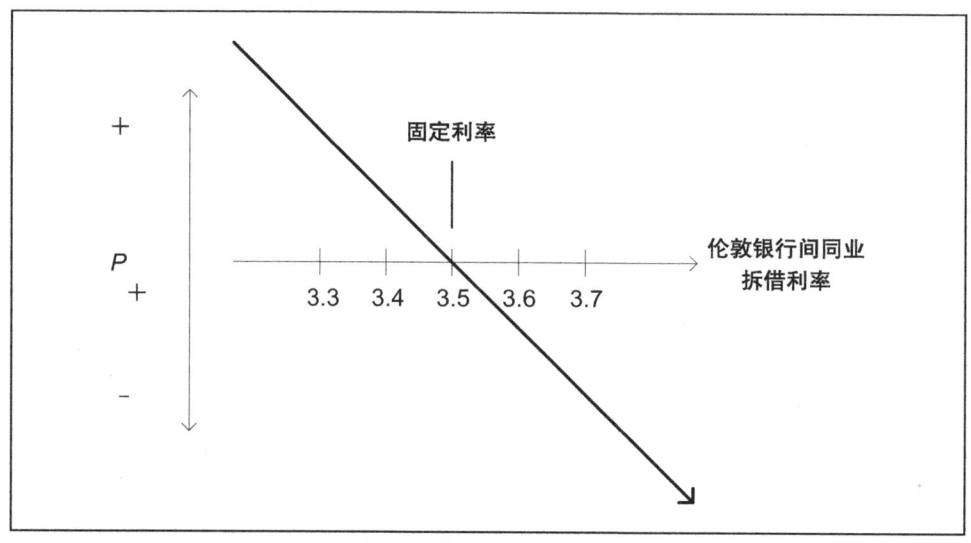

图 11-1　互换合约空头收益

交易商因为互换合约，拥有交付价格为 3.5%、交付日期为 12 个月后的 LIBOR 利率远期合约（前面计算过，具体为 8 750 美元）的空头头寸——因此，你就是互换合约的出售者。当现货价格低于交付价格时，远期合约空头总能赚到钱。因此，假如 LIBOR 为 3.4%，交易商的收益就是 250 美元 [1 000 000 × (0.035/4 - 0.034/4)]。按照同样的原理和数学计算方法，如果 LIBOR 涨至 3.6%，交易商将损失 250 美元。

现在思考一下，一个 12 个月后交付、交付价格为 3.5% 的 EDF 合约，它的空头头寸收益情况如何？（如果你的直觉认为那应该是 EDF 多头头寸，那么请注意，EDF 空头头寸实际上等于利率的多头头寸，而我们就是想做多利率。）EDF 合约的名义金额为 100 万美元，而实际上的标的是 3 个月的 LIBOR 利息，所以用美元表示的交付价格就是 8 750 美元——这和我们的券息一样。图 11-2 显示的就是 EDF 空头的收益。

第十一章 对冲金融衍生品头寸

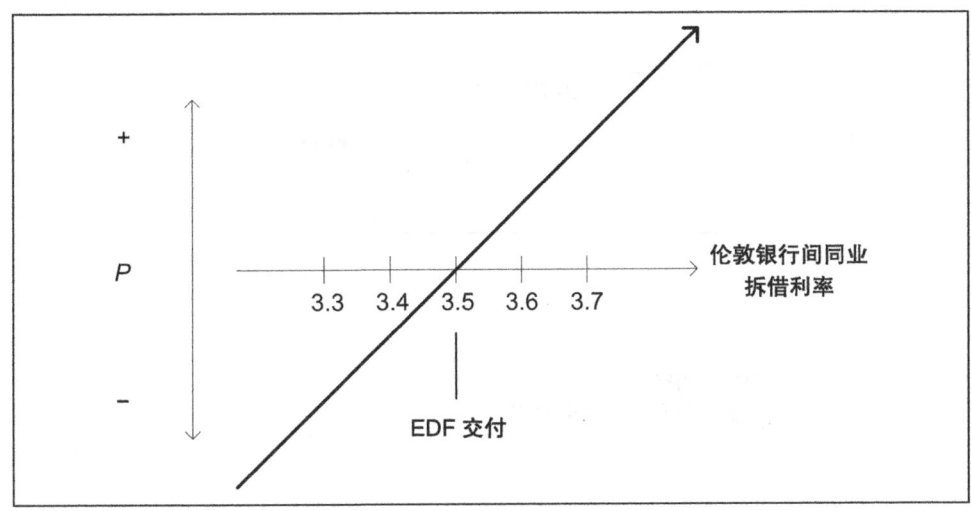

图 11-2　EDF 合约空头收益

让我们继续深入探讨。互换合约券息的空头头寸与 EDF 的空头头寸结合在一起，就形成了图 11-3 所示的净风险。现在，你不再需要担心利率上升了。

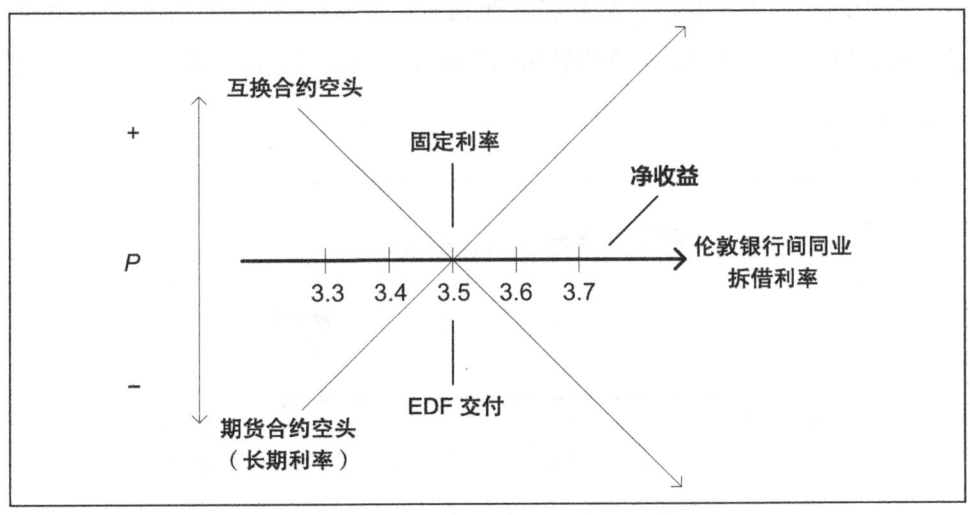

图 11-3　互换合约与 EDF 合约的净收益

但是，请等一等！交易商当然不是因为好玩才出售互换合约。费了那么大的劲，交易商自然想赚点钱。所以 EDF 的交付价格不再是 3.5%，让我们设置成 3.4%。这就导致期货收益线向左偏移，如图 11-4 所示，从而提高了净收益。

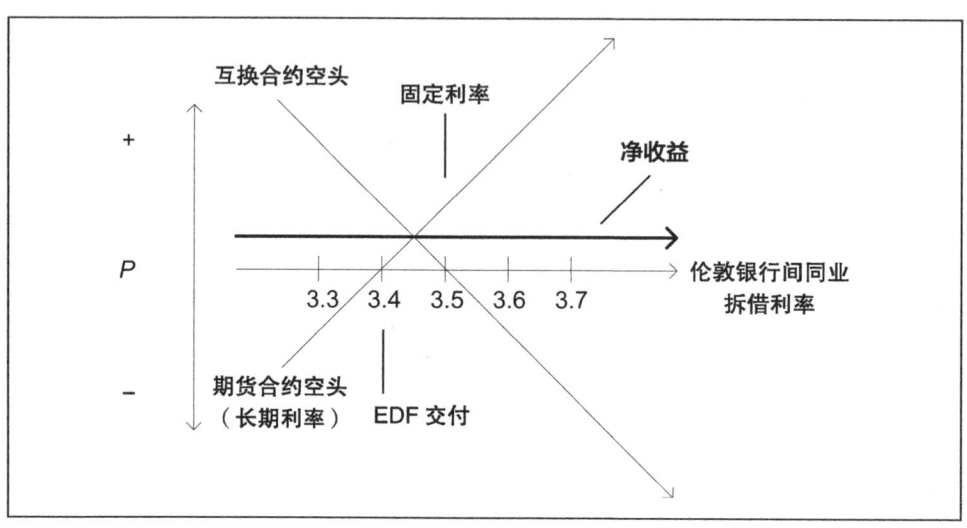

图 11-4　交易商盈利的互换合约与 EDF 合约净收益

这时，不管利率是升还是降，交易商都能赚取利润。如果交易商成为互换合约的另一方，那么当他们接受浮动利率且支付固定利率时，会是什么情况？他们使用的对冲方法相同，只是将它换到另一边而已。他们不再做空期货头寸，而是以略高一点的交付价格做多期货头寸，以获得正的净收益。具体情况如图 11-5 所示。

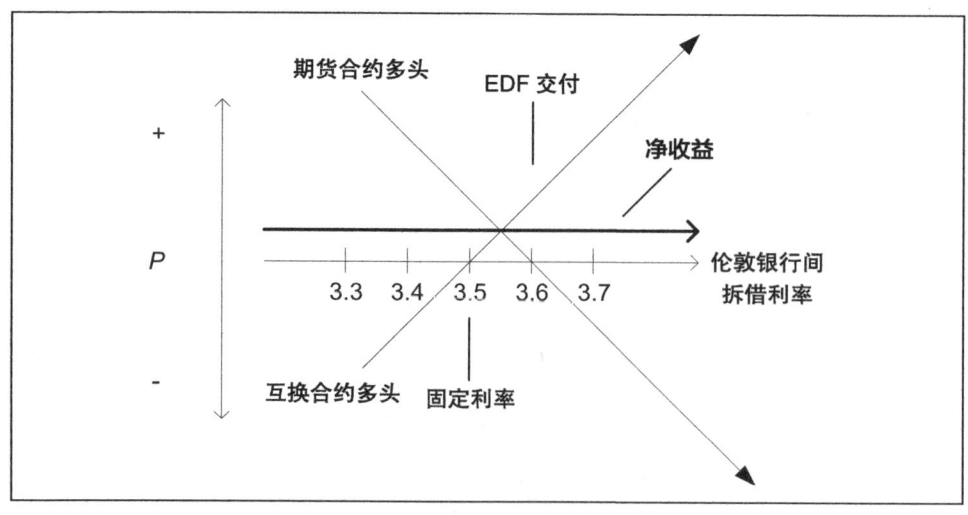

图 11-5　交易商盈利的互换合约多头与 EDF 合约多头的净收益

接下来，我们需要加入一些现实因素，因为在现实中互换合约的对冲并不完全像前面所说的那样，但道理是一样的。首先，你不能为新的期货合约选择交付价格。请回忆一下，虽然合约的初始价值设置为零，但你可以调整有意出售的互换合约的固定利率。这就是实践中的做法：固定利率设置得比收支相抵利率高出几个基点，以便交易商能够赚到一些钱。其次，我们只考察了一个多券息互换合约中的一笔券息。因为利率的期间结构，所以每笔券息的收支相抵利率必定不同，但我们想要整份互换合约只有一个固定利率，对不对？

如果你对这个问题感兴趣，可以回头看看第九章的内容，看看我们如何通过将互换合约的两部分资金看作一系列现金流，让一部分使用远期利率（每笔券息一般都存在区别），另一部分通过使用试错法找出收支相抵利率作为固定利率，最终选出收支相抵利率或者说互换利率的。以这种方式构建互换合约，也让我们能够更轻松地面对每个部分期间的不同问题。总的来说，互换交易商可能在一部分券息上赚到钱而在另一部分券息上出现损失，但正如前面那个简单案例所示，所有券息的净收益显得交易商好像在每笔券息上都赚到了一些钱似的。

交易商也可以调整固定利率，赚取目标利润。请回忆第九章中雷克伍德—柯尼利亚公司的互换合约，雷克伍德证券和本章中的互换交易商一样，接受固定利率并支付浮动利率。这家证券公司不断调整固定利率，使得互换合约的现值达到10 000美元，这笔钱就是他们签订这份互换合约的费用。表11-1展示了雷克伍德—柯尼利亚公司的现金流。

对冲期权合约

期权合约的出售方自动承受了期权变为实值并被行使的风险。注意，这个道理适用于任何在期权合约中持有空头头寸的一方，并不限于交易商。当期权多头以实值价格行使期权时，交易商有义务从期权持有者手上以高于其价值的价格购买股票（看跌期权），或者以低于其价值的价格向期权持有者出售股票

表 11-1　从浮动利率支付者雷克伍德证券的角度出发，看待的雷克伍德—柯尼利亚的互换合约

固定利率 = 4.189 2%

	款项	名义金额（美元）	应计起始	应计截止	应计天数	款项利率（%）	一年天数	款项终值（美元）	即期利率（%）	距离支付天数	款项现值（美元）
固定	1	1 000 000	5/23/07	11/23/07	184	4.19	365	19 660.27	3.53	184	20 748.72
固定	2	1 000 000	11/24/07	5/22/08	180	4.19	365	19 232.88	3.54	365	19 952.54
固定	3	1 000 000	5/23/08	11/24/08	185	4.19	365	19 767.12	3.59	551	20 141.18
固定	4	1 000 000	11/25/08	5/29/08	185	4.19	365	19 767.12	3.59	737	19 797.61

固定利率部分净现值 = 80 640.04 美元

	款项	名义金额（美元）	应计起始	应计截止	应计天数	款项利率（%）	一年天数	款项终值（美元）	即期利率（%）	距离支付天数	款项现值（美元）
浮动	1	(1 000 000)	5/23/07	8/22/07	91	3.53	365	(8 800.82)	3.53	91	(8 724.04)
浮动	2	(1 000 000)	8/23/07	11/23/07	92	3.55	365	(8 947.95)	3.54	184	(8 791.06)
浮动	3	(1 000 000)	11/24/07	2/22/08	90	3.64	365	(8 975.34)	3.59	275	(8 738.97)
浮动	4	(1 000 000)	2/23/08	5/22/08	89	3.67	365	(8 948.77)	3.63	365	(8 635.31)
浮动	5	(1 000 000)	5/23/08	8/22/08	91	3.71	365	(9 249.59)	3.67	457	(8 843.24)
浮动	6	(1 000 000)	8/23/08	11/24/08	93	3.73	365	(9 503.84)	3.70	551	(9 001.08)
浮动	7	(1 000 000)	11/25/08	2/23/09	90	3.80	365	(9 369.86)	3.75	642	(8 790.08)
浮动	8	(1 000 000)	2/24/09	5/29/09	94	3.81	365	(9 812.05)	3.78	737	(9 116.26)

浮动利率部分净现值 = (70 640.04 美元)

互换合约价值 = 10 000 美元

（看涨期权）[1]。图 11-6 显示的是期权空头头寸的收益图。

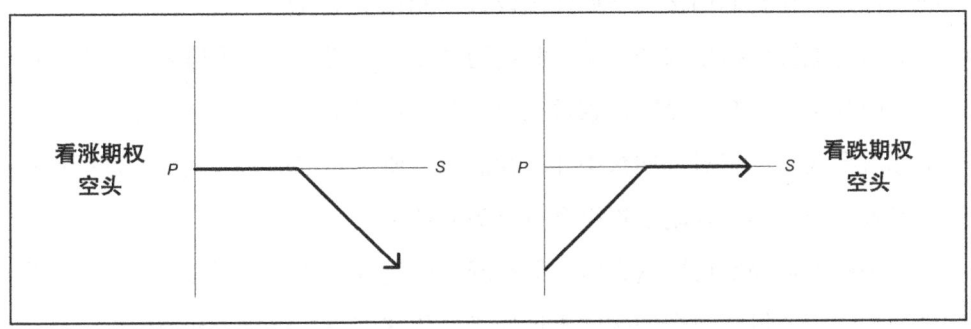

图 11-6　期权空头方收益

收益图让我们更清楚地看到了一个坏消息：风险极大——对看涨期权的出售方来说，风险在理论上甚至是无限大的。而好消息是，通过设置股票的相抵头寸，让期权价值和股票头寸的价值净变化接近于零，我们可以极大地减少风险。例如，在本章后面部分中你会了解到一个重要衡量标准德尔塔（Delta），这个指标能够量化期权价格对标的价格变化的敏感程度。德尔塔值告诉空头方（即交易商），每出售一份合约，他们需要买入多少份额的股票。德尔塔值为 60 表示每份期权合约正确的对冲率，表明空头方需要在对冲头寸中购买多少用于抵消的股票。

期权的德尔塔值跟随价格一起变化，而价格时刻都在发生改变，这也正是期权需要采用动态对冲策略的原因。德尔塔值能告诉你如何构建对冲，但这个数值总是在变，所以一个对冲中包含的内容也总是在调整。我们真的能对冲一个期权吗？我们确实做不到完美的对冲。但事实证明：期权交易商并不需要完美的对冲，他们只需要一个合理的对冲。

合成期权

能够抵消期权收益的头寸，通常被称为合成期权（synthetic option），因为

---

[1]　和前面几章一样，我们对期权对冲的讨论主要集中于股票期权，但同样的概念也适用于其他种类的期权。

它使用了期权以外的金融工具去复制期权的收益。我们该如何设置一个合成期权呢？首先，让我们回忆一下如何用设置复制投资组合的方式为期权定价，这个投资组合能够模拟期权的收益。我们通过复制投资组合的价格来了解期权的价格，因为按照无套利原则，收益相同的两个投资组合的成本一定相同。思考一下你就会明白，想对冲期权头寸，我们只需要按照定价公式假定的理论投资组合设置一个真实的复制投资组合持有头寸即可。

在理论上你确实可以这么做，但在现实中这件事几乎不可能被实现，因为定价公式假定的投资组合的构成永远处于变化状态——按照二叉树模型，那就是每个分枝都会变化；按照布莱克—斯科尔斯模型就是构成不断处于变动状态。改变投资组合的构成意味着交易，而交易会消耗资本（中介费用等），所以一个持续变化的投资组合的交易成本将会迅速接近无限大，这可能就超出了大多数人的承受范围。

尽管无法构建完美的复制投资组合，但我们可以通过量化期权价格对其标的的敏感性来构建一个近似投资组合，这些敏感因素被称为期权的希腊字母（Greeks），我们可以构建出一个敏感程度相同的投资组合。虽然这个方法并不完美，也需要人们持续维护，但在世界各地，人们每天都在构建成千上万个这样的投资组合，所以这种做法也不会太糟糕。在现实中，几乎不可能出现完美的期权对冲，因为期权的价格存在多重影响因素，而每一个希腊字母应对的只是其中一种因素。也就是说：你可以针对一个希腊字母做出完美对冲，但又要面对其他希腊字母带来的风险，所以对冲期权是一件相当复杂的难事。

期权的希腊字母

想理解希腊字母的含义究竟是什么，首先让我们回忆一下期权定价公式中的五个输入值：行权价格、标的价格、波动率、到期时间和利率。其中四个数值（除行权价格）在期权合约存续期间总在改变，所以我们认为：期权价格对每个因素的变化都具有敏感性。期权的希腊字母告诉我们，当这些定价输入因素发生变化时，期权的价格会出现怎样的变化；期权的希腊字母也让我们知道了如何构建一个合成期权。表 11-2 列出了希腊字母的通用名称及其衡量的对象。

值得一提的是，其中只有四个衡量对象有真正对应的希腊字母。"Vega"并非希腊字母，但也被算入其中。对纯粹主义者来说，衡量波动率敏感性的希腊字母是 Kappa（κ），读者可能会在一些学术文章中看到这个字母。但你不要因为这里有五个希腊字母，期权价格也有五个影响因素，就把两者混淆在一起。在实际中，并没有用来表示行权价格的希腊字母（因为行权价格永远不变），但与标的价格有关的希腊字母却有两个，如表 11-2 所示。

表 11-2 五个希腊字母及其衡量的敏感性

希腊字母	衡量期权价格对……变化的敏感性
Delta（δ）	标的价格
Gamma（γ）	标的价格
Vega	标的波动率
Theta（θ）	到期时间
Rho（ρ）	利率

计算希腊字母的数值相当复杂，我们不会过多描述。不过为了满足读者的数学好奇心，我们可以简单解释一下，每个希腊字母都是布莱克—斯科尔斯偏微分方程计算出来的偏导数。使用希腊字母可比计算希腊字母简单多了，不过为了使用希腊字母，我们首先需要准确理解每个希腊字母的含义。每个希腊字母代表某个因素改变后导致另一个因素改变的比率，具体内容如表 11-3 所示。

0.50 的 Delta（通常被简单地写作不带小数点的"50"）表明，标的价格每上涨 1 美元，期权价格就会上涨 50 美分。Vega、Theta 和 Rho 则会分别告诉我们，当每单位标的的波动率（1% 的变化）、到期时间（1 天）和无风险利率（1%）分别变化时，期权价格会发生怎样的变化。Gamma 则有些不同，它表示的是 Delta 随标的价格的变化。例如，Gamma 为 10 意味着标的价格每变化 1 美元，期权的 Delta 值就会变化 10 个单位。读者很快就会知道，这个数值为什么这么重要。在这里我们需要注意：Delta 和 Vega 的数字比其他希腊字母更大，大多数期权都是如此，这表明这两个字母对标的价格和波动率的改变最为敏感。因此，绝大多数期权对冲交易者比较关注这两个字母的数值。

表 11-3　作为比率的希腊字母

希腊字母	比率	案例
Delta（Δ）	期权价格的改变 / 标的价格的正数改变	\$0.50/\$1.00＝0.50（表示为"50"）
Gamma（Γ）	Delta 的改变 / 标的价格的正数改变	3/\$1.00（表示为"3"）
Vega	期权价格的改变 / 标的波动率的 1% 的改变	0.35/1%＝0.36（表示为"35"）
Theta（Θ）	期权价格的改变 / 到期时间的天数变化	\$0.05/天＝0.05（表示为"-.05"）
Rho（P）	期权价格的改变 / 利率 1% 的变化	0.02/1%（表示为".02"）

表 11-4 是对各个希腊字母相关性质的总结。在现实生活中当你有需要时，这个表将非常好用。

表 11-4　希腊字母的性质

希腊字母	比率	事实
Delta（Δ）	期权价格 / 标的价格	• 通常表示为没有正负号的百分比数（"50"）。原理：Delta 值为 50 意味着期权价格的变化比率为标的价格的 50% • 看涨期权多头为正数：0 到 100。看跌期权多头为负数：0 到 -100 • 平值看涨（看跌）期权（ATM）约为 50（-50）；深度实值期权（ITM）接近 100（-100）；深度虚值期权（OTM）接近 0 • 可以看作"期权以实值形式到期的可能性" • 当标的价格上涨时，看涨期权的 Delta 值接近 100，看跌期权的 Delta 值接近 0；当标的价格下跌时，看涨期权的 Delta 值接近 0，看跌期权的 Delta 值接近 -100
Gamma（Γ）	Delta / 标的价格	• 通常表示为没有正负号的百分比数（"3"） • 多头头寸为正数（看涨和看跌期权），空头头寸为负数 • 一般范围：多头为 0 到 10，空头为 0 到 -10 • 平值时最大，深度实值或深度虚值时接近 0

第十一章 对冲金融衍生品头寸 | All About Derivatives

（续表）

希腊字母	比率	事实
Vega	期权价格 波动率	• 一般表示为没有正负号的百分率（"35"） • 多头头寸为正数（看涨和看跌期权）；空头头寸为负数（和 Gamma 一样） • 平值时最大，实值和虚值时最小 • 随着接近到期时间而逐渐减小（与 Theta 相反）
Theta（Θ）	期权价格 到期时间	• 严格来说表示的是随时间变化的损失率，所以总是正数 • 按照惯例，表示为平均每天损失的美元数（"-.05"） • 多头头寸（看涨和看跌期权）为正数，空头头寸为负数 • 大小与 Gamma 负相关：Gamma 是一个大的正数，Theta 就是大的负数；反之亦然 • 随着接近到期时间而变大（与 Vega 相反）
Rho（P）	期权价格 利率	• 一般表示为无风险利率每增加 1% 期权价值的美元增益（"-.02"） • 看涨期权多头为正数，看跌期权多头为负数

希腊字母与期权定价

希腊字母的一个有趣之处，就在于它们的来源。从本质上说，它们是期权定价公式的副产品。例如，在布莱克—斯科尔斯定价公式中，Delta 值在看涨期权中是 $N(d_1)$，在看跌期权中是 $N(d_1)-1$。如果你能够想到为期权定价的基础是复制一个投资组合，那就不难理解期权对冲和定价的这种联系了。目前我们只需要把希腊字母看作可用来设立对冲投资组合的数值即可——其他善良的人为你计算出来的数值。

Delta 对冲

Delta 对冲是期权做市商或交易所的基本操作，流程大致如下：交易商表达出希望以低于模型价格的买价购买期权的意愿，或者希望以高于模型价格的卖价出售期权的意愿，其中模型价格（Model Price，MP）就是用类似布莱克—斯科尔斯模型这样的定价方法计算出的理论价值。买价、卖价与模型价格之间的差额，通常被称为"优势差额"。这时出现了一个人，假设其是一个对冲交易者，用卖价买下了期权。交易商这时在期权中持有了一个头寸，他立刻在标的上设置了一个 Delta 中性对冲投头寸，并且随着时间推移不断调整对冲，以保持 Delta 中性。在结算两笔头寸时，如果对冲成功，交易商就能获得优势差额（如果 Vega 和其他敏感因素数值不离谱，也能获得接近优势差额的结果），他就能赚到利润。我们将在下文举出一个带数字的案例。

值得一提的是，对期权套利交易者来说，Delta 对冲也是日常工作。但套利交易者不会报出买价和卖价，他们会在市场中寻找"被错误定价"的期权，或者说是高于模型价格的买价和低于模型价格的卖价。发现错误定价后，他们会立刻买入头寸。和交易商一样，套利交易者可以立刻设立 Delta 中性对冲头寸，也会不断进行调整，以保持 Delta 中性。在结算头寸时，优势差额就是套利交易者的利润。

读者现在可能会想：所谓错误定价的期权，和交易商报价的期权到底有什么区别？我们可以把期权交易商的卖价看作汽车销售商报出的零售价，其中模型价格相当于成本。汽车销售商显然会以高于成本的价格出售汽车，期权交易商也是如此。所以做市商们发布的买价低于模型价格，卖价则高于模型价格，都是为了服务愿意支付优势差额的"客户"。套利交易者本质上是在寻找错误地将买价定得高于模型价格、将卖价定得低于模型价格的做市商，从而违背做市商的意愿，让他们被迫支付差额。这就像汽车销售商错误地以低于进货价卖掉了一辆汽车，销售商承受了差额带来的损失，而购买者用更便宜的价格买到了汽车。

假设有一个行权价格为 30 美元的看涨期权，其模型价格在某一天早上为 1.85 美元。你是交易商，提出以 2.00 美元的价格卖出期权，每份合约可得到 0.15 美元的理论优势差额（每份合约为 100 份标的）。有人从你手中买下了 20 份看涨期权。现在，你的目标就是实现 300 美元的理论优势差额（$20 \times 0.15 \times 100$ 美元）。期权的 Delta 值为 79，这意味着要想拥有 Delta 中性对冲，每份期权合约你需要 79 股标的。于是，你购买了 1 580 股标的（79×20）。在这一天里，你监控着 Delta 值并随之调整对冲，或买或卖股票。在这一天结束时，假设期权持有者行使期权，你也卖出了自己的股票头寸。虽然你的期权交易利润损失比（Profit/Loss，P/L）是负数，这意味着你亏钱了，可是你的股票的 P/L 是一个巨大的正数。期权和股票的净 P/L 就是你的利润。表 11-5 列出了相关数字。

在期权交易日结束时，你损失了 4 000 美元（看涨期权变为实值）。但在股票交易中，你收获了 4 300 美元，因此你的净收益为 300 美元——这正是理论上的优势差额。

为了让这个案例更便于理解，我们把 Delta 值和股票价格的更新时间确定为一小时，其实在现实中我们就是采用同样的方法，用标的的多头头寸 Delta 对冲一个卖出的看涨期权，你可能只需要更频繁地操作，比案例中更精准地利用股票价格和 Delta 值。此外，对冲一个卖出的看跌期权的做法与上述方法相同，但你需要做空一只股票，而不是像上述案例中所做的多头头寸。想要对冲看涨和看跌期权头寸，你只需要反过来操作（记住，交易商不仅会出售期权，也会购买期权，他们会用同样的方式对冲多头头寸，以获取优势差额）。表 11-6 对此进行了总结。

标的的多头头寸，指的就是你购买并持有股票，而空头头寸意味着做空一只股票。想做空股票，你需要从其他人那里借来股票，并立刻在公开市场上出售，经过一段时间后，你重新买入股票，再还给出借人。如果股票价格在这段时间内下跌，你就能赚到钱；如果股票价格上涨，你就会亏钱。我们在 Delta 对冲案例中可以看到，做空股票和出售自己持有的股票存在巨大区别。从传统上看，做空是相信股价会下跌的投机交易者使用的一种操作方法[1]。事实证明，做空也是期权对冲交易者不可或缺的一种交易工具。图 11-7 分别展示了股票多头和空头的收益。

现在，我们有必要再来讨论一下模型价格的具体含义。对期权交易商和套利交易者来说，模型价格在现实中的含义就是他们可以自信地合成期权的价格。从这个角度出发，一个模型价格"越好"，这些人就越能发现被错误定价

---

[1] 投机交易者也可以购买看跌期权。

表 11-5 期权交易商简对冲

	期权	行权价格（美元）	期权 P/L（美元）	股票价格（美元）	Delta 值	股票买（卖）（美元）	股票头寸（美元）	股票 P/L（美元）
早上 9 点	交易商以 2.00 美元的价格卖出 20 份看涨期权（MP=1.85 美元），并买入股票	30	4 000	31.50	79	1 580	1 580	
早上 10 点	Delta 值下降，交易商卖出股票			31.00	78	(20)	1 560	(10)*
早上 11 点	Delta 值下降，交易商卖出股票			30.50	60	(360)	1 200	(360)
中午 12 点	Delta 值下降，交易商卖出股票			30.00	54	(120)	1 080	(180)
下午 1 点	Delta 值上涨，交易商买入股票			31.00	78	480	1 560	
下午 2 点	Delta 值上涨，交易商买入股票			32.25	98	400	1 960	
下午 3 点	Delta 值上涨，交易商买入股票			33.50	99	20	1 980	
下午 4 点	期权持有者行权，交易商结算	30	(8 000)	34.00	(1 980)	0	4 850**	
总 P/L			(4 000)					4 300

* 为简化说明，我们在出售股票时兑现 P/L。计算这个数字时，只需要用股票份额数量乘以持有期股票价值的变化。例如，20×(31.00−31.50)=−10。

** 注意 1 080 份股票是以四种价格买入的。以下是 P/L 的计算方法：1 080×(34.00−31.50)+480×(34.00−31.00)+400×(24.00−32.25)+20×(24.99−33.50)=4 850。

表11-6 期权头寸与标的对冲头寸

期权头寸	对冲头寸
看涨期权空头	做多标的
看跌期权空头	做空标的
看涨期权多头	做空标的
看跌期权多头	做多标的

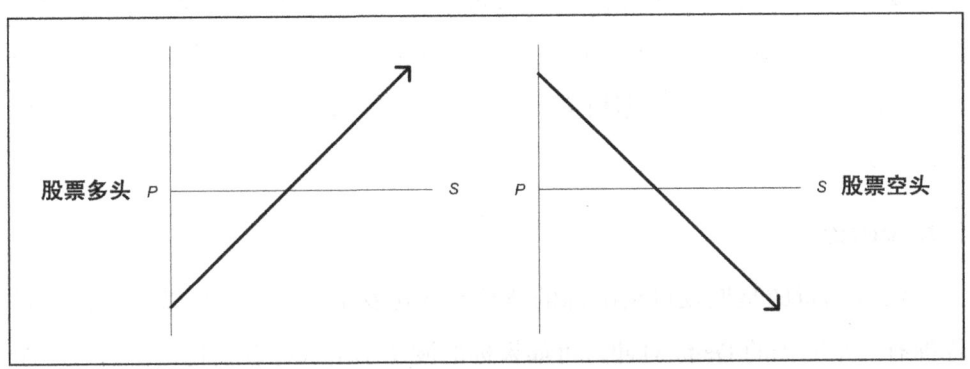

图11-7 标的多头与空头收益图

的期权。让我们以前面的案例为例。我们假设模型价格为1.85美元，但交易商相信真正的模型价格是1.75美元，如果他们能合成一个对冲，他们就能赚到500美元而非300美元。反过来，一个认为模型价格是1.95美元的交易商也许根本不会考虑做这笔交易（现实中交易商对模型价格的分歧通常没有案例中这么大）。

这就是模型越好、做交易商或套利交易者能力就会越强的原因，也能解释金融公司为什么花大价钱不断开发、优化定价模型或分析工具。这同样解释了什么是模型风险，也就是定价分析工具出错时带来的风险。假设一个交易商错误地认为一个模型价格为1.50美元，但其真实价格是1.30美元，交易商以1.40美元的价格购买了500份期权合约，以为自己能赚到5 000美元，但实际上却损失了5 000美元，这个结果太惨烈了。

现实中存在一些复杂因素，导致现实中的Delta对冲相较于我们的案例更为复杂。其中之一，就是我们在案例中舍弃了交易成本。如果对冲要求你做空股票，按照美国的法律规定，做空可能只在股价出现上涨后才能进行。

使用 Gamma

Gamma 衡量的是 Delta 值随标的价格变化而发生的改变。与 Gamma 值低的期权相比，Gamma 值高的期权 Delta 值的改变更为迅速。Gamma 值对期权对冲交易者的现实影响非常直接：Gamma 值越高，当标的价格发生变化时，期权变得无法对冲的速度就会越快。Gamma 值是一个衡量速度的标准。如果 Gamma 值高，你最好时刻紧盯着对冲组合；如果 Gamma 值较低，你的休息时间就会更多。

使用 Vega

Vega 衡量的是期权价格随标的波动率变化发生的改变。也就是说，就算你拥有一个完美的 Delta 对冲，可如果标的波动率出现显著变化，你仍有可能出现亏损。真麻烦！所以期权对冲者应该做什么呢？他们能做的事很多，但绝大多数事情已经超过了金融衍生品基础知识的范畴。一种显而易见的 Vega 对冲法，就是持有另一个有着相同 Vega 值但方向正好相反的期权头寸。市面上存在以波动率指数为基础的证券，这种证券当然可以用来对冲许多期权或者是价格与市场高度相关的期权；但对单一标的的单一期权来说，这种金融产品通常作用不大。

还有一种方法是"价差交易"（spread trade）。这是一种期权交易策略，你需要同时购买不同的期权头寸（如其他方面一模一样但一个是 11 月的期权，另一个是 12 月的期权），这样头寸整体就会对波动率的变化更加敏感。由于波动率与时间密切相关，所以"跨期价差"可以产生极好的效果。距离到期的时间越长，标的价格发生改变的概率就越大。总而言之，这里讲的都是基本概念。

使用 Theta 和 Rho

Theta 和 Rho 分别衡量的是期权价格对时间及无风险利率变化的敏感程度。

幸好这些敏感程度通常都比 Delta 和 Vega 衡量的对象小很多，所以期权交易商一般不需要过多担心这些因素。

尽管如此，我们还是能找到对冲 Theta 和 Rho 的方法。例如，跨期价差可以用来对冲 Theta，持有债券也可以——这是另一种价值与时间存在密切关系的金融工具。债券同样对利率的变化非常敏感，所以也可以用来对冲 Rho。另一种可以对冲 Rho 的工具是利率期货合约，如 EDF 合约——也就是我们在前面用来对冲互换合约的金融工具。

更多与风险管理有关的内容

在金融风险管理的神奇世界中，还有什么好玩的东西呢？读者也许听过风险价值（Value at Risk，VAR）这个概念。风险管理者和监管者都比较喜欢 VAR，因为这个概念为一个模糊的问题提出了明确的答案：一个头寸最多可能损失多少钱？ VAR 是一种一般主题的情景分析，其需要对未来可能发生的情况做出分析，以便避免出现这些情况。准确地说，VAR 表示的是在 T 这样一段时间里，出现最大损失的概率 P 是多少。

举个例子，一个互换交易商可能在一天结束时计算 VAR，结果发现未来 30 天里自己有 95% 的概率出现最多 1 250 万美元的损失。假设这个交易商不能容忍超过 1 000 万美元的 VAR，那么他可能会出售一部分投资组合，从而降低风险。投资组合经理可以用 VAR 对比两个几乎相同的投资组合，以确定哪一个风险更大。而行业监管部门可以通过 VAR 设置资金要求（即金融机构需要持有的资金数量，以应对世界环境发生变化的需要）。机构可能推荐甚至强制互换交易商保持"五倍 VAR"以作储备。

VAR 如何计算？其主要通过模拟方式计算。回忆一下我们是怎么确定某个受多种因素影响的金融工具的价值的。利率变化会对浮动利率贷款产生巨大影响，期权则受标的价格、波动率等因素影响。现实中一种非常流行的模拟方法，叫"蒙特卡洛"（Monte Carlo）模拟。其中的计算机程序需要代入各种因素的不同数值（一般为随机生成的数字），从而计算出受这些因素影响的头寸价值。计算机程序改变各因素的数值后，会再次进行计算。这个过程会反复进行，其中的关键点自然是尽可能多地进行模拟，尝试得越多，你对未来的推测就越准确。

毫无疑问，风险管理在金融衍生品世界中具有极其重要的意义。随着衍生品头寸数量的增加，全球性风险也在增加。市面上已经存在大量与"金融衍生品灾难"有关的图书，我们会在本书的后记部分提到其中一些。好消息是，每次灾难既是在警醒人们关注重要的风险管理，又是宝贵的经验教训。如果你关注过金融灾难，就会发现并非全部灾难都与我们在这一章里提到的风险有关，市场上存在不止一种类型的风险。

我们在这一章里介绍的是市场风险。市场风险有时也被称为价格风险，或者与改变的市场价格有关的风险。但是现实中还存在其他类型的金融风险，它们不适合用远期、期货、互换和期权合约去应对。其中一种风险是运营风险，也就是公司内部流程及政府的瑕疵可能导致出现大量资金损失的风险。例如一家交易公司，在缺乏足够监管的情况下，让一个失控的交易员以公司的名义设置了巨大的投机交易头寸。如果投机交易不成功，公司就会承受巨大损失。讨论期权对冲时，读者大概能感受到模型风险，也就是定价模型不正确时带来的风险，这真的会搞砸一个对冲！另一种风险是法律风险，即影响你管理现有头寸能力的法律发生改变时带来的风险。还有一种非常重要的风险是信用风险，即对方不履行义务、导致你出现损失的风险。下一章我们就会讨论这个问题。

ALL ABOUT DERIVATIVES

12

第十二章

金融衍生品与 2008 年金融危机

可以肯定的是，不是单一的原因导致了 2008 年的金融大地震。这场金融地震的震中当然是美国的住房市场，但除此之外，我们很难明确地指出其他问题。是房屋价格飙升到前所未闻的高度，而且人们忘记了价格泡沫之所以被叫作价格泡沫，就是因为泡沫总会破灭吗？是降低借贷标准，让更多的人可以实现拥有房屋的美国梦吗？是那些知道第二天就能把抵押贷款转手卖给其他人，所以愿意把钱借给狗的数量庞大的抵押贷款发起人吗？是一旦市场出问题就被当作"犯罪嫌疑人"的金融衍生品吗？是信用违约互换（CDS）、债务担保证券（Collateralized debt obligation，CDO），还是什么其他合成产品这些现实生活中的人根本理解不了的东西造成的金融危机？金融衍生品是我们陷入这一历史级泥潭的原因之一吗？事实证明：它们确实是原因之一，但是为什么呢？

若只想简单了解金融衍生品在金融危机中扮演的角色，我们只需要了解 CDS 的情况。CDS 其实就是贷款保险。这种"保险"的买家定期向卖家支付款项以换取安心，当第三方或"参考实体"发生贷款违约时，买方就能收到卖方交付的款项（有时数额很大）。CDS 就是其他人贷款的一种保险。

如果把 CDS 看作贷款保险，那么它在导致经济衰退的过程中扮演了重要角色，也就不难理解了。在 2000 年之后的几年里，贷款门槛降低意味着越来越多的人可以申请贷款，他们也确实获得了购买房屋的贷款。这些新的抵押贷款人，即所谓的次级抵押贷款人，本质上就比符合更严格信用要求的贷款人更容易违约。有些人注意到了这个事实，所以使用 CDS 下注，赌次级抵押贷款人的违约数量会超过预期。CDS 合约的出售方（贷款保险公司）认为这是非常安全的赌博，自己不太可能赔付，所以他们非常开心地收取了赌注（贷款保险费），把这部分收入当作巨额奖金发给了一些雇员。

而 CDS 出售方是否会做出合理安排，在手上保留足够的资金，以防赌博失败呢？我们用一句话来说（或者一个词），那就是"没有"。他们就是不觉得

第十二章 金融衍生品与2008年金融危机 | All About Derivatives

赌博会失败，或者有的人在数学计算上不够谨慎，没有意识到自己可能面临多少债务。两个原因可能兼具。而且与真正的保险公司不同，没有监管机构告诉CDS出售方，他们必须做好履行义务的准备。

让我们跳过那快乐又幸运的几年，直接进入2008年。当时房屋价格不再上涨。当时也不是房屋价格崩盘，但价格渐进式的放缓积累到一定程度后，导致次级抵押贷款人的违约数量开始超过预期。出人意料的高违约率导致了一系列问题，其中之一就是CDS出售方需要兑现赌博结果。CDS的买方（即下注方）来到赌场的兑换窗口，要求拿回赌赢的钱，但他们却看到赌场老板崩溃了。赌场没有钱。许多CDS出售方陷入了这个泥潭，CDS出售方很多与华尔街大银行或保险公司存在关联，有的直接是后者的分支机构，所以美国政府别无选择，至少需要拯救其中一部分，给他们善后。于是"山姆大叔"动用了自身的借贷力量和良好的信誉（及提高税收的权力），筹集了上百亿美元还给CDS的买家。

美国政府的救市不仅解救了CDS卖方，也拯救了出借人和抵押贷款市场的其他参与方，但这也没能阻止股市暴跌——数以万计的养老金账户和大学教育储蓄账户承受巨大损失，每个人的人生都很痛苦。消费者支出速度变缓，失业的人越来越多；失业率突破两位数，这在很多人的记忆中是第一次出现的情况。在2008年年底时，美国的情况也没有给人太多信心；除非你是民主党人，那你至少还有总统大选结果值得期待，这可以稍微转移一下你对401(k)养老金账户余额的关注。

毫无疑问，金融衍生品在这场金融危机中起到了一定作用。值得注意的是，我们在这里讨论的是信用衍生品，这是金融衍生品大家庭中一个相对较新的成员，与股票期权、商品期货这样的传统金融衍生品存在显著差别，后者在"次级抵押贷款"这个词出现前已经存在了一个多世纪。这些传统金融衍生品合约属于价格保证，主要在受监管的交易所被交易。而信用衍生品不一样，它是一种履约保证，通常在相对缺少监管且缺乏协调的场外（OTC）市场交易。其实有一种比较有道理的观点认为，信用衍生品根本不能算衍生品，而是一种被打扮成"金融衍生证券"的保险合约,用以规避保险监管机构的监管。尽管如此,信用衍生品仍被视为金融衍生品的一种,并受到严格监管;若你真想了解它们在金融危机中扮演的角色,这本书目前讲到的知识还是远远不够的。

债券

想要理解2008年的信用危机,我们首先要提醒自己这一切真正的根源:债券。传统债券指的是某个实体(历史上一般是大型公司、政府和市政管理部门)为运营操作、从投资者手中借钱而发行的证券(债券即债务证券,与股票相对,后者是股权证券)。借钱的实体向投资者出售债券,投资者购买债券、借出一些本金,从而换取在一段时间内按照一定利率收取利息或"券息";这段时间结束后,投资者可以拿回本金。图12-1展示的就是一只典型债券的现金流。

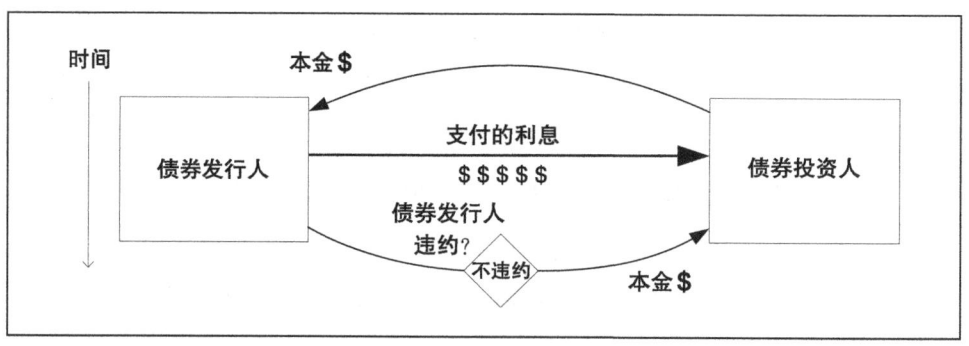

图12-1 债券现金流

债券投资者很少从发行人手中直接购买债券,两者之间通常站着一个债券交易商。债券交易商负责将买家和卖家匹配在一起,通过向投资者(自己的客户)以高于自己从发行人(交易商的供应商)买入的价格卖出债券的方式赚取利润。债券交易商也会在最初发行人早已淡出交易市场后,在所谓的二级市场中推动持有债券的投资人进行交易。读者大概能想到,债券交易商出售债券的价格越高,他们赚到的利润就越多,而这正是后面故事的动力之一。

第十二章 金融衍生品与 2008 年金融危机
All About Derivatives

一笔债券投资返还给投资人的收益，通常被称为债券的收益率。想理解后续内容，你首先需要知道哪些因素决定了收益率。券息率和主流利率之间的差别就是一个核心因素。例如，在主流利率为 4% 时，一只向投资者支付 5% 利率的债券显然具有正价值。另一个重要影响因素是市场对债券发行人信誉的看法，或者说是市场认为发行人支付券息、在债券到期时返还本金的概率。没能达到这一预期的发行人就是违约。投资人自然希望债券的发行人不违约，但这个因发行人而异的风险总是存在的。任何债券的收益率均包含一部分风险溢价[1]。

金融世界的基本准则之一，就是投资的收益率与投资者承受的风险成正比。风险越大，预期收益越高。在债券市场中，当其他因素一样时，违约概率更大的发行人发行的债券，其收益率高于信誉更高的发行人发行的债券。因此，高收益率债券会使投资者收益更高，但发生违约的概率也会高于低收益率债券。归根结底，投资者在衡量债券违约概率的问题上，需要掌握一套可靠的衡量标准。

债券评级

在美国，确定债券发行人信誉的工作主要由两个受人尊重的评级机构完成：穆迪（Moody's）和标准普尔（Standard & Poor's）。这并不是一项简单的工作，但这些机构会竭尽全力，对诸如发行人历史记录、业务风险、发行人管理层质量等各种情况进行分析。在分析结束后，他们会给债券做出一个标准化的评级，债券市场接着利用这个评级确定价格。值得注意的是，债券的价格与其收益率成反比。债券的收益率越低，价格越高；反之亦然[2]。虽然不同评

---

[1] 严格来说，风险溢价是（有风险）债券的收益率与被普遍视为无风险的证券（如美国国债）之间的差额。

[2] 要想理解价格与收益率的关系，我们可以看一下最简单的收益率，即当期收益率的计算公式：$Y=AI/MP$。其中 Y 是收益率，AI 是年利率，MP 是市场价格。假设一个债券每年需要支付 500 美元的利息，那么 10 000 美元的市场价格意味着收益率是 5%（即 500 美元/10 000 美元），而 9 000 美元的市场价格意味着收益率是 6%（价格更低，收益率更高）。

级机构的评级方法略有不同，但本书为简化说明，假设最高评级为 AAA，AA 次之，接着分别是 A、B、BB、BBB。其中 AAA 的评级被认为是最不可能违约的债券（低风险→低收益率→高价格），而 BBB 则是最有可能违约的债券（高风险→高收益率→低价格）。

评级机构的重要作用不言而喻。事实上，债券市场的诚信由评级机构的工作成果决定，这种说法也并无不妥。在理想世界中，这些评级机构会采用最实用、可靠的方法计算债券的违约风险，而且他们会完全中立、毫无偏见，在不存在任何利害冲突的情况下完成"神圣的工作"。但现实若真是这样就好了。评级机构中的工作人员和我们一样，都是普通人，他们并不总能得出正确的答案。而且他们的报酬主要来自债券发行人和交易商，他们的中立性也值得我们怀疑。这就是现实情况。

抵押贷款支持债券

房屋抵押贷款本质上就是一种债券。当一对夫妻借款买房，并且承诺支付贷款利息并偿还本金时，他们实际上向出借人（或抵押贷款发起人）"发行了债券"。图 12-2 表明：抵押贷款涉及的现金流，实际上和传统债券一模一样。两者的本质区别是本金的偿还方式。传统债券的本金在合约结束时能够被一笔偿还；而在抵押贷款中，人们每次还款的金额均含有一部分本金，而且本金所占比例不断提高，最终本金在抵押贷款合约到期时被全部偿还。

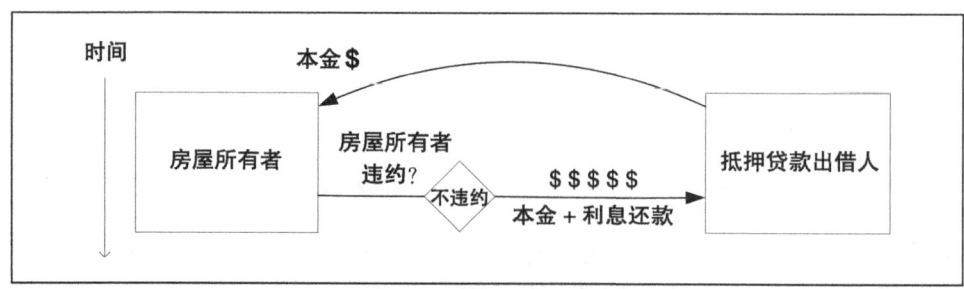

图 12-2　作为债券的抵押贷款

第十二章
金融衍生品与2008年金融危机

All About Derivatives

尽管一份抵押贷款就是一只债券，但其规模太小，不值得债券交易商花时间将这个证券推销给投资者。但假设自己是债券交易商，从抵押贷款发起人那里购买了1 000份抵押贷款。对于每一份抵押贷款你都支付了一定数量的资金，换取接收剩余利息和本金的权利。现在，你拥有了一个巨大的，由多个小债券（抵押贷款）组成的"超级债券"，每个月贷款人还款时你都会得到收益。而现在你也拥有了体量足够大的东西，可以将其出售给投资者。假设你为建立抵押贷款池支出了1亿美元，你可能转手向投资者卖出了1.1亿美元，那么你就可以把收取抵押贷款资金的权利转给投资者，将1 000万美元的差额留作自己的利润。

可这种抵押贷款支持债券（Mortgage-bocked bond，MBB）的收益率该是多少呢？你在这里面对的不是一个债券发行人，而是成百上千个债券发行人。有些房屋所有者拥有无可挑剔的信用记录，一次延迟还款的情况都不会有。但其他房屋所有者的信用记录可能就没这么完美了，有些人有可能由于陷入困境而违约，或者延迟还款。和1亿美元债券全部来自一家企业或政府发行人不同，我们在这里使用一个债券评级显然不合理。这个问题的解决方法就是，与其将这个超级债券当作一只证券，不如将其打包成几个规模较小的债券，具体如图12-3所示。用星号表示图中抵押贷款的风险性：五星抵押贷款的房屋所有者拥有极高的信用度评级，四星的信用度略低，以此类推，一星最低，其中都是次级抵押贷款人，他们的违约概率最大。源于抵押贷款池的每种债券都有属于自己的支付结构和对应的评级（详细内容见后文），并且被形象地称为"Tranche"——这是一个法语词，意思为"切块"。

想象自己将一个超级债券切割为几只债券，每只债券均配上前面的一个评级，每只债券都设计成按月支付利息的结构，支付利息的资金来自借贷抵押贷款的房屋所有者，他们从"极高"到"低"有着不同的信用度。具体流程如下：AAA级债券持有者拥有最低的收益率，但承受的风险最低，他们是最早收到每月利息的人。风险/收益的另一个极端是BBB级债券持有者，他们享受最高的收益率，也要承受最大的风险。如果1 000名房屋所有者中有一部

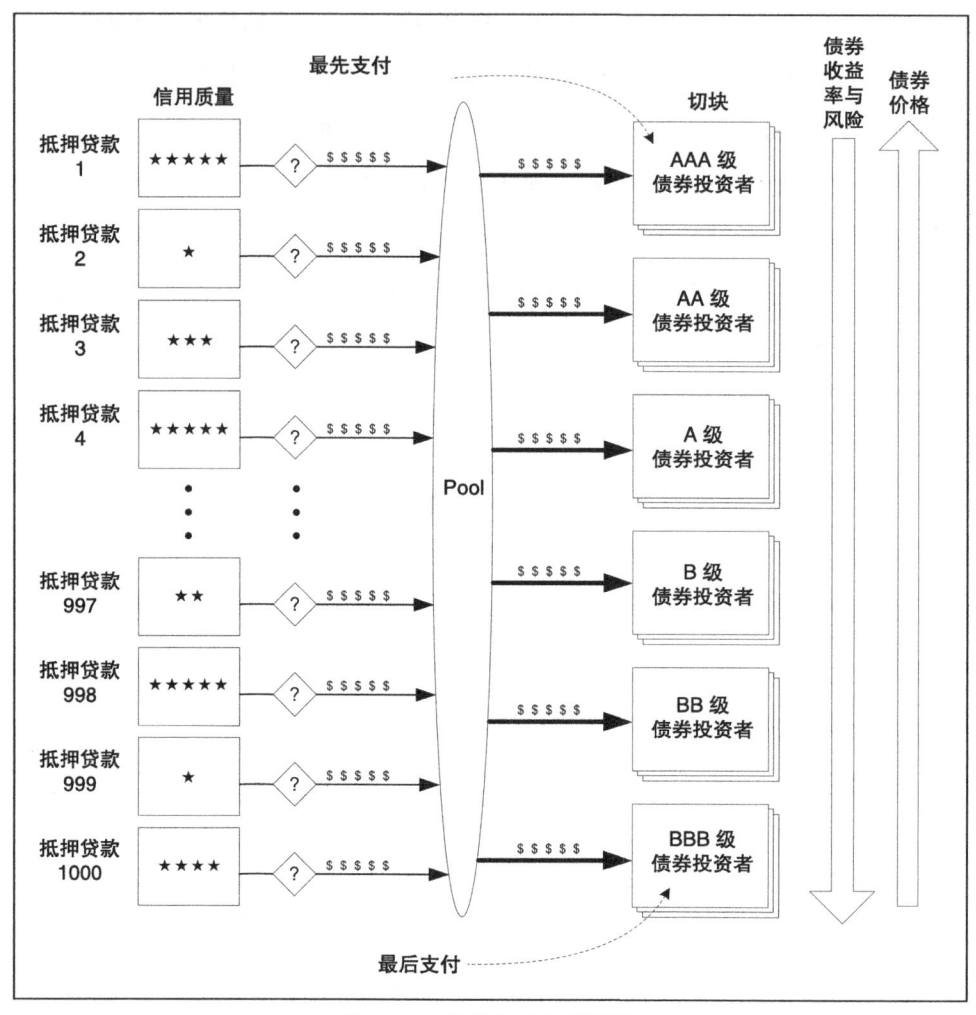

图 12-3 抵押贷款支持债券

分没能按时还款（并非不可能），BBB 级债券持有者就不会得到全额利息，甚至可能一分钱利息也得不到。如果有足够多的抵押贷款违约，即便 AA 级或 A 级切块的债券持有者也有可能收不到利息。

关联问题

人们有时把抵押贷款支持债券的结构，比作建立在洪水中的多层公寓楼。

地基部分基本会被淹没,如果洪水特别大,那么一楼甚至二楼也会被洪水淹没。在一场特大灾难中(如挪亚方舟那样的末世灾难),顶楼都有可能进水。当然,出现这种情况的可能性很小。较高级别债券的持有人因违约风险相对较低,所以被视为"投资级别",他们可以合理地预期——自己总能按时收到利息。不管怎么说,A级、AA级甚至AAA级债券投资者不得不担心,会有那么多房屋所有者欠债不还、放弃房屋所有权吗?在2003年和2004年时,没人觉得会发生这种情况,那时的投资者就像《辛普森一家》中的爸爸大吃甜甜圈一样,不断吃进抵押贷款支持证券。

但这里隐藏着一个问题,而且还是一个巨大的问题,对次级抵押贷款支持证券来说尤其是个大问题。有些债券涉及的抵押贷款池中的房屋所有者拥有相对较差的信用历史——也就是说,和其他抵押贷款相比,这些人更有可能出现贷款违约问题。这个问题可以追溯到评级机构,以及他们为次级抵押贷款支持债券做出评级时的一个关键前提下。他们假设(事实证明,是错误假设),作为抵押贷款支持债券根基的抵押贷款,即便是次级抵押贷款,只要在地理上和其他方面都足够多样化,那么一个资金池的整体违约率就会与历史违约率保持一致——差不多为1%。从数学上看,他们假设个体次级抵押贷款的违约率在统计学上不相关。按照他们的推理,某个抵押贷款违约时,都是由于个体抵押贷款持有者独有的因素,或者至少是该地区特有的因素,而不是由于某个能影响所有抵押贷款的因素。如果史密斯先生因为费用支出作假被公司开除导致违约,这并不意味着住在路对面的琼斯太太也会违约。例如,导致佛罗里达州抵押贷款违约的原因,并不意味着也会导致蒙大拿州的抵押贷款违约。评级机构似乎不认为会发生可能导致房屋市场整体陷入风险的罕见事件,也不认为有什么事件会导致抵押贷款池整体的违约率超越历史纪录。

尽管评级机构充满信心,但现实中确实存在可能影响次级抵押贷款市场整体违约率的因素。经济学家和其他专家对该因素仍争论不已,不过在次级抵押贷款市场最初开始增长时,有一个因素起到了重要作用:借贷标准疯狂降低。具体原因本书无法进行详细解释,但在20世纪90年代末和21世纪初时,人们获得抵押贷款的难度降到了历史最低。过去你可能需要10%甚至20%的首付才能买房，而在那些年里，你实际上不需要首付也能买房。你不需要像过去那样，提供证据证明自己有偿还贷款的能力，你可以选择只付利息（Interest Only，IO）抵押贷款，甚至还能获得完全不需要支付利息的贷款！出借人实际上就是用每月借给你更多钱的方式让你偿还利息，从而增加了你尚未偿还的本金数额，这与过去那些未还本金数额逐渐变少的情况不同。这太疯狂了。更重要的是，这是一种全新的现象，过去的市场上从未出现过这种情况，所以评级机构依赖的历史违约率也不再适用于新情况。现在回到建在洪水中的公寓楼这个例子，那就好像保险公司根本没有意识到用砖块建成的建筑被水浸湿后会倒塌一样。当地下室被淹时，砖块无法继续承受上面楼层的重量，所以整栋建筑就轰然倒塌。

现在让我们回看当初为什么会发生那些草率的次级抵押贷款，其实也能找到一个合理的解释，但这个解释建立在另一个假设之上：那就是房屋价格会无限上涨，而且泡沫永远不会被戳破。假设你为一个价值10万美元的房子贷款了10万美元，假如这个房子的价值已经升值到12.5万或15万美元，或者在你偿还贷款前一定能升值，那谁还在乎你是否欠着10万美元或者更多的钱呢？当你出售房屋，或者用房屋再融资时，你就能轻轻松松地还钱了。

想必读者已经看到了事件的走向。注意：金融衍生品在这里根本没有出场。但金融衍生品的低调，也就到此为止了。

信用违约互换

信用违约互换（CDS）很像汽车的碰撞保险，每年你支付保费换来安心，如果车被撞了，保险公司就会给你开出支票理赔。CDS和汽车碰撞保险主要存在两个区别：第一，你担心的不是汽车被撞，而是债券违约；第二，你不需要持有债券，甚至不需要和债券有任何关系。CDS就像别人家汽车的碰撞保险。那你为什么会购买这种产品呢？也许你借钱给一个人买车，出于某种原因，这个人现在没有保险，你可能会把自己的保险给他，以防他把车撞坏后不能把钱还给你。那就是用第三方碰撞保险对冲，正如你所记得的，这正是大多数人使用金融衍生品的两种原因之一。

另一个区别在于投机。也许你不认识那个人，或者和他买新车毫无关系，但你知道他是一个有着撞车记录的水平很差的司机，你敢肯定他也会撞坏新车。于是你买了一份碰撞保险——受益人是自己——作为赌博。有一部分人就是把CDS作为这个用途。他们用CDS投机，赌某些债券未来会发生违约。图12-4表明了为什么CDS与贷款保险相似。

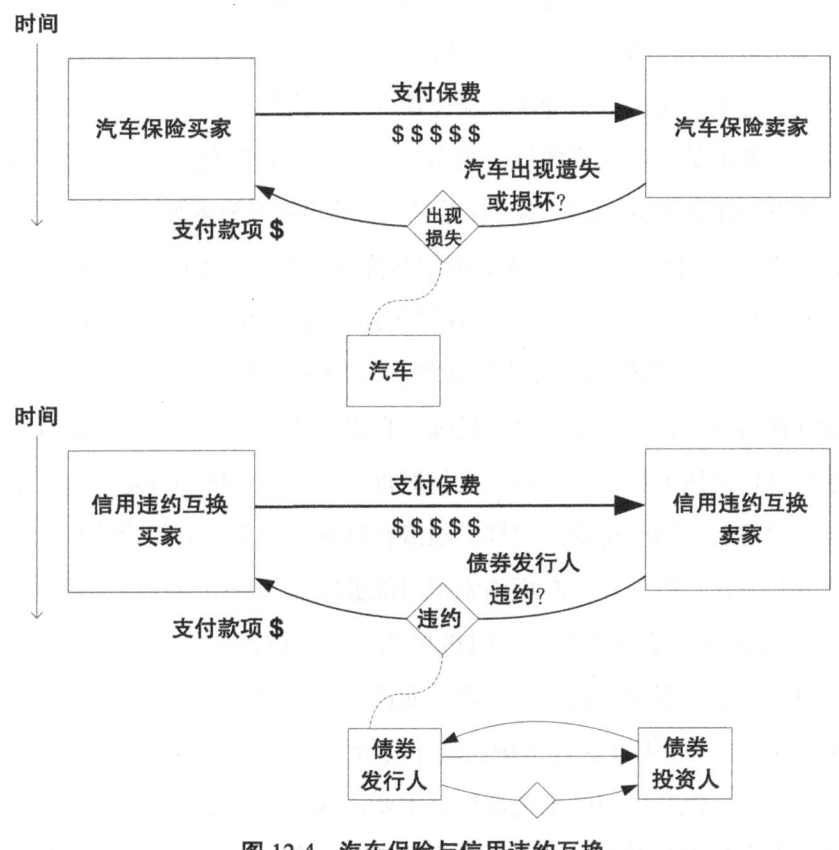

图12-4 汽车保险与信用违约互换

CDS出现在20世纪90年代，当时担保的并非抵押支持债券，而是传统的企业债券。摩根大通（J. P. Morgan）、德意志银行（Deutsche Bank）和其他华尔街知名公司迅速利用这种创新产品，为大量商业债务投保。他们似乎也做得很顺心。与建立在高风险抵押贷款资金池上的债券不同，来自单一债券发行人的债券不存在与其他债券有关联的问题。

假设现在是 2003 年或 2004 年，你是一个投机交易者，四处寻找可以购买 CDS 的债券——也就是那些你打赌会发生违约的债券。你该寻找什么？为什么你要寻找最有可能发生违约的债券？不仅如此，你要寻找的是自己认为发生违约的概率高于评级机构预测概率的债券，因为只有这样，保险（其实是 CDS）的价格才会更便宜，这就像好司机在汽车保险上花的钱比差司机更少一样。回到 2003 年到 2004 年，在投机交易者眼中，什么样的债券满足上述标准？没错，答案就是次级抵押贷款支持债券，也就是存在关联问题的债券。

你看，并不是每个人都像打了鸡血一样，认为房价泡沫永远不会破灭，或者认为次级抵押贷款违约之间不存在关联。这些逆向投资者预感次级 MBB 的评级存在错误。他们想做空，也就是赌债券价格下跌，而 CDS 就是做空债券的完美工具。所以没过多久，你就发现像美国国际集团（American International Group，AIG）这样的公司开始出售次级抵押贷款支持证券的 CDS。他们出售了大量这样的产品，每天笑得合不拢嘴，自以为收到了赌注，而且永远不会赌输。他们自信到认为自己永远不会支付对价。事实上，他们甚至没有留下足够的资金，以便在赌输时付款。同样面临潜在巨额赔偿义务的保险公司则利用再保险或其他方式，确保自己在面临索赔时能够履行义务——保险监管机构显然也会确保他们具有履约能力。但 CDS 的出售方不被视为保险公司，所以出售方可以自行决定是否及如何对冲风险。而他们选择的是不做对冲。

下一个在 2008 年金融危机中扮演了重要（非常重要）角色的证券，并不是金融衍生品。但它扮演的角色却极其重要，这种证券是与金融衍生品结合使用，实际上也是由金融衍生品人为合成的。简而言之，不了解这种证券，你就不可能理解 2008 年的金融危机。这种证券，就是债务担保证券（CDO）。

债务担保证券

对于债务担保证券（CDO）的基本原理，我们可以做出如下总结：假设有一个次级抵押贷款池，当你把这些相对高风险的贷款打包成抵押贷款支持债券时，你直观地认为这样的证券只会得到 BBB 的评级。这种评级意味着低价格，对债券交易商来说，或多或少意味着低佣金。交易商心想：如果能换一种打包方式，获得更高的价格就好了。虽然每一笔抵押贷款的违约风险确实相对较高，可随着时间推移，所有抵押贷款都会违约吗？不，当然不会。有些抵押贷款会违约，有些则不会。

让我们先像图 12-5 一样进行切块，就像创设传统的 MBB 一样（那时我们使用更为多元化的抵押贷款，和 CDO 一样，不限于 BBB 级抵押贷款），我们用 BBB 级抵押贷款池创设一系列债券。我们会创设一些 AAA 级债券，其持有者可以率先获得次级抵押贷款人偿还的贷款，随后再创设一些 AA 级债券，剩余以此类推。

这种做法当然取得了成功。债券交易商用低价的 BBB 级证券创造出了高价的 AAA 级证券。现在回头再看，利用 CDO 把 BBB 级证券转变为高价的 AAA 级证券似乎和炼金术没什么两样。但在那时，这一切看起来都很合理，可这一切仍以不同抵押贷款之间的违约率不存在关联为前提假设。然而，这是一个很糟糕的假设。让我们再回到洪水中建公寓楼的例子，这就好比没人意识到支撑整栋建筑的墙是由黏土或其他遇水就会变软的材料制成的，所以整栋建筑在洪水期间就会下沉，导致水可以迅速接近上层楼层。

至于 BBB 级 CDO 证券呢？它们处于整个结构的最下层，不是吗？构成这种证券的抵押贷款，是原始 BBB 级资金池中信用质量最低的抵押贷款，也就是最有可能（极有可能）违约的抵押贷款。这些抵押贷款的风险非常高，因此意味着高收益率和低价格。那么我们是否能做什么，让这些证券获得更高的价格呢？当然可以！我们只需要把它们集中在一起，再次一股脑倒进切块机器，创造出第二代 CDO 或 CDO 的平方。投资者真的会相信这些东西，这似

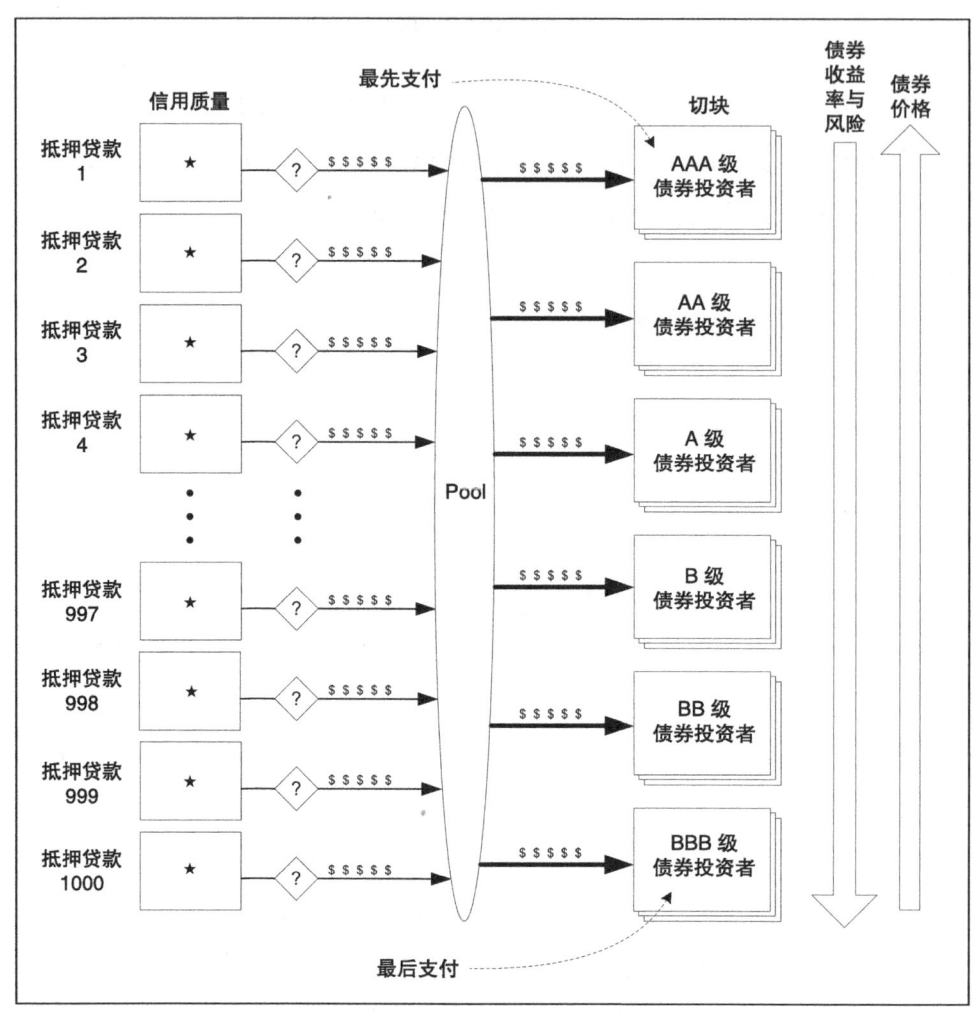

图 12-5 债务担保证券（CDO）

乎让人难以理解，可我们也无法责怪他们。CDO 和 CDO 平方的设置者们只需要获得一家评级机构的认可，说服对方盲目地授予 AAA 评级即可，而绝大多数投资者根本不会去质疑。

CDO 上的 CDS

让我们回到做空次级 MBB 的人身上，他们认为 BBB 级切块的定价过高，所以利用 CDS 赌这些价格会在抵押贷款违约率高于预期时下跌。他们是如何看待由同样的 BBB 级抵押贷款构成的 AAA 级 CDO 的呢？又是如何看待 AAA 级 CDO 平方的呢？他们会认为至少一部分债券的定价过高，所以非常愿意用 CDS 赌价格崩盘来投机获利。因此，如图 12-6 所示，就出现了 AIG 这样的 CDS 交易商出售 CDO 保险的情况，他们再次收集了大量自认为永远无须偿还的赌注。

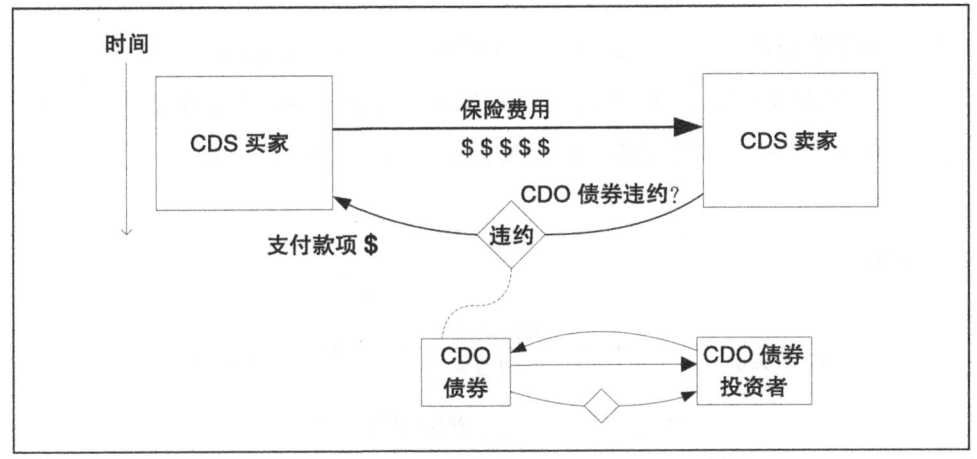

图 12-6　CDO 上的 CDS

合成型 CDO

如果你觉得 CDO 平方这种概念过于疯狂，那么合成型 CDO（Synthetic CDO）这种证券可能更适合你。事实证明，原始 CDO 极受欢迎，畅销程度就像海边的防晒霜。这是一个卖方市场，可卖方遇到了以下问题：市场上的次级抵押贷款数量是有限的。也就是说，每月定期还款，使得资金最终流向 CDO 投资者的实际房屋所有者数量就那么多，所以卖方能够出售的 CDO 数量也是有限的。不过有些非常聪明的金融工程师们觉得一定有办法可以解决这个供应量有限的问题。事实上，也确实有这样的办法。

以 CDO 投资者为例，和其他债券投资者一样，他投入一笔本金，换取未来的利息收益；他们同时默认，如果发行人违约，投资者可能拿不回一分钱本金。如果你是一个想要吸引更多客户的 CDO 交易商，如果有人愿意向 CDO

投资者支付款项以换取在第三方债券发行人暴雷时获得大量收入的承诺,这不是好事吗(CDO 投资者注意不到区别,他们甚至不关心款项是否真的来自 CDO)?但是等一等,这里描述的不就是 CDS 买家吗?没错,确实是。所以在别人快速说出美联储前主席本·伯南克(Ben Bernanke)的名字前,债券交易商就已经集合起了 CDS 合约池(而非抵押贷款资金池)——记住,没人认为这些 CDS 合约能获得收益——来创造合成型 CDO,评级机构会(做做样子)给出一个债券评级,让投资者放心,仿佛这一切都是合理合法的。图 12-7 展示的就是合成型 CDO 的现金流及参与各方。注意 CDO 投资者支付了本金,收到了利息,面临着损失风险,这与他们投资真正的 CDO 一样。

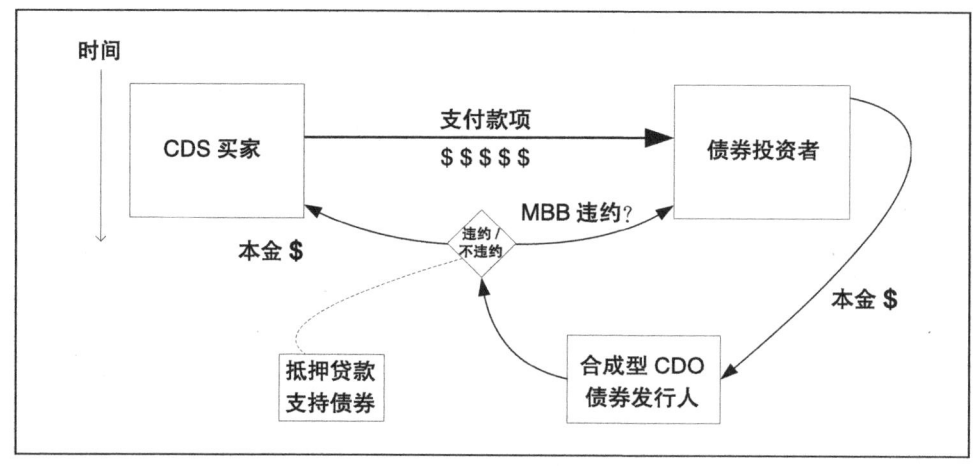

图 12-7　合成型 CDO

火上浇油

到底是什么原因导致了 2008 年的金融危机,经济学家可能还要争论几十年。没有人有足够具有说服力的观点,让人信服一切都是金融衍生品的错。不管怎么说,很多相对普通的次级抵押贷款债券都是自己暴雷的,其中根本不涉及 CDO 或 CDS。而房利美(Fannie Mae)和房地美(Fraddie Mac),即初始抵押贷款资金出借者背后的最终出借方,最后为了继续运行而不得不被国有化。这两个机构至少不是 CDO 和 CDS 交易的直接参与方。但人们事后回忆，毫无节制地使用晦涩难懂的 CDS 确实让美国的纳税人承受了巨大的损失。作为美国最大的 CDS "赌场"之一，AIG 本身就需要 1 800 亿美元的公共援助，才能偿还当初的赌注。

悲剧的是，AIG 收到的资金，在美国政府救市计划中仅占一小部分。如果次级抵押贷款的金融衍生品从未被发明出来，那么放宽的借贷标准和抵押贷款支持证券的糟糕评级，仍会在作为评级依据的假设被推翻时给市场带来巨大的混乱。但是金融衍生品被发明出来了，而且其销售量达到惊人的数字。毫无疑问，它们确实让情况变得更加糟糕。

ALL ABOUT DERIVATIVES

后记

金融衍生品到底有什么优点

金融衍生品之所以存在，就是因为金融存在不确定性。我们不知道未来会是什么样，当然不知道要花多少钱，也不知道个人或机构能否履行各自的经济义务。金融衍生品可以量化不确定性，因此它可以让我们把风险放在一个相对有形，可以衡量、管理、定价的包裹中；最重要的是，我们可以交易这些包裹。这就是金融衍生品的力量。金融衍生品可以有效地把风险从一方转移到另一方。当我们运用合理时，金融衍生品是一种强大的金融工具，不仅能够带来神奇的效果，也能让我们获益。但当我们运用不合理时，金融衍生品就会成为最具破坏力的"麻烦制造者"。

不管怎么样，借用阿尔弗雷德·斯坦赫尔（Alfred Steinherr）给金融衍生品起的名字，我们始终无法抗拒这些"金融野兽"。金融衍生品的全球市场极其庞大，而且每天都在变得更大。它到底有多大？用数字表示这个市场，就像用尺子丈量一朵云一样。你应该把尺子放在哪里呢？什么时候用尺子去量呢？你知道现实中生效的期权合约差不多有1亿份吗？你知道未偿还的利率衍生品的名义价值达到数万亿美元而且每天都在不断增加吗？请相信我，金融衍生品是一个庞大的世界，如果想靠上网搜索真正有意义的统计数学，你只会变得更头晕。

赋予人力量的金融衍生品

有一个消息能让你开心：大多数金融衍生品非常安全，我们无须担心。我们完全可以称金融衍生品为"好东西"，它的作用就是帮助我们普通人做平时不会做的事。一个农民可能想种小麦，但害怕在种植期间小麦价格下跌导致自己在收获季节只能以低于成本价的价格出售。大宗商品期货合约这种最古老的金融衍生品，就能让农民在播种前锁定一个小麦出售价格。一个制造商可能想借钱修建一个工厂，但只能借到浮动利率贷款，这就提高了他们在利率上涨到过高时无力还债的可能性。利率互换合约可以让制造商将自身债务转换为固定利率债务，从而消除上述风险。我们还能举出很多个类似的例子。

金融衍生品作为一个整体，不只影响个别产业和机构。金融衍生品就像一张金融网络，将处于不同角落的经济连接在一起。一个农民在期货市场提前出售小麦，从而锁定了他在种植投资上的收益。在同一个期货市场提前购买了小麦的磨坊锁定了未来利润，又与一家商业银行签订了互换合约，将购买小麦研磨机器的债务从浮动利率转为固定利率。银行通过做多EDF合约的方式，对冲互换合约。一家对冲基金把EDF合约空头及美国国债多头结合在一起，在这两者的价差间套利。一家国际制药公司可以利用美国国债的保护性看跌期权，为其养老基金中的债券对冲，同时在外汇市场购买日元远期合约，以锁定未来从日本供应商处购买货物的美元价值。一家法国商业房地产开发公司出售日元远期合约，将自己在大阪的房地产近期的升值兑现为现金。这样的例子不胜枚举。

让人泄气的金融衍生品

当金融衍生品出问题时，它们也有可能带来巨大的负面影响。如果世界上存在金融衍生品灾难的奥斯卡奖——即便在2008年这场一定程度上被信用违约互换煽风点火的金融危机发生之前——我们每年都能在其中找到候选者。"获得奥斯卡奖的是……长期资本管理公司！"复杂性与风险性导致的灾难并非仅限于金融领域，我能想到的还有航空领域的灾难、胸部手术及化学品生产。犯错可能带来沉痛的结果。幸运的是，我们总能从错误中吸取大量经验教训，有时（并非总是），我们能避免重复犯错。

我们从金融衍生品灾难中学到了什么？在2008年，我们痛苦地意识到，信用衍生品无节制的场外交易存在系统性风险。我们在2008年前学到的且随着时间推移也不能忽视的主要经验教训有：不去预测未来现金流要求、赋予经理人过多权利、向赌徒借出了过多资金供他们赌博。这些经验教训都是常识且会让我们陷入麻烦中。而且这些都不是假设，这三个错误都与三家因金融衍生品操作失误而遭受重创的公司相关：德国金属公司（Metallgesellschaft）、巴林银行（Barings Bank）和长期资本管理公司（Long-Term Capital Management，LTCM）。

20世纪90年代初，大型工业企业德国金属公司的分支MGRM在场外交易市场出售期权最多可达10年的石油远期合约。MGRM以固定价格，用期限通常只有几个月的多头期货合约对冲远期合约空头。正是这种期限的极端差别，让德国金属公司陷入了巨大麻烦。按照期货合约的作用，期货合约的收益可以抵消从现货市场购买石油、履行远期合约时出现的任何损失或收益。这是基本的对冲策略。每个月，MGRM都会为履行期货合约义务而进行新的期货对冲，这是他们"向前滚动"对冲策略的一部分。

从理论上看，这好像是一个具有长期作用的策略，可当油价突然暴跌时，公司手头就没有足够的资金去满足期货头寸的追加保证金要求。回忆一下，当价格下跌时，期货多头头寸会出现损失，而且MGRM的持仓量极大。公司在石油远期合约上的收益远远不足以弥补该损失。没过多久，公司开始拿不出足够的资金维持上述操作，所以管理层最终宣布叫停整个业务。可公司持有头寸的规模太大，导致一次性关闭的成本极其巨大，进而出现了巨额损失。最终，德国金属公司大概损失了15亿美元。

20世纪90年代中期，声名显赫的巴林银行被"流氓交易员"所害。一名交易员的投机交易已经超过了合理的风险容忍度，而事后也证明他们的交易都很失败。不少公司都受到过流氓交易员的伤害，但巴林银行所受的伤害尤其显著，因为事件中的交易员尼克·李森（Nick Leeson）本质上是自己管理自己——他在自己的基地新加坡自行审批对日本股市的投机交易，在上司面前隐藏自己出现的损失。一般来说，公司会严格区分"前线办公室"（交易发生地）和"后方办公室"（结算、会计和其他相关功能进行地）。

根据这场惨剧的政府研究报告，李森显然用跨式套利的方式做空了日经

225股指。回想一下，跨式套利的空头收益就像一个反向的V形，如果标的价格高于或低于某个确定水平，投资者有可能出现无限损失。当日经指数的跌幅超过李森预期时，他的头寸开始亏损，而且是巨额亏损。他希望在其他人发现前弥补跨式套利的损失，所以他做出了同样激进、赌股票指数上涨的决定，可局势却严重恶化。当母公司发现这个刚愎自用的人究竟做了些什么时，他们在日经股指上的损失，已经比银行总资本多出了约10亿美元。这家拥有250年历史的银行被迫宣布破产。李森蹲了几年监狱，出狱后他开始四处演讲，讲述"流氓交易员"的危害，一次演讲的收入可达10万美元。而巴林银行却彻底消失了。

20世纪90年代末，对冲基金长期资本管理公司（Long-Term Capital Management，LTCM）一度非常风光，为投资者带来接近40%的年收益率。这家基金公司的主要策略是套利交易，他们使用复杂的分析模型，在政府债券市场中寻找最细微的价差。可其中一些债券由俄罗斯政府发行，而这些债券出现了违约。LTCM开始用做空俄罗斯卢布的方式对冲自己的债券多头，因为从理论上看，债券多头头寸价值下跌时，外汇头寸的价值应该上涨。可卢布因为暴跌势头太凶，导致其他货币关闭了和卢布的交易，而且俄罗斯自己也停止了关于卢布的所有交易。

毫无疑问，卢布暴跌对LTCM确实是一件坏事，可让情况变得更糟糕的是（不止对LTCM，而是对整个系统），LTCM用来做套利交易的钱几乎全是借来的。这家基金公司在市场上的业务总额一度超过1 000亿美元，而公司的股份总价大约为5亿美元。这是极高的杠杆率，相当于购买移动100万美元的房产，首付只有5 000美元。许多出借人的利益卷入到了这场游戏中。同时，全球固定收益市场又出现所谓的"涌向流动性"现象，例如，为了应对俄罗斯债券危机，投资者似乎把钱都投入了类似美国国债一样的市场上。

LTCM的持仓非常复杂，这让他们没有对冲"涌向流动性"带来的负面影响，所以他们发现自己站在了潮流的反面，看不到恢复元气的希望。可金融系统不能眼睁睁地看着他们垮掉，因为他们的钱来自银行和其他金融机构，此外，银行和其他金融机构也受到了流动性危机带来的负面影响。由于资本市场的参与者都相互依存，如果每个出借人都试图收回债务，那么整个系统就会像玻璃破碎的连锁反应一样，到处都是违约和破产。

所以说，后来发生了什么？作为美国政府的组成部分，纽约联邦储备银行（The Federal Reserve Bank of New York）把多家银行集中起来开会，说服他们拿出了总额35亿美元的资金。这份"大礼"被注入金融系统，以防出现灾难性崩盘，但这笔钱显然无法弥补所有人的损失。虽然没人能确定总的损失数额，但各家银行在那一年又额外冲销了总额约10亿美元的损失。所以我们将LTCM愚蠢操作的总损失额确定50亿美元并无不妥——这显然不是一笔小钱。

有了LTCM这个生动的案例，再加上2008年信用危机带来的巨大损失，当人们想到金融衍生品这些复杂的金融工具时，各种衍生品相互依存的关系自然成为最让人担忧的问题。不论源自行业敏感性还是政府强制要求，制约与平衡显然在控制负面影响、强化正面影响中具有至关重要的作用。

ALL ABOUT DERIVATIVES

A

附录 A

与利息有关的一切

我们可以把利息看作资金的价格。你想借 100 万美元拓展业务吗？那么你需要花费一些利息。想通过购买债券的方式借钱给美国政府让他们修路或发动战争吗？美国政府也会付给你利息。为方便说明，我们把利息看作借款人因为借钱向出借人支付的资金。但事实并非如此，因为为钱"付钱"和花钱买哈密瓜不一样。我们一般不会用哈密瓜买哈密瓜，但我们确实会用钱去买钱。此外，你也不会花费和租金一样多的钱去买钱。小商贩应该不会再看到他卖出去的哈密瓜，但银行却预期有朝一日能和自己的资金再次团聚。

利率

衡量利息的标准自然是利率。利率明确了在一些单位时间里借钱的成本。芝加哥的一套一居室公寓的月租可能是 1 300 美元，日光浴棚的每小时费用可能是 39 美元，从花旗银行借 100 万美元的年利息可能为 65 000 美元。当然，利率并非表现为美元数额的形式，而是表现为百分率。所以从花旗银行借 100 万美元的价格不是表现为每年 65 000 美元，而是表现为每年 6.5% 的利率。事实证明，将购买某物的成本用百分率表达的方式极为便利，而且在现实中也具有可行性，毕竟我们是在用钱买钱。

在利率的问题上，时间单位永远是"一年"。怎么说呢，"永远"这个说法可能不准确，但请相信我，未来的人生中只要听到利率，你都可以把它当作一年的利率，这一定不会错。当然，我们也经常面对小于或大于一年的时间单位，如每月还款、季度应计利息等，后文对此会进行详细解释。但利率本身表达的就是一种年利率，也就是一年的利息。

那么年均 6.5% 的利率到底是什么意思呢？这个说法来自拉丁语的"per centum"，也就是"每百"，用 % 表示。所以 6.5% 的利率指的就是，每借 100 美元要付出6.5美元。100万中有几个100？当然是10 000个。所以用6.5乘以10 000，就得出了65 000美元这个答案。

1 000 000×6.5%＝？

6.5%＝0.065＝每100中的6.5

1 000 000/100＝10 000

10 000×6.5＝65 000

1 000 000×6.5%＝65 000

在利率的问题上，我们还需要了解"基点"（Basis Point，BP）这个单位。在一个数十亿美元都算不得什么的世界里，以百分点显示的数字就显得太大了。在这样一个世界里，我们面对的是百分点的百分之一，而1%的1%就是1个基点。100个基点等于一个百分点，反之亦然。说到"25个基点"时，我们指的就是1%的四分之一，即0.25%。5个基点就是0.05%或1%的二十分之一。以下是更多案例。

1个基点 ＝0.01%＝0.000 1

25个基点 ＝0.25%＝0.002 5

100个基点 ＝1%＝0.01

150个基点 ＝1.5%＝0.015

1.5%+25个基点 ＝1.75%＝0.017 5

假如你熟悉美国的货币制度，不妨把1%当作1美元，那么1个基点就是1美分。看到25个基点时，你就会想到四分之一美元；听到5个基点你就会想到一个5美分硬币，不用细想就知道那等于1美元的二十分之一。

100个基点 ＝"1美元"

25个基点 ＝"25美分"

10个基点 ＝"1角硬币"

1个基点 ＝"1美分"

不管怎么做，你需要适应基点这个单位，因为这个单位在现实中仍有可能过大。我们会提到1个基点的百分之一甚至千分之一。如果你是一家大型金融衍生品交易所，处理着上万亿美元的合约，那么这么细小的计量单位不足为奇。

1 个基点 ×100 美元 =0.01 美元

1 个基点 ×100 万美元 =100 美元

1 个基点 ×10 亿美元 =100 000 美元

1 个基点 ×1 万亿美元 =1 亿美元

浮动利率、利率指数和 LIBOR

实践中的利率表现为固定或浮动利率。固定利率是贷款存续期间不会发生改变的利率。如果你以 7% 的利率从银行贷款 100 000 美元，期限为 10 年且你每月偿还利息，那么不管是你还是银行均不认为未来 10 年的利率会发生改变（除非修改贷款合约）。

如果是浮动利率贷款，利率就会在贷款存续期间发生改变。假设你贷款 100 000 美元，期限为 10 年，每月你不按照固定利率偿还利息，而是按照 LIBOR 这个变化的利率偿还利息。LIBOR 是一种利率指数。事实上，LIBOR 是利率指数"之王"。利率指数和我们前面介绍过的价格指数一样，为测量相关事务提供了一个平均价格。和其他价格指数一样，利率指数经常被用作金融衍生品的标的。

对于互换合约和其他利率衍生品，我们可以把利率指数看作不存在争议的温度计，用它监控处于不断变化状态中的环境，并将监测内容显示为数字。不同的是，真正的温度计监控温度，利率指数监控的是利率。和温度一样，利率持续变化，而且不可预测。如果你按 LIBOR 利率借贷，那么贷款时你不可能知道未来还款义务的具体数额是多少。因为"不可预测"具有负面含义，所以没人愿意使用这种说法，所以我们选择了"浮动"这种委婉说法，至少这种说法听起来顺耳多了。

LIBOR 是伦敦银行间同业拆借利率的缩写。在伦敦当地时间的每个工作日 11 点，英国银行间协会（British Bankers' Association，BBA）都会发布一组利率，为不同货币"确定"当天的LIBOR利率。对以美元为计价货币的贷款，BBA发布的是美元LIBOR利率；以英镑为计价货币的贷款，他们发布英镑LIBOR利率；剩余以此类推。这些每日确定利率的行为也被称为"重置"。一旦确定了当天的利率，利率直到下一个固定日前都不会发生改变。日复一日，利率不可预测地变化着，可一旦被确定下来，人们就不会再细究这些英国银行家的每日工作。这是利率指数的完美成分。

让我们回头再看100 000美元的贷款。如果贷款利率"跟随LIBOR浮动"，在每个月该还利息时（我们暂时忽略偿还本金的问题），我们就要用LIBOR利率计算利息。如果某个月的利率是6.02%，你大概需要偿还501.67美元（100 000的十二分之一 ×0.060 2）。如果下一个月的利率是5.26%，你要偿还的利息就是438.33美元。图A-1展示的就是现实中一个月的LIBOR利率，你能看到利率在不同月份之间可能出现怎样疯狂的浮动[1]。不过你不要被前面的说法搞昏头了，这里的"一个月利率"表达的仍是年利率，它们只是适用于借贷期为一个月的贷款。

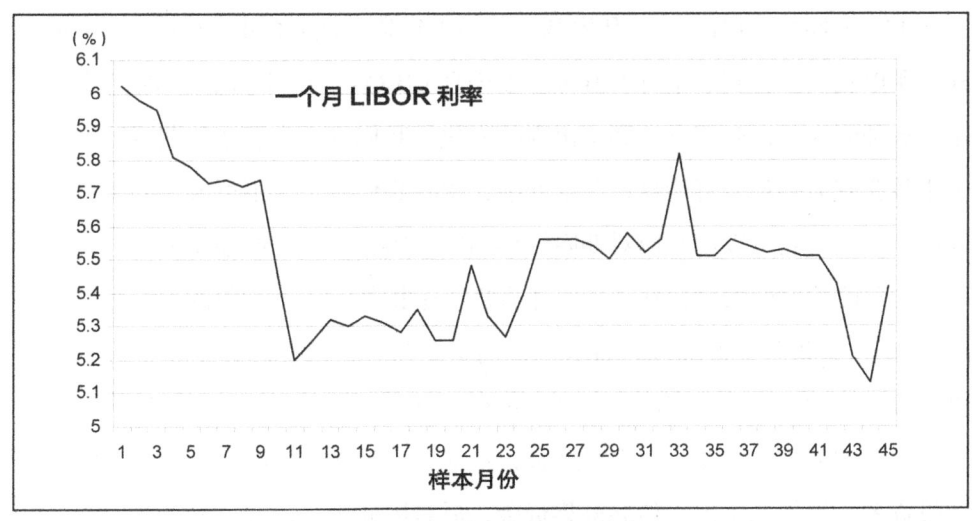

图A-1 一个月LIBOR利率

---

[1] 读者如果好奇，这是美联储自1995年4月开始抽样调查的欧洲美元每月存款利率。

类似 LIBOR 的利率指数在充满动荡的金融世界中得到了广泛使用，因为它们可靠、准确且不存在争议。真正的温度计有时会失效，人们可能争论温度计中的水银柱到底停在什么位置，但现实中的利率指数均清晰明确，不存在争议。

除 LIBOR 外，另一个常见的利率指数以最优惠利率为基础，最优惠利率银行向信誉最好的客户提供的一种利率。例如，在一年中的每一个工作日，花旗银行都会发布最优惠利率。每天，你都能得到基于最优惠利率的平均数或指数，并以此利率为基础进行贷款。你知道现实中存在这个利率，知道这个利率具体是多少且不用担心它是否正确。其他利率指数还包括商业票据利率，这是企业借贷资金时需要偿还的利息数额；此外，还有一些伦敦以外的金融中心发布的可类比 LIBOR 的利率指数。

期限结构与收益率曲线

不管什么指数，在任何一天里都不会只有一个利率。指数实际上就像一组温度计，这是因为利率因期限、到期时间或借贷时间的长度不同而各有不同。3 个月贷款期限的 LIBOR 年利率基本总与 1 年贷款期限的 LIBOR 年利率不一样。所以我们会看到 3 个月 LIBOR、6 个月 LIBOR、12 个月 LIBOR 等多个利率。这种因为到期时间导致利率出现的变化，我们称之为利率的期限结构。一个指数含有太多利率可能显得非常冗杂，幸好我们有一个不可或缺的工具，即收益率曲线，它可以用来应对期限结构问题。图 A-2 就是收益率曲线。

一条收益率曲线可以让人们迅速看出一个指数中不同期限的不同利率（或收益率）。这条收益率曲线告诉我们，借贷期为三年的贷款，年利率约为 4%；借贷期为六年的贷款，年利率约为 4.7%。所以我们可以把"收益率"当作"利率"的另一种叫法。收益率这种说法来源于债券，债券发行人（借贷人）向投资者（出借人）出售债券筹集资金，后者因此得名债券持有者。发行人向持有者支付款项，这些款项就是投资者的收益或所得，收益率表现为投资金额的百分比。这听起来是不是很耳熟？收益率其实就是利率。

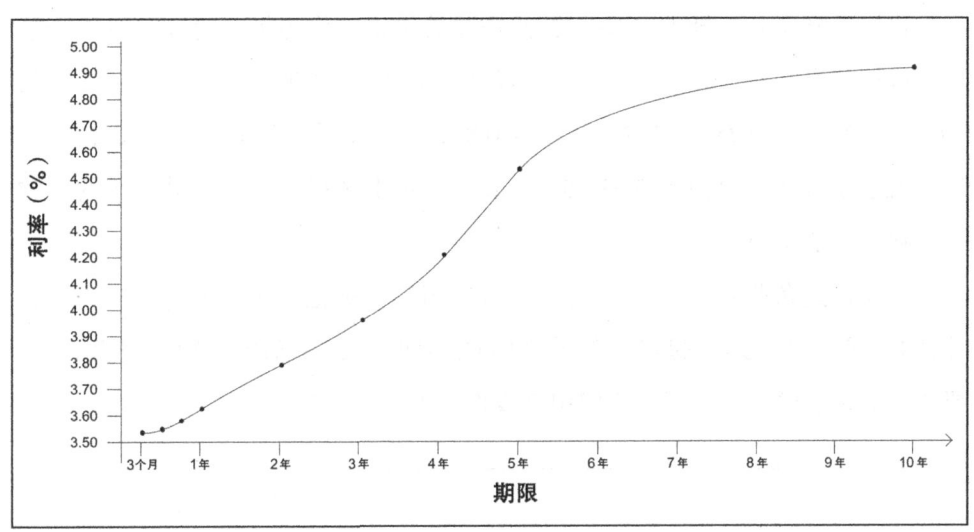

图 A-2　LIBOR 即期收益率曲线

构建一条即期利率曲线

理解收益率曲线的最佳途径就是，自己动手构建。金融衍生品世界中有两种基本的利率，一个是即期利率，另一个是远期利率；与之对应也就存在两种利率曲线：即期利率曲线和远期利率曲线。即期利率曲线适用于现在借贷的资金，远期利率曲线适用于未来借贷的资金。我们会在后面对远期利率和远期利率曲线做出讲解。

现在，让我们构建一条即期利率曲线，来解释收益率曲线问题。首先，我们虚构了一组相对合理的美元 LIBOR 固定利率。假设现在是伦敦时间 11 点，BBA 发布了以下利率，如表 A-1 所示。

表 A-1　美元 LIBOR 固定利率

期限	利率（%）
3 个月	3.53
6 个月	3.54
9 个月	3.59
1 年	3.69

我们看到了 4 个即期利率，也就是钱的价格。你想借一笔 3 个月的贷款吗？每年利率就是 3.53%，简单来说就是 3 个月 0.881 9%（3 个月等于一年的 3/12，3/12=1/4=0.25，3.527 5×0.25=0.881 9）。今天想借 6 个月的贷款吗？利率就会上涨 1 个基点至 3.537 5%，或者半年 1.768 8%。今天借一年的贷款呢？利率就是 3.69%。

为构建这条收益率曲线，我们只需要用坐标标记出不同的点，其中 x 轴（横轴）代表以今天为起点的贷款期限或到期时间，y 轴（纵轴）代表利率。图 A-3 就是这样的坐标图，我们用直线将各点连在一起。

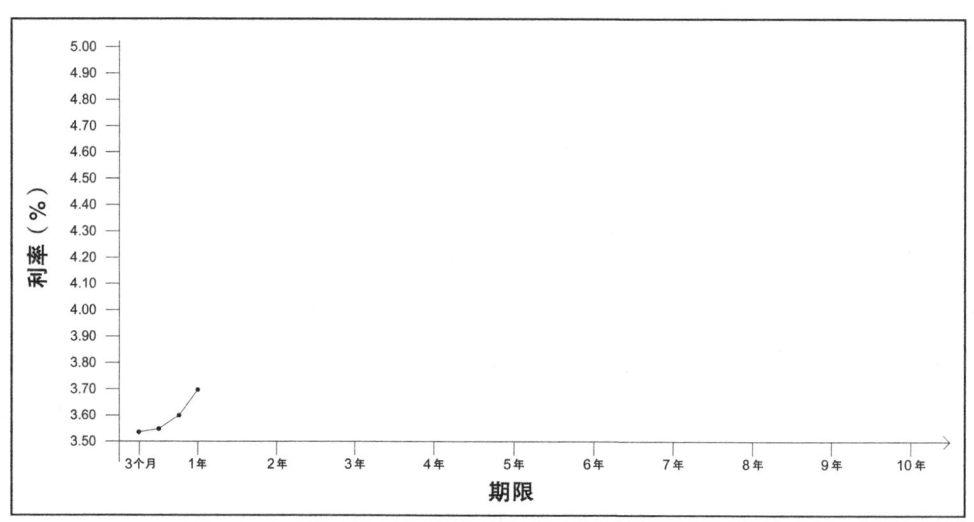

图 A-3　LIBOR 即期利率的开始阶段

这条看起来棱角分明且不完整的线称不上"曲线"，但确实能传达出利率随到期时间增加而提高的信息。但我们从这条曲线上确实看不出五年期贷款的利率。归根结底，LIBOR 的最长期限就是一年。解决这个问题的常用方法是，利用不同 EDF 合约收益率、美国国债收益率或两者的结合继续延长曲线。

EDF 合约是一种在交易所交易的金融衍生品，其规定多头方不是在今天而是在未来的某一天，按照那一天的 3 个月 LIBOR 利率，借出 100 万美元的 3 个月贷款。注意，我们在这里提到的是未来的贷款，所以这里用到的是远期利率，不是即期利率。EDF 合约，尤其是借贷期为 3 个月、6 个月和 9 个月的"前期"EDF 合约，具有极强的流动性[1]。这些合约的交易价格可以看作外界看待 BAA 未来 LIBOR 利率的指标。由于利率只是钱的价格，所以 EDF 合约价格也只是做了伪装的利率。

而我们在哪里呢？我们在寻找可以延续收益率曲线的即期利率。通过 EDF 合约，我们了解到了期货价格。通过"期货—远期调整"（具体数学计算过程不做深入讨论），我们就能用期货价格推导出远期价格[2]。利用这些远期利率，我们就能推导出即期利率，从而让收益率曲线突破 BAA 的 12 个月限制[3]。

以下是我们从欧洲美元市场中推导出的一些即期利率，如表 A-2 所示。

表 A-2　EDF 合约暗示的即期利率

期限	利率（%）
3 个月	3.53
6 个月	3.64
……	
18 个月	3.72
21 个月	3.75
……	
45 个月	4.03
48 个月	4.07

现在，我们就能准确地确定四年贷款的利率了。

顺便说一句，每当我们需要为未来价格确定指标时，我们都会使用流动性强的期货合约。预期价格最终能否变为现实重要吗？答案是否定的。我们不能

---

[1] 在证券市场你会经常看到"前期"合约这样的说法。"前期"或"前月"合约的到期时间比"后期"和"后月"合约早，流动性一般也更强。

[2] 别忘了，期货合约就是一种在交易所交易的远期合约，其价值受每日市值的影响。通过计算，我们当然能得出远期价格。

[3] 一个简单的例子：如果 3 个月的即期利率是 2.50%，3 个月的远期利率是 2.60%，那么 6 个月的即期利率就一定是两者的平均数，即 2.55%。其他利率都会导致套利交易行为。

从期货价格中看到未来价格。可只要拥有预期价格指标，而且证券的流动性市场建立在这样的预期之上，我们就不会出现问题。你应该能想象得到，前期期货价格通常比后期期货价格更可靠，因为随着临近到期日，期货价格会逐渐与现货价格向一个点汇聚，这就好比天气预报。提前一天的预报通常比提前一周的预报更准确，而提前一小时预报的准确性应该是最高的。

用 EDF 合约把利率曲线延长到两年、三年、四年，最终得到的就是图 A-4 一样的曲线。如果想知道更长时间后的即期利率，我们可以转向美国国债市场。美国国债的流动性更强，所以在确定价格时，如果时间超过四年，美国国债就比 EDF 合约更可靠。国债分短期、中期和长期，由美国政府发行，期限各不相同[1]。中期国债和长期国债是向美国财政部发放的贷款，后者每半年（6个月）以固定利率支付一次利息（券息）。作为可交易的证券，美国国债一经发行就会被频繁交易于二级市场。也就是说，债券持有者会活跃地购买并出售（交易）美国国债，而他们的交易价格决定了他们的实际利率和收益率，这

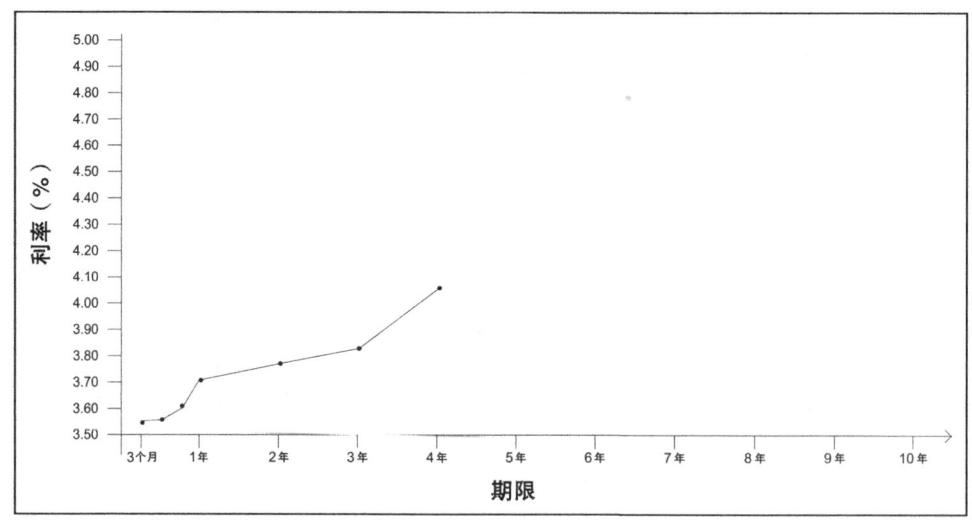

图 A-4　最长为四年的 LIBOR 即期利率曲线图

---

[1] 这些证券的区别主要就是期限。短期国债最长限期为 1 年，只在到期时支付利息；类似这样的证券有时也被称为"零息债券"。中期国债最长为 10 年，长期国债的期限超过 10 年，中期与长期国债都会定期向持有者（出借人）支付利息。

可能与券息率存在巨大差别。

顺便一提,券息率和实际利率不一样,你是否觉得这种说法奇怪?出现这种情况的原因如下:假设你购买了面值为 100 000 美元(借给山姆大叔的钱)的五年期国债,券息率为 4.75%(年利率,利息每半年支付一次)。如果持有债券直至到期,在接下来五年里你就能得到利率为 4.75% 的现金流。如果把这些现金流的现值加在一起,得到的结果就是 100 000 美元,也就是债券的面值。

设想自己从美国财政部买了一份这样的债券,立刻有人在二级市场以 101 200 美元的价格从你手中买走了这个债券。你的买家可以期待以券息率为基础的现金流——其现值只有 100 000 美元!这个人显然溢价购买了你的债券,也就是用高于现金流现值的价格购买了你的债券。这就好比买家买了一个券息率低于 4.75% 的债券。我来做这个算数,直接告诉你,这个买家实际上购买的是年利率为 4.53% 的债券。这就是我们用美国国债价格推导即期利率的方法。

既然说到了正切曲线,读者是否注意到,3 个月国债利率为 3.38%,比 3 个月 LIBOR 利率的 3.53% 低 15 个基点?这是信用价差的绝佳案例,后文对此会有更详细的描述,LIBOR 利率主要面向商业贷款,而美国国债则是面向美国财政部贷款。当其他因素一样时,商业贷款违约的概率高于美国国债。出借人对增加的信用风险要求风险溢价,因此利率多出了那 15 个基点。

让我们回到前面的话题。假设美国国债收益率在 LIBOR 利率固定的同一天表现为如表 A-3 所示的内容。

表 A-3 美国国债利率

期限	利率(%)
3 个月	3.38
6 个月	3.37
1 年	3.44
2 年	3.76
5 年	4.53
10 年	4.92

(续表)

期限	利率（%）
20 年	5.53
30 年	5.44

当我们把美国国债利率与 5 年、10 年 LIBOR 利率叠加在一起时，就会获得类似图 A-5 的形态。

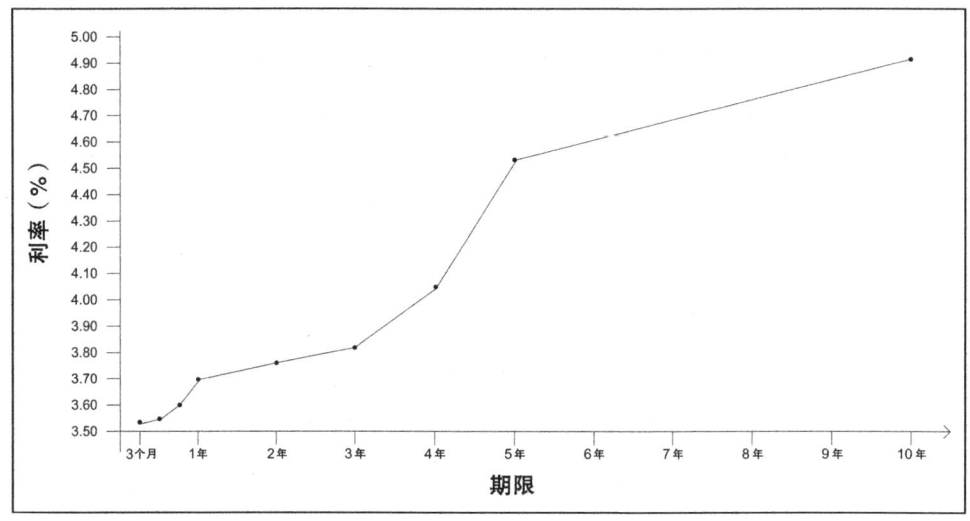

图 A-5　修匀前的完整 LIBOR 即期利率曲线

我们的曲线现在可以覆盖更长的期限，但仍然无法确定位于各点之间的期限究竟有着怎样的利率，如三年期贷款。你可能觉得，只要从横轴上三年这个点出发，在遇到曲线时停止就能知道答案了，但这样得到的只是一个约数。数学家会告诉你，还有一种方法可以让利率曲线变得更有用。这种方法就是曲线修匀。想理解什么叫曲线修匀，你只需要想象自己拿起一支铅笔，用目视方法画出一条平滑的线，将各点连在一起，并且延伸这条线到首尾两点之外。这样的曲线可能接近图 A-6。

现在，我们就拥有了一条收益率曲线。尽管从理论上看这是一条正确的曲线，但其实用性却要被打上问号。在实践中，我们喜欢更平滑的曲线，甚至为了获得更平滑的曲线愿意调整取样点，从而创造出类似图 A-7 中的实线。

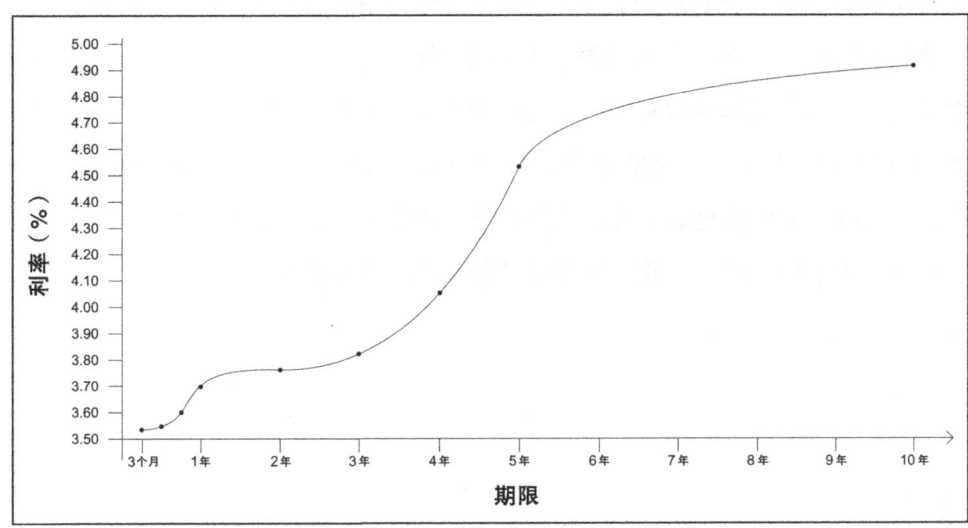

图 A-6　进行了一定程度修匀的完整 LIBOR 即期利率曲线

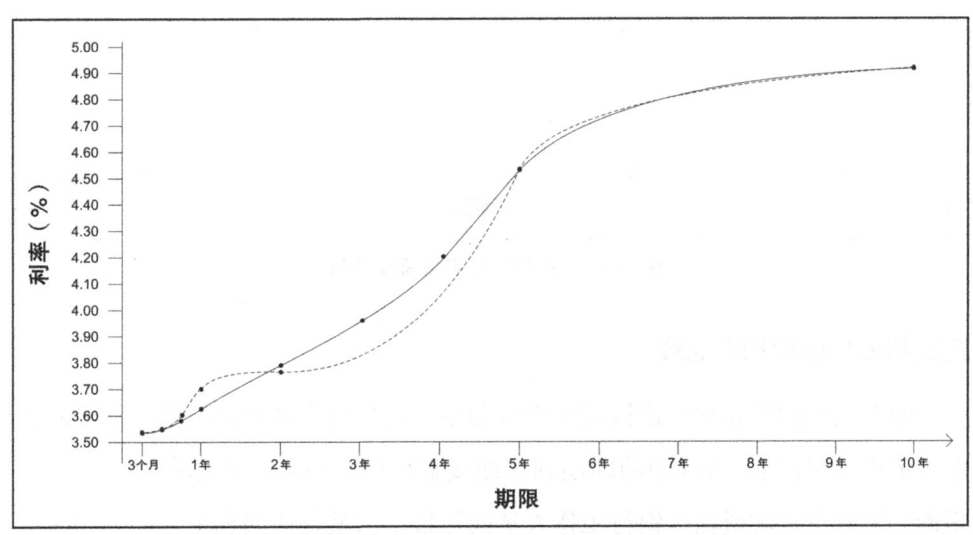

图 A-7　更多修匀后的完整 LIBOR 即期利率曲线

当然，你也可以继续修匀，最终获得一条极度平滑的直线，但这样的直线就过于平滑了。那么什么程度的平滑算足够平滑呢？这里我们不会继续深入探讨了，因为再深入探讨就涉及数学问题了。现实中，有一些公式或算法可以通过几个点修匀曲线。有些公式或算法已经进入公共领域、广为人知，同时也是学校中的教学内容；有些公式则是其创造者的专利，对公众来说是秘密。（除了修匀的方法外，输入点的选择也具有专利性。我们该用一年期的 LIBOR 利率还是一年期的美国国债利率？该选择现货市场还是期货市场的利率？诸如此类的问题还有很多。）上述算法和选择之所以被保密，就是因为画出更精准的收益率曲线、开发出更好的算法这些做法，能够帮助你在金融衍生品市场中赚取利润。为了便于说明，我们还是继续使用图 A-8 中的曲线。

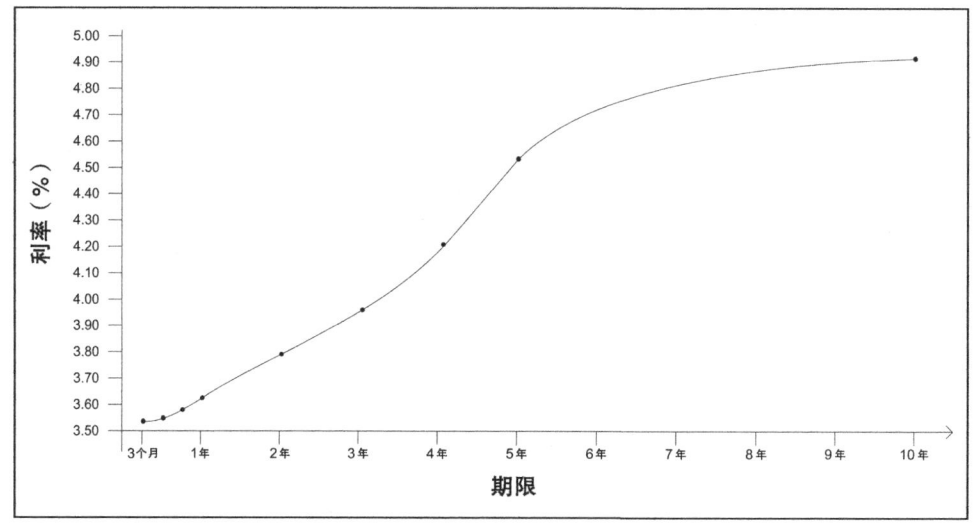

图 A-8　LIBOR 即期收益率曲线

远期利率与远期利率曲线

即期利率指的是现在借钱时使用的利率，是目前在现货市场借贷资金的利率（价格），也是图 A-8 中的即期利率曲线显示的利率。如果你向银行提出立刻借一笔 6 个月的贷款，银行工作人员向你报出的就是即期利率。远期利率指的是未来某段时间里借贷资金的利率。如果你向银行提出借一笔钱，但不是从现在开始，而是一年后开始，银行工作人员给你报出的就是远期利率。远期利率是银行今天（保证）同意在一年后借给你钱时使用的利率。这听起来耳熟吗？你理应耳熟！远期利率就是一份远期合约的交付价格，远期合约的标的是借来的钱。（这种合约被称为远期利率协议，详见第二章）。

远期利率曲线看起来和即期利率曲线差不多，但其中显示的是以未来某个时间为起点的贷款利率。不同延迟期限也有不同的远期利率曲线。所以任何一个利率指数在任意一天，都会存在即期利率曲线、3个月远期利率曲线（3个月后生效的期限各异的贷款）、6个月远期利率曲线和12个月远期利率曲线等。这里的关键点在于：远期利率源自即期利率；远期利率曲线因此也源于即期利率曲线。每条即期利率曲线只能得出一条3个月远期利率曲线、一条6个月远期利率曲线，其他时长的远期利率曲线也可以此类推。所以构建远期利率曲线的第一步永远是，构建即期利率曲线。没有面包肯定做不出法式吐司，没有即期利率曲线也画不出远期利率曲线。

源自即期利率曲线的远期利率曲线

假设你想在6个月后借一笔10 000美元的3个月贷款。6个月贷款的即期利率是3.5%，9个月贷款的即期利率是3.55%。6个月后发生的3个月贷款的远期利率是多少？答案是3.6%（更精确的数字是3.59%）。

这个结果是怎么计算出来的？让我们想象两种情况。在情况A中，你以3.55%的利率借了一笔9个月贷款，在贷款期结束时支付利息。在情况B中，你以3.5%的利率借了一笔6个月贷款，6个月后又以当时的即期利率借了一笔3个月贷款。

两种情况的借贷成本应该相同，因为两者带给你的是相同的结果：10 000美元的9个月贷款。这意味着6个月后的3个月即期利率是让两种情况的成本保持一致的关键因素。换句话说，正是这个利率让一种情况的利息现值与另一种情况的利息现值相等（其他利率会导致套利交易，也就是利用价差赚取无风险利润；而任何金融衍生品只有一个正确的价格，可以阻止套利交易）。能实现这个目标的利率就是3.6%，具体计算过程如下。

情况 A：今天借出 9 个月贷款

名义金额：10 000.00 美元

9 个月即期利率：3.55%

天数分数：9/12＝0.75

款项利率：0.035 5 × 0.75＝0.026 625

利息：10 000 × 0.026 625＝266.25

距离支付所剩月份：9

贴现因子：$(1/1.035\ 5)^{0.75}$＝0.974 16

利息现值：266.25 × 0.974 16 ≈ 259.37

情况 A 总利息现值：259.37 美元

情况 B：今天借出 6 个月贷款

名义金额：10 000.00 美元

6 个月即期利率：3.5%

天数分数：6/12＝0.5

款项利率：0.035 × 0.5＝0.017 5

利息：10 000 × 0.017 5＝175.00

距离支付所剩月份：6

贴现因子：$(1/1.035)^{0.5}$＝0.982 9

利息现值：175.00 × 0.982 9 ≈ 172.02

6 个月后的 3 个月贷款

名义金额：10 000.00 美元

3 个月远期利率：3.59%

天数分数：3/12＝0.25

款项利率：0.035 9 × 0.25＝0.008 975

利息：10 000 × 0.008 975＝89.75

距离支付所剩月份：9

贴现因子：$(1/1.035\,5)^{0.75} = 0.974\,16$

利息现值：$89.75 \times 0.974\,16 \approx 87.43$

情况 A 总利息现值：$172.02 + 87.43 = 259.45$ 美元

根据即期利率曲线中的即期利率，加上一定程度的修匀，图 A-9 显示的是完整的 3 个月远期利率曲线。

还有一个有趣的信息点：远期利率曲线上的每个点都位于即期利率曲线的上方。上倾的即期利率曲线永远是这种情况。当即期利率曲线下斜时（确实会出现这种情况），远期利率曲线就会出现在即期利率曲线的下方。这些当然都是学术讨论。对我们来说的重点在于，从这样一条曲线上，我们可以获得未来十年开始于任何一个时间点的 3 个月贷款的 3 个月远期利率。在确定互换合约价值时，这是一个非常好用的工具。

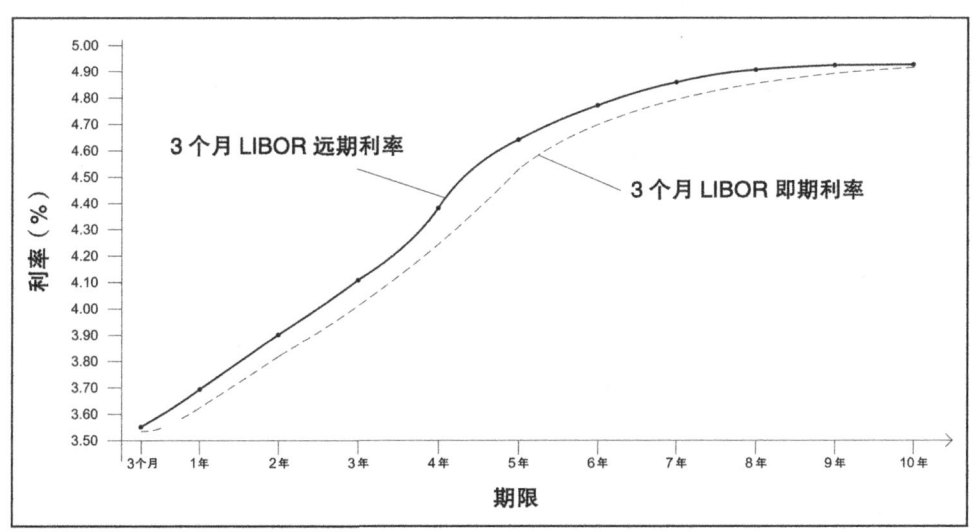

图 A-9　叠加在一起的 LIBOR 远期和即期利率曲线

ALL ABOUT DERIVATIVES

B

附录 B

互换合约惯例

除了在第四章和附录 A 中提到的惯例外，还有一些理念同样适用于互换合约，乃至现实中的几乎所有利率衍生品。其中一些属于数学概念，另一些则是这些年新近出现的惯例。

复利

我们在第八章中提到了复利概念。互换利率可以明确为复利或不计算复利。想一想以复利计算的贷款，计算其利息时不仅以本金为基础（借出的钱），而且还要计算应计利息。如果你欠我利息但没有还，这就相当于我借给你更多钱——这会导致你支出更多钱。如果没把这些利息还给我，你就会付出更多利息。这种情况会一直持续下去，直到你最终偿还了全部资金。这就是复利，既可以用于固定利率贷款，也可以用于浮动利率贷款。

平均利率

平均利率这个概念适用于浮动利率贷款。当需要偿还债务时，适用的利率不是利率指数当前显示的结果，而是过去几次的平均数。

使用案例最能说明这个概念。假设我们看到了以下 6 个月 LIBOR 固定利率。

周一：3.60

周二：3.58

周三：3.59

周四：3.60

周五：3.57

假设今天是周五，你该计算利息了。如果按照非平均利率还款，我们就会选择周五的利率，即 3.57%。如果按照 5 日平均利率还款，我们就会计算过去 5 天利率的平均数，得出 3.59% 的答案并使用它[1]。

这里的 5 日区间只是为了举例说明。现实中你可以选择 30 天、6 个月等各种期限的利率平均数。

分期偿还

不论是固定利率还是浮动利率，当一笔贷款的本金在贷款存续期限出现变化时，就会发生分期偿还（amortization）。所有利率衍生品均存在本金，也就是利率衍生品中的名义金额，定期对该衍生品（也就是在付息日）应用一个利率，可以计算出某一数额的利息。也许你借了 1 000 万美元，每年必须按 6% 偿还利息，1 000 万美元就是名义金额，用这个金额乘以 6%，就得出了 60 000 美元的偿还数额。如果你的贷款不分期，那么名义金额在贷款的整个存续期间保持不变，每次计算利息时都以这个金额为计算基础。如果贷款为分期偿还，名义金额就会发生改变，也就是被分期偿还了。所有分期还款义务均会在签订合约时预先确定了名义金额日程表。这种分期偿还日程可能按照非常严谨的模式进行设计，也可能是非常奇怪的设计，只要双方达成协议即可。

最常见的分期偿还形式包括附加型、直线型、倍数型和抵押贷款型。

附加型分期偿还

最简单的分期偿还模式，就是为前一水平增加（或减少）固定数量的金额。假设最初的名义金额是 1 000 万美元，每过一个阶段就减少 100 万美元，这就是属于附加型分期偿还，只不过"加上了"一个负数。

阶段 1：$10 000 000

阶段 2：$10 000 000 − $1 000 000 = $9 000 000

---

[1] 3.60+3.58+3.59+3.60+3.57=17.94，17.94/5=3.59。

阶段 3：$9 000 000 - $1 000 000 = $8 000 000

阶段 4：$8 000 000 - $1 000 000 = $7 000 000

以此类推。

直线型分期偿还

直线型分期偿还是一种特殊形式的附加型分期偿还，名义金额在每个阶段减少的数量相同，最后一笔名义金额等于每次扣减的金额。假设你要在四个阶段分期偿还 100 万美元，那么每个阶段名义金额就会减少 250 000 美元。

阶段 1：$1 000 000

阶段 2：$750 000

阶段 3：$500 000

阶段 4：$250 000

倍数型分期偿还

对于倍数型分期偿还，我们不是在之前的数额上做加法，而是用同样的数额做乘法。这个数额通常（但并不总是）是 0 到 1 之间的分数。一笔起始金额为 100 万美元、每阶段减少 12% 的倍数型分期偿还的具体情况如下。

阶段 1：$1 000 000

阶段 2：$1 000 000 - ($1 000 000 × 0.12) = $880 000

阶段 3：$880 000 - ($880 000 × 0.12) = $774 400

以此类推。

抵押贷款型分期偿还

如果借钱买过房地产，你就会很熟悉抵押贷款型分期还款。你偿还的每一笔款项中包含一部分名义金额，也含有一些利息。这样一来，每次偿还的数额是相同的,全部名义金额会在贷款到期时被偿还完毕。假设有起始金额1亿美元、抵押贷款利率为7%的贷款,如果按四个阶段、每年偿还一次,偿还情况就会表现为如表B-1所示的状态。

注意,抵押贷款通常是延后偿还,这意味着你需要持有贷款一段时间后再偿还。因此,你在计算利息时要以这个阶段开始时剩余的名义金额为准。在表B-1显示的案例中,第一阶段的利息是用这个阶段开始时1亿美元的名义金额全额乘以7%计算出来的。第二阶段的利息是用1亿美元的名义金额减去第一次偿还的名义金额(22 522 811.67美元)后的7%,剩余可以此类推。

表 B-1　1亿美元的四年贷款,抵押贷款型分期偿还

(单位:美元)

	名义金额	利息	款项
阶段 1	22 522 811.67	7 000 000.00	29 522 811.67
阶段 2	24 099 408.48	5 423 403.18	29 522 811.67
阶段 3	25 786 367.08	3 736 444.59	29 522 811.67
阶段 4	27 591 412.77	1 931 398.89	29 522 811.67
总数	1 000 000 000.00		

日历

用来确定合约期限的日历似乎是一个不值一提的基本问题,但我们有必要强调一个简单却重要的事实:一年中,人们不是每天都在工作。我们会在周末和公共假日时休息,这些就是非工作日,剩下的才是工作日。重要的是,交易双方对哪些日子是工作日、哪些日子不是工作日需要达成一致,原因我们很快就会讲到。土拨鼠日算工作日吗?圣诞节次日算工作日吗?约翰·列侬的生日算工作日吗?

好消息是:世界上已经存在一些预先确定好的日历,它们可以帮助我们解决这个问题。每个日历均以一个城市命名,如纽约、伦敦、东京等,每个日历其实就是列出了在当地不被视作工作日的日期(当然,周六和周日在世界各地

都不是工作日）。日历的定义已经在全世界范围内得到广泛认同，所以我们不需要再去争论节假日，我们只需要确定采用哪个日历。例如，图 B-1 显示的就是纽约和东京某一年的 9 月假期。

	9月								9月					
	日	一	二	三	四	五	六		日	一	二	三	四	五	六
纽约						1	2	**东京**						1	2
9月4日：劳动节	3	4	5	6	7	8	9	9月18日：敬老日	3	4	5	6	7	8	9
	10	11	12	13	14	15	16		10	11	12	13	14	15	16
	17	18	19	20	21	22	23		17	18	19	20	21	22	23
	24	25	26	27	28	29	30		24	25	26	27	28	29	30

图 B-1　9 月节假日案例：纽约与东京

所以对于任意一笔交易，我们只需要提前指定使用一个或多个这样的日历。可以使用不止一个日历吗？当然可以。一笔交易明确使用多个日历的情况并不罕见，如同时使用纽约和东京的日历。合约中也有可能规定一部分交易采用纽约日历，另一部分交易采用东京日历。

再看前面提到的案例，如果一笔交易遵循纽约日历，那么 9 月 18 日就是工作日。可如果一笔交易遵循东京日历，那么 9 月 18 日就不是工作日。如果一笔交易同时遵循纽约和东京的日历，那么 9 月 18 日也不是工作日。对于多日历交易，只要按照如果某一天在一个日历中不是工作日，那么那一天就不算合约中的工作日这一原则处理即可。

工作日惯例

交易日历告诉我们，在一笔交易的存续期间，哪些日期算工作日，哪些日期不算工作日。那么如果一个写在合约上的日子（如款项交付日）正好是周末或节假日，我们该怎么办？需要派专人去上班吗？交易双方可以按照意愿自行协商如何处理这种情况。但在日历的问题上，他们自然希望在启动交易时就从标准的工作日中做出选择。现实中也存在一些规则可以确定具有合约意义的日子恰好落在非工作日时该怎么处理。其中一些常见规则很容易被理解，具体情况如下。

- 延后：向后推迟，直到遇到工作日，以那一天为准。
- 提前：向前倒推，直到遇到工作日，以那一天为准。
- 节假日调整：向后推迟，直到遇到工作日。如果向后推迟的第一个工作日落到下一个月，这时需要向前倒推到第一个工作日。
- 不做调整：一定有人来上班，就用这一天。

天数计数惯例

利率几乎总是以年利率的形式出现，即借钱时间为整整一年的成本。当看到"5.325%"这个利率时，你就知道它指的是一年的利率。看到"1.25%"和"10%"时也是如此。可当我们需要计算利息的具体数额时，我们需要考虑的时间几乎从来都不是一整年。相反，我们需要计算类似"从4月1日开始的3个月""9月3日到10月5日"或"从5月17日开始的85天"这种现实日期中发生的应计利息。这时，我们该使用什么利率？

事实上，不止一种方法可以计算出适用于确定时间段的利率。为了让这个灰色区域变得更明确，目前存在5种方法或算法，它们被称为"日计数约定"。其中有些方法很烦琐，但重要的是，所有方法都很容易被理解。在每一笔交易开始时，人们都会确定采用哪种方法，以便在计算利息时使用。

最后的结果可以简化为分数。如果你的利率是每年6%，你想计算短于一年的利息，那么你只需要6%的一部分。这个分数就是"天数分数"。这种随处可见的计算要素告诉我们：在计算一段时间的利率时，我们究竟需要多少比例的年利率。如果时间少于一年（通常都是如此），分数就会小于1；如果正好是一年，分数等于1；如果多于一年（有时也会发生），天数分数就会大于1。作为一个数学问题，相关利息的具体计算过程如下。

$$利息 = (年利率 \times 天数分数) \times 名义金额$$

让我们暂时忽略真正的惯例，假设自己要计算利率6%的100万美元在整整一年里的利息。这里的天数分数自然是1。

$$利息 = (0.06 \times 1) \times 1\,000\,000\ 美元 = 60\,000\ 美元$$

要想计算半年的利息，那么天数分数就是 1/2。

利息 = (0.06 × 1/2) × 1 000 000 美元 = 30 000 美元

天数计数惯例明确了天数分数的分子（上部）和分母（下部）分别应该填入什么数字。市面上存在不少惯例（有些非常复杂），不过以下是一些常见惯例及其应用方法。

实际天数/365

对于"实际天数/365"惯例，我们只需要把应计利息期间的实际长度除以365，就能得到天数分数[1]。对于分子，我们需要知道想要计算利息的时间段实际的天数（工作日与非工作日）。假设这段时间是2006年的9月15日到12月14日。看看日历，我们看到这段时间的实际天数是90天，其中包括终止日，但不包括起始日。所以这里的分子就是90，这个惯例中的分母是365。因此，根据"实际天数/365"，计算2006年9月15日到12月14日的利率时使用的天数分数就是90/365。用这个分数乘以6%，得到的就是应计利率。对于名义金额为100万美元的借款，这段时间的利息就是14 794.52美元。

应计起始日：2006年9月15日

应计截止日：2006年12月14日

应计利息天数：90天

天数分数：90/365

年利率：6%

应计利率：0.06 × 90/365

应计利息：1 000 000 美元 × 0.06 × 90/365 = 14 794.52 美元

---

[1] 我在这里描述的惯例在有些地方也被称为"实际天数/365（固定）"惯例，目的是与其他"实际天数/365"相区别，后者也被称为"实际天数/实际天数"。现在你知道我们为什么只举出几个案例了吧。

实际天数 /360

计算"实际天数 /360"的方法与前面相似,只是把分母从 365 换成 360。对于名义金额 100 万美元、利率 6% 的贷款,利息正好是 15 000 美元。

应计起始日:2006 年 9 月 15 日

应计截止日:2006 年 12 月 14 日

应计利息天数:90 天

天数分数:90/360

年利率:6%

应计利率:$0.06 \times 90/360$

应计利息:1 000 000 美元 $\times 0.06 \times 90/360 = 15\,000$ 美元

30/360

使用也被称为债券基础(bond basis)惯例的 30/360 惯例时,我们同样用起始日和截止日之间的天数做分子,但计算天数的方法却有些特别。我们不是看着日历数天数,而是直接假设每年的 12 个月都是 30 天,全年总天数为 360 天(用这个数字用作分母)。要想确定待计期间的天数,我们需要用结束年减截止年再乘以 360,用截止月减起始月再乘以 30,用截止日减起始日再乘以 1。使用有利于说明这种方法的日 / 月 / 年形式表示,从 09/15/2006 到 12/14/2006 这段时间的利息就是 14 833.33 美元。

应计起始日:09/15/2006

应计截止日:12/14/2006

年份差别:$(2006-2006) \times 360 = 0$

月份差别:$(12-9) \times 30 = 90$

天数差别:$(14-15) \times 1 = -1$

总天数:89 天

天数分数:89/360

年利率：6%

应计利率：0.06×89/360

应计利息：1 000 000 美元 ×0.06×89/360=14 833.33 美元

互换合约条款总结

下面的内容是对普通互换合约主要条款的概述，首先描述适用于互换合约交易整体的条款，随后会分别描述固定、浮动利率两部分的条款。

整体交易层面的条款

有些条款适用于交易整体，即适用于互换合约的两个部分。相关内容如下。

- 名义金额：作为利息计算基础的资金或本金是什么？回忆一下，这部分资金在普通互换合约中一般不会易手，只是计算利息时的参考金额。
- 生效日期：互换合约何时生效？更准确地说，利息从哪一天开始累积？
- 到期日：互换合约哪一天终止？累积利息的最后一天是哪一天？
- 贴现曲线：计算现值时（如计算互换合约的现市场价值），我们应该选择什么利率？由于利率因期限不同而存在差别且收益率曲线一次性可以展示一系列利息，对某个互换合约我们究竟应该选择什么收益率曲线？注意，贴现曲线不需要和价格曲线等同[1]。

累积利息的条款

我们必须在设立互换合约时就明确整个交易期间内利息的累积方式。这种规定一般适用于互换合约的固定和浮动利率两个部分。重点如下。

---

[1] 互换合约同时拥有价格曲线和贴现曲线，这正是利率衍生品如此有趣的原因之一。利率有两种存在巨大差别的使用方法：首先是为标的确定现货价格，其次是对现金流进行折算。

- 复利：我们只对本金计算利息（无复利）吗？还是对已经累积但尚未支付的利息也计算利息（复利）？如果确定为复利，计算复利的频率是多少？选择每月计算、每日计算，还是持续计算？
- 平均利率：当为了计算款项数额而需要从指数中选择一个利率时，我们该选择某一天固定下来的利率吗（不做平均）？还是计算几个每日利率的平均值（平均利率）？如果选择平均利率，那么计算平均值所需要的数据是多少？是五天、一个月，还是一年？
- 分期偿还：名义金额（互换合约本金）在整个交易期限保持不变（不分期），还是会发生改变（分期）？如果分期偿还，名义金额在不同阶段究竟如何变化？是直线型、抵押贷款型还是自制型？

不同部分的条款

不同部分的条款一般只分别适用于互换合约的某一部分，而且不同部分间也存在差别。相关内容如下。

- 期限：发生现金流的频率是多少？期限一般设为三个月，即每三个月出现一次现金流或券息最为常见。
- 券息日：在一个月中的哪一天交换现金流？换句话说，月中的哪一天上一个券息期限终止、新的券息期限开始？发生第一笔券息是哪一个月？
- 剩余期：很多时候，互换合约的生效日期不同于券息日，生效日期与第一个券息日之间的时长也不等于券息期限。在这两种情况下，我们都会面对剩余期，也就是时长少于期限的时间。我们有两种方式处理这种情况。我们可以把剩余期看作常规券息期间，只计算少于常规期限天数的利息，这就是"短剩余期"。我们也可以把剩余期加在第一个常规券息期限上，积累超过常规券息期限天数的利息，这就是"长剩余期"。另外需要注意，剩余期也可以发生在互换合约末尾，我们仍可以在长剩余期和短剩余期中任选其一。

- 天数基础：当我们用年利率计算期限短于或长于一年的应计利息期限时，我们需要用天数分数对年利率进行转化。我们该采用哪种天数计算的惯例？人们一般会选择实际天数/365、实际天数/360 或 30/360 等惯例。
- 日历：在互换合约的生效日和到期日之间，哪些日子是工作日？我们同意使用一个日历，如纽约的日历吗？还是同意使用混合日历，如纽约加伦敦的日历呢？
- 调整：如果有合约意义的日期如券息支付日落在了非工作日，我们该在这一天交付利息吗？还是采用工作日调整惯例选择临近的某一天，如前一个或后一个工作日？

固定利率部分的条款

固定利率部分只有一个特别之处，但这一点非常重要。

- 固定利率：在互换合约存续期间，我们用来计算固定部分现金流且永远保持不变的利率是多少？如果我们只能选择互换合约的一个条款，那么固定利率就是最重要的，它也被称为"互换利率"。固定利率相当于远期合约的交付价格，通常是最后一个被计算、选择的条款，这样保证互换合约对双方的初始价格都是零。

浮动利率部分的条款

以下条款适用于互换合约中计算利率变动部分的现金流。

- 利率指数：在券息日计算应计利息时，我们该使用什么收益率曲线？这条收益率曲线就是价格曲线（区别于贴现曲线，不一定出现在同一个指数中）；互换合约价格曲线最常使用的利率指数就是 LIBOR。
- 重置抵消：对于开始于某一天的应计利息期间，我们该使用哪一个工作日的利率？例如，如果应计利息期间开始于周四，我们应该使用周二那天的 LIBOR 利率吗？这个属性一般被表示为整数，指代应计利息期间开始前的整数日，LIBOR 通常为两天。

- 重置日历：当重置抵消不等于 0 时，如果需要将应计利息起始日移动几天，哪些日子该被视为工作日？我们该使用哪个日历？

- 重置调整：如果根据重置调整和重置日历、确定利息的日期落在了非工作日时，我们该怎么办？我们该遵循哪种惯例？是向前倒推至前一工作日，还是向后顺延？

读者需要记住：互换合约是场外交易的金融工具，交易双方可以在合约中增加任何他们协商一致的条款，也可以完全抛弃 ISDA 的定义，完全可以按照双方合意把合约变得复杂又稀奇古怪。这部分内容只是对大多数互换合约使用者用到的条款进行了总结。

ALL ABOUT DERIVATIVES

C

附录 C

更多与期权二叉树定价模型有关的内容

在这一部分附录中,我们会进一步延伸第十章中提到的基本概念。我们会解释如何用多步二叉树为期权定价,展示二叉树期权定价的公式,也会用二叉树模型证明风险中性定价原则的重要意义。

多步二叉树

在图 C-1 中,我们用和第十章中的一步二叉树相同的基本设置,构建了一个两步二叉树。现在,让我们从右侧开始,确定每一个节点上的期权价值。方法很简单,就是 $\max(0, S-K)$,需要代入三个不同数值的 S(即 ZED 的股价)。

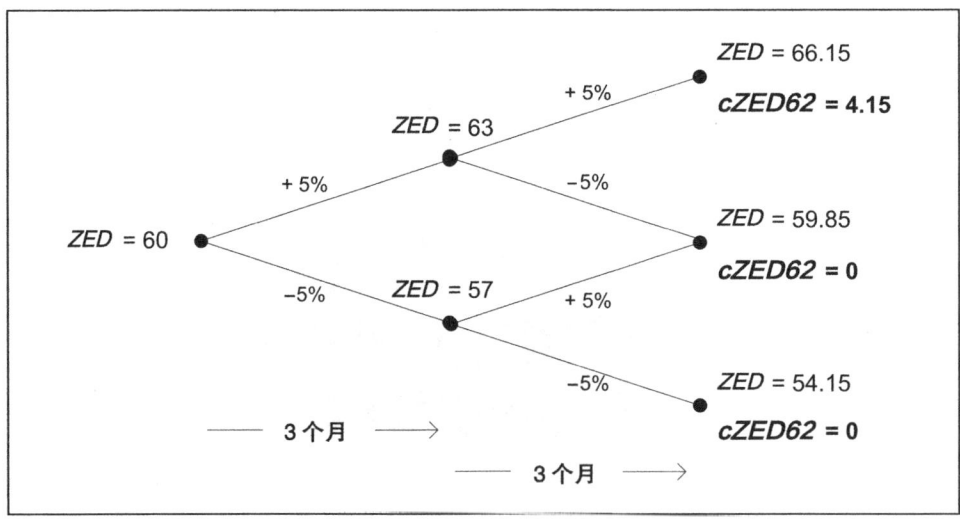

图 C-1　两步二叉树

现在向左移动,计算中间两个节点上 cZED62 的价值。观察 ZED 价格等于 63 美元的节点,我们知道标的价格,也知道期权在两个未来价格时的价值——这就是用一步二叉树模型计算期权价格时所需的输入值。首先我们需要计算德尔塔:

$$\Delta 66.15 - 4.15 = \Delta 59.85 - 0$$

$$\Delta 66.15 - \Delta 59.85 = 4.15$$

$$\Delta(66.15 - 59.85) = 4.15$$

$$\Delta = 0.658\ 7$$

接下来，我们需要确定 3 个月、当 ZED 股价为 66.15 美元或 59.85 美元时投资组合的价值。尽管只需要考虑一种情况，但我们还是把两种情况都计算出来：

$$P_{t=3\text{个月}} = \Delta 66.15 - 4.15$$
$$= 0.658\ 7 \times 66.15 - 4.15$$
$$= 39.42$$

$$P_{t=3\text{个月}} = \Delta 59.85$$
$$= 0.658\ 7 \times 59.85$$
$$= 39.42$$

下一步我们需要做什么？我们需要知道投资组合价值的现值。计算方法和前面一样，但要注意的是：这时我们要用利率乘以 0.25，而不是 0.5，因为这时的期限是一年的四分之一（3 个月）。计算过程如下：

$$P_{t=0} = 39.42 e^{-0.04 \times 0.25}$$
$$= 39.03$$

现在，我们掌握了投资组合所需三个因素中的两个，就可以算出第三个因素了。不要忘了，这个节点上 ZED 的股价是 63 美元：

$$RP = \Delta ZED - cZED62$$
$$39.03 = 0.658\ 7 \times 63 - cZED62$$
$$cZED62 = 41.50 - 39.03$$
$$cZED62 = 2.47$$

现在我们需要确定 ZED 股价为 57 美元时的期权价值。首先我们需要计算德尔塔：

$$\Delta 59.85 - 0 = \Delta 54.55 - 0$$
$$\Delta 59.85 - \Delta 54.55 = 0$$
$$\Delta (59.85 - 54.55) = 0$$
$$\Delta = 0$$

接下来，3个月后、当ZED的股价是59.85美元或54.55美元时，我们需要确定投资组合的价值：

$$P_{t=3\text{个月}} = \Delta 59.85 - 0$$
$$= 0 \times 59.85 - 0$$
$$= 0$$

$$P_{t=3\text{个月}} = \Delta 54.55 - 0$$
$$= 0 \times 54.55$$
$$= 0$$

两种情况下，投资组合的价值都等于0。而0的现值，自然也是0。计算过程如下：

$$P_{t=0} = 0e^{-0.04 \times 0.25}$$
$$= 0$$

我们再一次掌握了投资组合三个因素中的两个数值，自然可以算出第三个：

$$RP = \Delta ZED - cZED62$$
$$0 = 0 \times 57 - cZED62$$
$$cZED62 = 0 - 0$$
$$cZED62 = 0$$

期权在这个节点上的价值等于0，我们的二叉树现在如图C-2所示。

眼前剩下的是一个一步二叉树，读者应该已经熟悉了数学计算过程，所以我们会直接给出答案。完整的二叉树形态如图C-3所示。

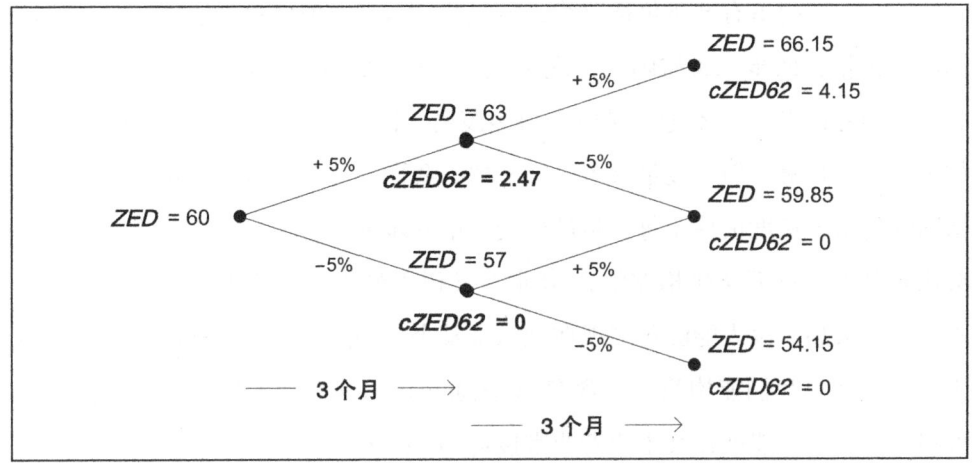

图 C-2 接近完整的二叉树

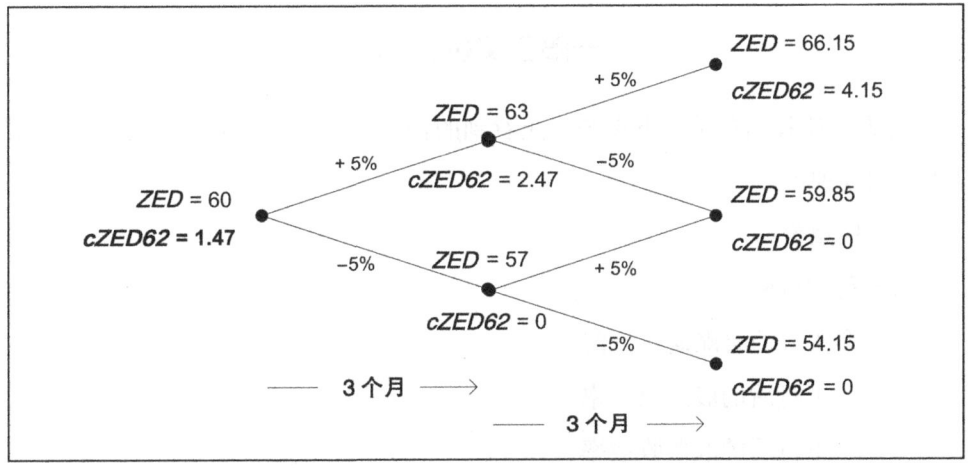

图 C-3 完整的二叉树

我们可以看出，不管标的选择了四种价格路线中的哪一条，期权价格都是 1.47 美元。

其他价格都会导致出现套利交易。这个价格显然与用一步二叉树计算出来的 2.53 美元不同，但我们更喜欢这个价格，因为我们认为这更接近真实价值——使用两步二叉树确定的价格路线模型比一步二叉树更精确（即便精确度只是略有提高）。

三步二叉树里有 8 条价格路线，所以我们自然更愿意接受这样的二叉树计算出的价格；四步二叉树则会出现 16 条价格路线，剩下可以次类推，我想读者能明白我的意思。不论二叉树变得多茂密，同样的数学计算方法均可适用。如果有一个足够短但分枝足够多的二叉树，我们就能为大量价格路线建模。价格路线的增长速度极快（每一步都会变为前一步的两倍）。所以 20 步二叉树就会出现超过 100 万条价格路线，30 步二叉树里的价格路线则会超过 10 亿条。不妨这样去想：没人能够预测现在到未来某个时间点之间标的资产的真实价格走势；可如果我们能构建一个含有 10 亿条可能价格路线的模型，那么真实的价格走势很有可能就在其中或者非常接近 10 亿条价格路线中的某一条。因此，符合这 10 亿条价格路线中任何一条路线发展的期权价格，都是合理的价格。

一般二叉树公式

首先，让我们总结一下迄今为止看到的符号。代数的意义就是用符号代表某物，不是吗？

S= 股票价格

K= 行权价格

C= 多头方的看涨期权价值

u=1+ 上行后的股票收益率

d=1+ 下行后的股票收益率

S_u= 上行后的股价 =$S \times u$

S_d= 下行后的股价 =$S \times d$

C_u= 上行后的看涨期权价值 =$\max(0, S_u - K)$

C_d= 下行后的看涨期权价值 =$\max(0, S_d - K)$

$\Delta = (C_u - C_d)/(u - d)$

ΔS= 德尔塔份额的股票 =$(C_u - C_d)/(u - d)$

r= 无风险利率

附录 C 更多与期权二叉树定价模型有关的内容

$t=$ 以年计算的不同步骤间的时间

$e=$ 欧拉数 $=2.718\ 2\cdots\cdots$

$B=$ 合成期权头寸中的借贷资金 $=(dC_u-uC_d)/[e^{rt}(u-d)]$

在这个组合中,我们需要加入符号 p,其代表上行的"假定概率"。"假定"在这里的意思是"某种程度上具有可能"或"不是现实,但未来可能发生"。我们在探讨风险中性问题时会看到,现在我们假设自己处于一个没有风险的世界中,股价是涨是跌并不重要,所以我们并不需要真正的概率,就像不需要真正的利率一样。但要想做出准确计算,我们确实需要使用利率做贴现,而这个利率就是无风险利率。同时,我们也需要一个概率,在这里就用 p 表示:

$$p= 上行的假定概率 =(e^{rt}-d)/(u-d)$$

$$1-p= 下行的假定概率 =(u-e^{rt})/(u-d)$$

现在回忆一下,我们如何用合成期权或杠杆股票头寸来表示看涨期权的价值。公式如下:

$$cZED62 = \Delta ZED - B$$

或者:

$$C = \Delta S - B$$

事实证明,我们可以进行更多的代数运算,把上述表达转化为相对简单的公式,如公式 C-1 所示,去计算看涨期权的价值。你做好准备了吗?让我们回看前面的符号,慢慢推导,因为这看起来可能极其复杂:

$$
\begin{aligned}
C &= \Delta S - B \\
&= (C_u - C_d)/[(u-d)] - (dC_u - uC_d)/[e^{rt}(u-d)] \\
&= (C_u - C_d)e^{rt}(u-d)/(u-d)e^{rt}(u-d) - (dC_u - uC_d)(u-d)/(u-d)e^{rt}(u-d) \\
&= [(C_u - C_d)e^{rt}(u-d) - (dC_u - uC_d)(u-d)]/(u-d)e^{rt}(u-d) \\
&= [(C_u - C_d)e^{rt} - (dC_u - uC_d)]/e^{rt}(u-d) \\
&= [e^{rt}C_u - e^{rt}C_d + uC_d - dC_u]/e^{rt}(u-d)
\end{aligned}
$$

$$= \left[e^{rt}C_u - dC_u + uC_d - e^{rt}C_d \right] / e^{rt}(u-d)$$

$$= \left[(e^{rt}-d)C_u \right] / \left[e^{rt}(u-d) \right] + \left[(u-e^{rt}C_d) \right] / \left[e^{rt}(u-d) \right]$$

$$= e^{-rt} \left[(e^{rt}-d)/(u-d) \right] C_u + e^{-rt} \left[(u-e^{rt})/(u-d) C_d \right]$$

$$= e^{-rt} pC_u + e^{-rt}(1-p)C_d$$

$$= e^{-rt} \left[pC_u + (1-p)C_d \right]$$

因此,一步二叉树计算出来的看涨期权价值就是:

$$C = e^{-rt} \left[pC_u + (1-p)C_d \right] \qquad 公式\ C\text{-}1$$

计算看跌期权价值的公式 C-2 和公式 C-1 几乎一模一样。

$P=$ 多头方的看跌期权价值

$P_u=$ 上行后看跌期权的价值 $=\max(0, K-S_u)$

$P_d=$ 下行后看跌期权的价值 $=\max(0, K-S_u)$

因为,一步二叉树计算出来的看跌期权价值就是:

$$P = e^{-rt} \left[pP_u + (1-p)P_d \right] \qquad 公式\ C\text{-}2$$

对于一个两步二叉树,我们还需要考虑另一个终止节点(可以通过两条价格路线到达)。如图 C-4 所示。

为了确定每一个 C_u 和 C_d 的价格,让我们用合适的节点名称对公式进行重新表述:

$$C_u = e^{-rt} \left[pC_{uu} + (1-p)C_{ud} \right]$$

$$C_d = e^{-rt} \left[pC_{ud} + (1-p)C_{dd} \right]$$

我们已经知道:

$$C = e^{-rt} \left[pC_u + (1-p)C_d \right]$$

把这三个公式结合在一起,也就是分别用对应的公式替换一步二叉树公式中的 C_u 和 C_d,我们就得到了用两步二叉树计算看涨期权价格的公式 C-3:

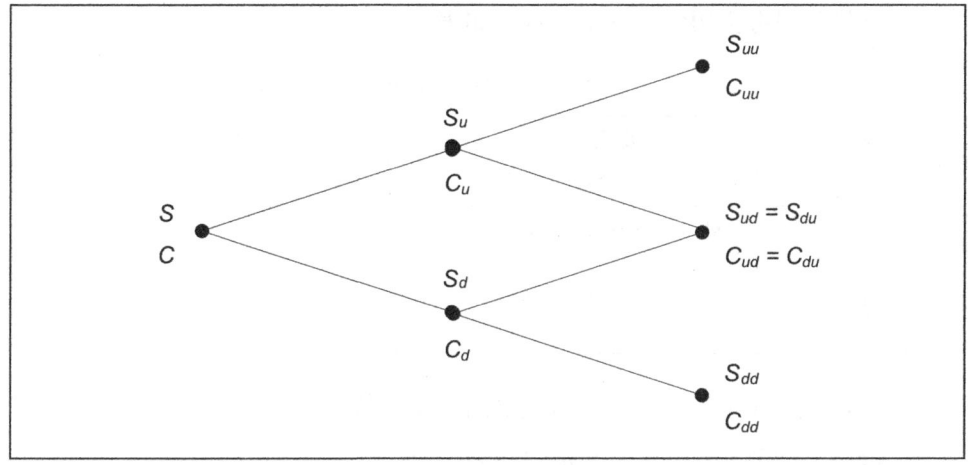

图 C-4 两步二叉树

$$C = e^{-rt}\left[pC_u + (1-p)C_d\right]$$

$$= e^{-rt}\left\{pe^{-rt})\left[pC_{uu} + (1-p)C_{uu}\right] + (1-p)e^{-rt}\left[pC_{ud} + (1-p)C_{dd}\right]\right\}$$

$$= e^{-rt}\left[pe^{-rt}pC_{uu} + pe^{-rt}(1-p)C_{ud} + (1-p)e^{-rt}pC_{ud} + (1-p)e^{-rt}(1-p)C_{dd}\right]$$

$$= e^{-rt}\left\{e^{-rt}\left[ppC_{uu} + p(1-p)C_{ud} + (1-p)pC_{ud} + (1-p)(1-p)C_{dd}\right]\right\}$$

$$= e^{-rt}\left\{e^{-rt}\left[p^2C_{uu} + 2p(1-p)C_{ud} + (1-p)^2C_{dd}\right]\right\}$$

因此，两步二叉树计算出来的看涨期权价值就是：

$$C = e^{-rt}\left[p^2C_{uu} + 2p(1-p)C_{ud} + (1-p)^2C_{dd}\right] \qquad 公式 C\text{-}3$$

所以对于一个 n 步二叉树，当 n 为任意正整数时，看涨期权计算公式是什么？我们不会详细推导这个公式（不会告诉读者公式是怎么得来的），但在引入更多符号之后，我们会列出这个公式。

$n=$ 到达一个节点的步骤数

$j=$ 上行到一个节点的步骤数

$n-j=$ 下行到一个节点的步骤数

$a=$ 期权变为实值所需的最少步骤数

以下是我们将会用到的数学函数，如表 C-1 所示。

表 C-1 用到的函数

符号	定义	案例
$n!$	n 的阶乘	$5!=5\times 4\times 3\times 2\times 1=120$
	$n!=n(n-1)(n-2)\cdots 2\times 1$	
$\sum_{x=1}^{n}$	$x_1, x_2, x_3\cdots\cdots x_n$ 之和	

以下是对从起始节点到某个节点之间存在的价格路线数量的表达，即 n 步之后，价格上行了 j 次、下行了 $n-j$ 次：

$$\frac{n!}{j!(n-j)!}$$

我们可以用公式 C-4，通过 n 步二叉树算出一个看涨期权的价值：

$$C = e^{-rt}\sum_{j=a}^{n}\left[\frac{n!}{j!(n-j)!}\right]p^j(1-p)^{n-j}\left[u^i d^{(n-j)}s\right] - e^{-rt}\sum_{j=a}^{n}\left[\frac{n!}{j!(n-j)!}\right]p^j(1-p)^{n-j}K$$

公式 C-4

风险中性问题

定价公式中的"假定上行"因素实际上解释了我们对金融衍生品定价时的一个基本理念，而且是一个极其重要的理念：期权的价值是其在风险中性世界中的预期收益减去无风险利率。值得一提的是，这个道理适用于所有金融衍生品，并不限于期权。风险中性世界指的是投资者既不规避也不倾向于风险的世界。和现实世界中的投资者不同，这里的投资者不需要风险补偿。

预期价值就是终值乘以其发生的概率。假设你在轮盘赌轮上压了 100 美元在红色区域，如果轮盘停在红色数字上你就能赢得双倍赌注。如果轮盘有一半的数字是红色的，你就有 50% 的概率赢得 200 美元。这笔"投资"的预期终值就是 100 美元。这看起来很不错[1]。

风险中性原则同时适用于二叉树期权定价模型和布莱克—斯科尔斯期权定价模型。如果风险中性原则是正确的，我们应当可以：（1）用无风险利率计算风险中性世界中的一个标的的终值；（2）从未来股票价值中推导出概率因数；（3）利用这个概率、通过行权价格计算出期权的预期价值；（4）用无风险利率对期权价值进行贴现计算，以便根据无套利原理获得在非风险中性世界中获得同一个期权的价值。

让我们看看能否用二叉树模型实现上述目标。请回忆一步二叉树案例，如图 C-5 所示。ZED 的股票交易价格为 60 美元，6 个月后股价要么上涨要么下跌 10% 到 66 美元或 54 美元。行权价格为 62 美元的看涨期权在股价上涨时的价值就是 4 美元，在股价下跌时就是 0 美元。

期权的价值是多少？股票的预期价值是其终值与 6% 的无风险利率的集合。我们可以用以下方式倒推出概率：

$$66p + 54(1-p) = 60e^{0.06 \times 0.5}$$

$$12p = 61.827\,3 - 54$$

$$p = 0.652\,3$$

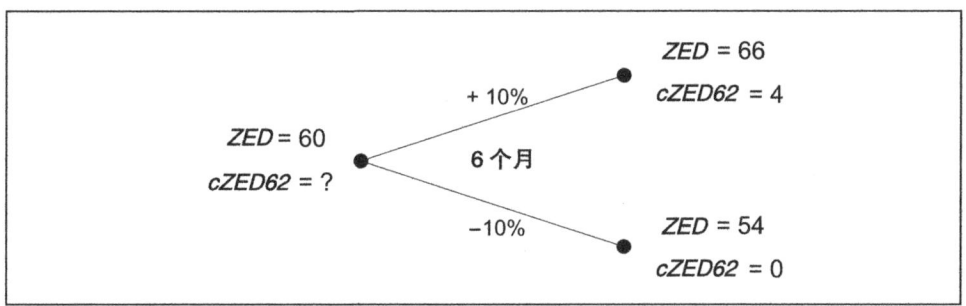

图 C-5 一步二叉树

我们现在可以断言，这个看涨期权在 6 个月后有 0.652 3 的概率价值 4 美

---

[1] 和在拉斯维加斯的大部分赌博一样，预期价值通常低于这个数字，这里只是举例说明。

元，价值为 0 的概率为 0.347 7。我们已经掌握了足够多的信息，可以计算期权的预期价值了：

$(0.652\ 3 \times 4) + (0.347\ 7 \times 0) = 2.609\ 1$ 美元

使用无风险利率贴现，就能得出风险中性估值：

$2.609\ 1e^{-0.06 \times 0.5} = 2.532\ 0$

采用风险中性定价法计算出的看涨期权价值就是 2.53 美元，这与我们根据无套利原理计算出来的结果一致。

版权声明

All About Derivatives, Second Edition, Michael Durbin

ISBN: 978-0-07-174351-8

Copyright © 2011 by McGraw-Hill Education.

All Rights reserved. No part of this publication may be reproduced or transmitted in any form or by any means, electronic or mechanical, including without limitation photocopying, recording, taping, or any database, information or retrieval system, without the prior written permission of the publisher.

This authorized Chinese translation edition is jointly published by McGraw-Hill Education and Post & Telecom Press. This edition is authorized for sale in the People's Republic of China only, excluding Hong Kong, Macao SAR and Taiwan.

Copyright © 2020 by McGraw-Hill Education and Posts & Telecom Press.

版权所有。未经出版人事先书面许可，对本出版物的任何部分不得以任何方式或途径复制或传播，包括但不限于复印、录制、录音，或通过任何数据库、信息或可检索的系统。

本授权中文简体字翻译版由麦格劳-希尔（亚洲）教育出版公司和人民邮电出版社合作出版。此版本经授权仅限在中华人民共和国境内（不包括香港特别行政区、澳门特别行政区和台湾地区）销售。

版权©2020由麦格劳-希尔（亚洲）教育出版公司与人民邮电出版社所有。

本书封面贴有McGraw-Hill公司防伪标签，无标签者不得销售。

北京市版权局著作权合约登记号：01-2020-6819号